AF269525

ALFABETO *de* RABÍ AKIVA

Traducido por **Neil Manel Frau-Cortès**

ALFABETO *de* RABÍ AKIVA

EDICIONES OBELISCO

Si este libro le ha interesado y desea que le mantengamos informado
de nuestras publicaciones, escríbanos indicándonos qué temas son de su interés
(Astrología, Autoayuda, Ciencias Ocultas, Artes Marciales, Naturismo,
Espiritualidad, Tradición…) y gustosamente le complaceremos.

Puede consultar nuestro catálogo en www.edicionesobelisco.com

Colección Cábala y Judaísmo
Alfabeto de Rabí Akiva

1.ª edición: octubre de 2017
2.ª edición: abril de 2023

Traducción: *Neil Manel Frau-Cortès*
Maquetación y diseño de cubierta: *Isabel Estrada*

© 2017, Ediciones Obelisco, S. L.
(Reservados los derechos para la presente edición)

Edita: Ediciones Obelisco, S. L.
Collita, 23-25. Pol. Ind. Molí de la Bastida
08191 Rubí - Barcelona - España
Tel. 93 309 85 25
E-mail: info@edicionesobelisco.com

ISBN: 978-84-9111-267-9
Depósito Legal: B-20.919-2017

Printed in Spain

Impreso en España en los talleres gráficos de Romanyà/Valls S.A.
Verdaguer, 1 - 08786 Capellades (Barcelona)

A manera de introducción

Desde antiguo los rabinos atribuyeron valor místico e incluso una personalidad antropomórfica a las letras del alfabeto hebreo. El autor de los Salmos nos dice: «por la palabra del Eterno fueron creados los cielos» (Salmo 33:6), y esta afirmación sirvió a los sabios de la antigüedad para afirmar que las propias letras del alfabeto contenían el potencial, el poder generativo de la creación. De acuerdo al Talmud (Ber. 55a), si Bezalel consiguió construir el Tabernáculo con éxito, fue porque «conocía el secreto para combinar las letras mediante las cuales cielos y tierra fueron creados». Tan poderosas eran las letras del alfabeto hebreo que cuando Moisés, airado por el episodio del becerro de oro, rompió las recién recibidas tablas de la ley, las letras volaron hacia el firmamento (Pes. 87b).

En el texto que presentamos en este volumen, cada una de las letras tiene un poder simbólico, casi diríamos una personalidad única. Entre ellas, las letras se combinan, y su poder generativo crea nuevos significados, nuevas realidades que se materializan. Cada letra contiene un universo, la multifacética colección de palabras hebreas que dicha letra «genera» y que constituyen tanto sus virtudes como sus defectos. Así, *yud* es a la vez la poderosa primera letra del Tetragrámaton –cosa que le atribuye un altísimo honor– pero también es la dañina inicial del *yetser ha-ra,* de la mala inclinación que hace perder a los humanos. Y como el ser humano, también las letras hebreas están sujetas a particulares pasiones: cuando *yud* se quejó por haber sido eliminada del nombre de Sarai (la excelsa matriarca que pasó a llamarse Sara), clamó al Eterno quien, para apaciguar a la letra, le otorgó el honor de completar el nombre de Josué (Gen. R. 47:1).

El Alfabeto de Rabí Akiva es un texto singular y poco conocido por parte del público no especializado. Contiene materiales que participan de las dos grandes secuelas o tópicos universales de la literatura cabalística: la Obra de la Creación (*Ma'asé bereshit,* basada en elucubraciones místicas relativas al primer capítulo de Génesis) y la Obra del Carruaje (o *Ma'asé merkabá,* que analiza los aspectos ocultos de la visión del trono y del carruaje en el primer capítulo del libro de Ezequiel). Muchos de sus temas esotéricos son también comunes en la literatura de los *Hekhalot,* un género particular que especula acerca de la ascensión a los diversos niveles de los cielos. De las diferentes versiones del texto del *Alfabeto,* sólo la más larga contiene tanto tradiciones de misticismo de la creación como del Carruaje. Cuando M. Margaliot publicó en 1953 las dos versiones del *Alfabeto de Rabí Akiva,* el investigador incorporó a la edición numerosas adiciones a partir de manuscritos entonces inéditos.

La obra trata de explicaciones midráshicas más destinadas a ser leídas y meditadas que a ser utilizadas de manera práctica por los adeptos a la Kabalá. Esencialmente el *Alfabeto de Rabí Akiva* se presenta bajo la forma de un *midrash* agádico tradicional, es decir, una compilación rabínica que contiene homilías, *agadot* o historias ejemplarizantes y pasajes de exégesis bíblica. La obra se encuadra en los llamados *midrashim* especulativos o místicos, dado que, lejos de ofrecernos una explicación directa y simple sobre los pasajes bíblicos en cuestión, el autor pretende ahondar en el detalle místico, descubrir qué oculto secreto se halla enterrado entre las palabras, entre las propias letras de la Biblia hebrea.

Podemos afirmar que fue precisamente el *Alfabeto de Rabí Akiva* la obra que inspiró un conocido adagio cabalístico que dice que la Torá tiene setenta caras, y que de cada una de sus palabras y de sus letras brillan luces que iluminan el camino. Para el cabalista, el discurso divino tiene infinitos significados. A modo de sistematización, la tradición argumenta que existen cuatro maneras de entender un pasaje bíblico: un modo simple, otro alegórico, otro exegético y finalmente otro elucubrativo o místico. El acróstico de estos cuatro modos *(peshat, remez, derash, sod)* forma la palabra nemotécnica *Pardés,* que también significa «vergel», porque esta clave interpretativa es la llave de una puerta secreta que conduce a un deslumbrante vergel de sabiduría, un paraje de las delicias del conocimiento del bien y del mal. No obstante, la idea del *Pardés* es sólo una simplificación contextual, porque la panoplia de significados atribuidos a los pasajes bíblicos es casi infinita, y no se reduce a estos cuatro niveles interpretativos.

La historia del texto del *Alfabeto de Rabí Akiva* está envuelta en la habitual neblina de indeterminación de este tipo de obras pseudo-epigráficas, siempre atribuidas a grandes sabios del pasado. Se trata de una obra que ha llegado a nosotros en diversas versiones, algunas de las cuales permanecen inéditas. Así, entre las versiones publicadas más importantes encontramos las de Constantinopla (versión A, 1516), Cracovia (versión B, 1579), y las cuatro versiones aparecidas en *Baté midrashot* (vol. 2, 1953, p. 333-465). Numerosos manuscritos medievales –algunos incorporados a *Baté midrashot*–, nunca han sido publicados. Respecto a su datación, la obra aparece citada ya en el siglo X, de modo que diversos autores suponen que fue compilada en el siglo IX. No obstante, el texto parece ser más antiguo. Lo que sí sabemos es que la influencia del *Alfabeto* puede ser rastreada en la obra de los primeros *paitanim* como Eleazar Kalir (c. 570 - c. 640), quien aparentemente incluye ideas comunes a las del *Alfabeto* en su célebre poema *"Az bi-khetav asurit* para el primer día de Shavuot. Rastros de ideas similares aparecen igualmente en el Midrash a Proverbios, que en opinión de Buber fue compuesto alrededor del siglo VIII. El andalusí Samuel ha-Nagid (993-post.

1056) cita el nombre del *Alfabeto de Rabí Akiva* en una lista de libros que «los sabios antiguos» escribieron después de la conclusión de la Mishnah. En al menos tres ocasiones, este *midrash* aparece citado por nombre en el famoso libro místico *Séfer Raziel,* que retoma alguna de sus interpretaciones. A lo largo de la Edad Media, importantes autores como el gerundés Nahmánides celebraron y utilizaron el *Alfabeto de Rabí Akiva* en sus interpretaciones cabalísticas, y así aparece citado por nombre al final de su *Sha'ar ha-gemul,* capítulo conclusivo de *Torat ha-adam,* en el que discute el concepto de retribución y la resurrección, prefiriendo el camino de la exploración mística al de la deducción filosófica.

El *Alfabeto de Rabí Akiva* ocupa un lugar de honor entre los textos fundacionales de la cábala, junto a textos pioneros como el Libro de la Creación o *Séfer Yetsirá.* La gran diferencia entre el Alfabeto de Rabí Akiva y el Séfer Yetsirá consiste en que, mientras el segundo se ocupa de elucubraciones metafísicas respecto a las letras y su papel en la creación, el Alfabeto se centra en el significado del propio nombre de las letras, en su forma gráfica y en las posibles permutaciones y acrósticos generados por el propio nombre de la letra *(notarikón, rashé tevot),* todo ello con una finalidad moralizante, como corresponde al género midráshico. La presentación y concepción de la divinidad es también muy diferente: lejos de ser la entidad oculta e incognoscible que orquesta la creación como en el Yetsirá, el *Elohim* del Alfabeto de Rabí Akiva no adolece de tintes folklóricos, y se nos muestra como divinidad excelsa pero aún relativamente accesible, sentada en el trono de gloria, dialogando con Metatrón y con las propias letras hebreas, razonando, convenciendo y, en ocasiones, dejándose convencer. En esta cosmogonía, el trono divino constituye el escenario preexistente a la creación, y ante él desfilan las letras hebreas en tanto que formas primordiales, ideas germinales de realidades que están a punto de ser creadas. A manera de caverna platónica, las letras hebreas están talladas en el trono de gloria ya desde antes de la creación.

Sin lugar a dudas, entre todos los *midrashim*, el Alfabeto de Rabí Akiva se cuenta entre los más coloquiales, explicado en un lenguaje para las masas, aún a pesar de que los conceptos aludidos sean de tipo místico y elucubrativo. Nos ha llegado en dos versiones principales, la aparecida primeramente en Venecia en 1546, y la publicada en Amsterdam en 1708, edición que también incluía el texto de Venecia. A partir de ésta, a cada edición posterior se le añadieron numerosas apostillas, comentarios y materiales adicionales, normalmente de autores anónimos contemporáneos a la edición en cuestión. De alguna manera, el texto nos transporta a un mítico *jéder* (escuela elemental) de antaño donde los alumnos aprenden las letras del alfabeto gracias a ejemplos moralizantes didáctico-mnemotécnicos a cargo del maestro.

Finalmente, permítasenos un breve inciso lingüístico. Buena parte del encanto del texto original reside en su lúdico estilo alusivo, que resulta muy difícil de traducir. Éste es el caso de los continuos juegos de palabras, que hemos intentado simplificar para el lector. Téngase en cuenta que el hebreo es una lengua semítica y, como tal, se escribe casi totalmente sin vocales, y todas sus palabras se basan en raíces consonánticas. La adición de diferentes vocales otorga la flexión y el significado concreto al campo semántico definido por la raíz. Por esta razón, en ocasiones añadimos una palabra hebrea transliterada entre paréntesis, a fin de que el lector entienda que el autor del *Alfabeto* hace juegos de palabras comparando las consonantes de dos términos, normalmente por que derivan de la misma raíz, aunque algunas veces simplemente porque que poseen un sonido similar. He aquí un ejemplo: «*Kuf* – esta letra simboliza a Moisés, padre de todos los sabios, padre de todos los entendidos, que expuso vehementemente *(hikif)* ante el malvado faraón todas las palabras de sabiduría». La relación entre *kuf* y *hikif* reside en la presencia de las letras *k, f*.

Otro recurso estilístico que necesita cierta explicación preliminar es el continuo uso de acrósticos. Así, el autor del *Alfabeto* nos dice: «El *álef* nos enseña que cuando la Torá dice *émet lamad pikha* (la verdad ha aprendido tu boca), es para que merezcas la vida de este mundo». Aunque la frase pudiera parecer oscura a primera vista, la relación entre *álef* (que en hebreo se escribiría *'lf* sin vocales) y *émet lamad pikha* reside en el hecho de que en esta última frase las tres palabras empiezan respectivamente por *'*, *l*, *p* (siendo el apóstrofe el símbolo convencional de la letra álef, habitualmente muda).

En suma, el presente libro pretende ofrecer una traducción dinámica. En lugar de incorporar tediosas notas académicas a pie de página hemos preferido intercalar las palabras adicionales que sean necesarias para la comprensión del texto. Ofrecemos al lector nuestra interpretación del texto hebreo, que estamos seguros que deleitará, instruirá, y quizás, tal vez quizás, abrirá nuestro intelecto a realidades místicas ignotas.

Alfabeto o explicaciones sobre las letras,
de Rabí Akiva

Versión primera, de acuerdo a las ediciones de Constantinopla y Venecia, así como algunos manuscritos.

א

Dijo Rabí Akiva: *álef*. ¿Qué es el *álef*? El *álef* nos enseña que cuando la Torá dice *émet lamad pikha* («la verdad ha aprendido tu boca», un acróstico de la palabra *álef*), es para que merezcas la vida de este mundo. En cambio, cuando dice *pikha lamad emet* («tu boca ha aprendido la verdad», acróstico invertido), se refiere a merecer la vida del mundo venidero. ¿Por qué razón? Porque el Santo –bendito sea– recibe el nombre de «Verdad» y se sienta eternamente en el trono de la verdad. Ante él se presentan la misericordia y la verdad (Sal 89:15). Todas sus palabras son palabras de verdad, todos sus juicios son juicios de verdad y todos sus senderos son de misericordia y verdad. ¿En qué pasaje bíblico el Santo –bendito sea– es llamado «Verdad»? En el que dice «Adonai es el Dios verdadero» (Jer 10:10). ¿Y cómo sabemos que se sienta eternamente en el trono de la verdad? Porque está escrito «se establecerá el trono en misericordia, y en él se sentará en verdad» (Is 16:5). ¿De dónde se deduce que ante la misericordia y la verdad se presentan ante él? Del versículo «ante él se presentan misericordia y verdad» (Sal 89:15). ¿Cómo sabemos que sus palabras son verdad? Porque dice «la verdad es la esencia de tu palabra» (Sal 119:160). ¿Por qué afirmamos que sus juicios son juicios verdaderos? Porque está escrito «los juicios de Adonai son verdad, todos ellos son justos» (Sal 19:10). ¿Y cómo decimos que sus senderos son de misericordia y verdad? Porque está escrito «todos los senderos de Adonai son misericordia y verdad» (Sal 25:10).

Otra explicación: *álef* también es el acróstico de *eftaj lashon pe* («abriré boca y lengua»), así como el acróstico invertido *pe lashon eftaj* («lengua y boca abriré»). Dijo el Santo –bendito sea–: «abriré la boca, la lengua de todos los seres de carne y hueso para que me celebren y declaren mi reino a los cuatro vientos, porque si no fuera por los poemas e himnos que pronuncian ante mí cada día, yo no hubiera creado el mundo». ¿Cómo sabemos que la razón por la que el Santo –bendito sea– creó el mundo fue para que le cantásemos y adorásemos? Porque está escrito «gloria y majestad en su presencia, poder y esplendor en su Templo» (Sal 96,6). «Gloria y majestad en su presencia» en el cielo, «poder y esplendor en su Templo» en la tierra. El firmamento se reviste de su majestad y su esplendor llena toda la tierra, como está escrito «su majestad cubre los cielos y su esplendor llena la tierra» (Hab 3:3).

¿Cómo sabemos que el Santo –bendito sea– creó el mundo sólo para oír cánticos de alabanza? Porque dice «los cielos cuentan la gloria de Dios» (Sal 19:2). ¿Y de dónde deducimos que desde su creación la tierra canta para Dios? Del versículo que dice «desde los confines de la tierra se oyen los cánticos: Gloria al Justo!» (Is 24:16). ¿Y quién es el Justo, sino el Santo –bendito sea–? Está escrito «Adonai es justo en todos sus caminos» (Sal 145:17). ¿Cómo sabemos que incluso los mares y ríos cantan alabanzas? Porque dice «más que el sonido de las grandes corrientes de agua» (Sal 93:4). ¿Por qué decimos que incluso los montes y colinas pronuncian loores? Porque dice «las montañas y colinas, los frutales y los cedros, las bestias salvajes y domésticas, reptiles y aves aladas, todos los reyes y pueblos de la tierra, todos los príncipes del mundo y sus jueces, jóvenes y doncellas, viejos y niños alabarán el nombre de Adonai porque su Nombre, sólo su Nombre es sublime» (Sal 148:9-13). ¿Cómo deducimos que todos los órdenes de la creación cantan alabanzas? Porque está escrito «desde donde nace hasta donde se pone el sol» (Sal 113:3). E incluso Adán, el primer hombre abrió su boca en alabanza, como está escrito «un salmo, un cántico para el día del sábado; bueno es alabar a Adonai y cantar a tu Nombre, oh Altísimo» (Sal 92:1-2). «Bueno es alabar a Adonai» en la tierra, entre los seres humanos, «y cantar a tu Nombre, oh Altísimo» en las alturas celestes, entre los ángeles que sirven a Dios.

Otra explicación: «abriré boca y lengua» y «lengua y boca abriré» porque no es adecuado que todos los 280 miembros del cuerpo humano canten alabanzas ante Dios, sino sólo la boca y la lengua, porque está escrito «mi boca contará tu justicia» (Sal 71:15). Sólo la boca y la lengua han sido comparadas al mar y sus olas, porque igual que el mar se ensancha y se abre también la boca se ensancha y se abre. Igual que el mar está lleno de perlas, también la boca está llena de dientes perlados. Igual que el mar mueve sus aguas, también la boca mueve la suya. Igual que en el mar la marea sube, también dentro de la boca sube la lengua. Igual que una barca puede hundirse en el mar, también la lengua puede hundir a una persona cuando se habla mal de ella. Como la ola se agita en el mar, también la lengua en la boca. Igual que hay olas furiosas en el mar, hay lenguas furiosas. Como las olas del mar cobran furia con los vientos de la tormenta, también la lengua cobra furia con la transgresión del hombre. Igual que el mar escupe agua, también la boca escupe. Como el mar puede matar a los seres vivos, también las malas lenguas pueden matar. Igual que el mar tiene orillas *(safá)* a uno y otro lado también la boca tiene labios *(safá)* arriba y abajo. Igual que el mar es capaz de pudrir y corromper las cosas, también la lengua puede hacerlo. Como las olas del mar se alargan y se retuercen, también la lengua se alarga y retuerce. Igual que las olas del mar infunden miedo, también la lengua humana puede amedrentar a cualquiera. Del mismo modo que en el fondo del mar las aguas remueven fango y lodo (Is 57:20), también las palabras de la lengua acaban siendo sólo desorden y vanidad, como está escrito: «que Adonai extirpe los labios lisonjeros, la lengua que habla con arrogancia» (Sal 12:4).

Otra explicación: «abriré boca y lengua» y «lengua y boca abriré». Dijo el Santo –bendito sea–: «abriré la boca y desataré la lengua de Israel con palabras de la Torá para que así alaben mi Nombre cada día, porque si Israel no estuviera en el mundo no tendría yo loor y grandeza. Si no fuera por los himnos y cánticos que Israel profiere en mi presencia a diario, yo no habría creado el mundo. Y a pesar de que creé todo este mundo por causa de Israel, no lo hubiera creado de no ser por sus loores, porque está escrito «éste es el pueblo que he creado para mí; ellos cantarán mi alabanza» (Is 43:21).

Otra explicación: *álef.* Si no hubiera *álef,* no habría *bet.* Si no hubiera *bet* no habría *álef.* Si no existiera la perfecta Torá, el mundo entero no existiría. Si el mundo entero no existiese, tampoco la perfecta Torá existiría. Si no hubiera *guímel,* no habría *dálet.* Si no hubiera *dálet,* no habría *guímel.* Si no hubiera obras de misericordia *(guemilut jasadim)* no sobrevivirían los pobres *(dalim).* Si no hubiera pobres, no necesitaríamos obras de misericordia, porque está escrito «contaré las misericordias de Adonai» (Is 63:7). ¿De dónde deducimos que los israelitas son llamados «pobres»? Del versículo que dice «liberarás a la gente pobre, pero humillarás a los de ojos altivos» (Sal 18:28). Estos últimos son las naciones de la tierra.

Otra explicación respecto al *álef.* Dijo el Santo –bendito sea–: «Ordené a Israel que me fueran fieles» y «Que me fueran fieles ordené a Israel» («*emunatí le-Yisrael pakadti – pakadti le-Yisrael emunatí*», otro acróstico de *álef* y su inversión). No hay más fidelidad *(emuná)* divina que la Torá, porque está escrito «yo fui su consejero *(amón)*» (Pr 8:30). ¿Cómo sabemos que el Santo –bendito sea– ordenó a Israel que le fuera fiel? Porque está escrito «recordó su misericordia y su fidelidad a la casa de Israel» (Sal 98:13). En aquel momento, todo Israel abrió su boca y profirió cánticos de alabanza ante el Santo –bendito sea–, porque está escrito «Adonai, tú eres mi Dios; te exaltaré, alabaré tu Nombre porque has hecho maravillas; desde siempre tus consejos son firmes y verdaderos *(emuná ve-omen)*» (Is 25:1). Si dice «firmes» ¿por qué también dice «verdaderos» (dado que son casi sinónimos)? Y si dice «verdaderos» ¿por qué también dice «firmes»? Porque ello nos revela que el Santo –bendito sea– ordenó a los israelitas dos fidelidades: una al propio Israel y otra al mesías. ¿Por qué al propio Israel? Porque está escrito «recordó su misericordia y su fidelidad a la casa de Israel» (Sal 98:13). ¿Y por qué también al mesías? Porque dice «la justicia será el cinto de sus lomos y la fidelidad será el ceñidor de su cintura» (Is 11:5).

Otra explicación: *álef.* Dijo el Santo –bendito sea–: «mis dichos proclamé a mi pueblo» y «a mi pueblo proclamé mis dichos» («*imratí le-amí pi'artí*» y «*pi'artí le-amí imratí*», otro acróstico de la palabra *álef* y el mismo acróstico invertido). No hay otros dichos divinos sino la Torá, porque está escrito «que caiga mi enseñanza como la lluvia, que mis dichos destilen como el rocío» (Dt 32:2). Y no hay otra enseñanza divina más que la Torá, porque dice «os he dado una buena enseñanza, no abandonéis mi Torá» (Pr 4:2). ¿Qué significa «no abandonéis»? Esta expresión nos enseña que el día que nos fue entregada la Torá, el Santo –bendito sea– llamó a los israelitas y les dijo: «hijos míos, en la eternidad existe algo muy valioso; os lo daré a vosotros para siempre si aceptáis y guardáis mis mandamientos». Los israelitas contestaron: «¿qué es eso tan valioso que nos darás si guardamos tu Torá?» El Santo –bendito sea– les respondió: «es el mundo venidero». Ellos le replicaron: «Señor del mundo, enséñanos una muestra del mundo venidero». Dios les dijo: «la muestra es el Shabat, que no es ni una sexagésima parte del mundo venidero en que todo será Shabat, tal como está escrito "recordad el día del Shabat" (Ex 20:8)». ¿Y cómo sabemos que en el mundo venidero todo será Shabat? Porque dice «un salmo, un cántico para el día del Shabat» (Sal 92:1), cosa que se refiere a aquel Día en que todo será Shabat. Cuando Adán, el primer ser humano, presenció el Shabat por primera vez, abrió su boca en alabanzas al Santo –bendito sea– y dijo: «un salmo, un cántico para el día del Shabat; qué bueno es alabar a Adonai y cantar a tu Nombre, oh Altísimo» (Sal 92:1-2). En aquel momento, bajaron del cielo legiones y legiones de ángeles. Unos llevaban liras y flautas en su mano. Otros tenían en las manos arpas, címbalos y todo tipo de instrumentos. Y tocaban melodías ante Dios, porque dice «y cantar a tu Nombre, oh Altísimo». «Proclamar de mañana tu misericordia» (Sal 92:3) se refiere al mundo venidero, que es comparado a la mañana, porque está escrito «tu misericordia es nueva cada mañana» (Lam 3:23). «Y tu fidelidad cada noche» (Sal 92:3b) se refiere al mundo presente, que es comparado a la noche, como está escrito: «extiendes las tinieblas y se hace de noche; en ella corretean todas las bestias del bosque» (Sal 104:20).

Las fieras del bosque sólo corretean de noche y de día no salen en absoluto, y esto nos enseña que la razón de que el mundo presente sea comparado a la noche es porque los reyes de los pueblos del mundo son como fieras que corretean por el bosque en la oscuridad de la noche. Ahora bien, cuando amanezca, igual que las fieras vuelven a su madriguera, también los reyes de la tierra y gobernantes del mundo, al ver que llega el mundo venidero y el reino mesiánico, volverán a su madriguera. Perderán su grandeza y volverán al polvo. No entrarán en el mundo venidero, porque está escrito «Adonai será el rey de toda la tierra» (Zac 14:9).

Otra explicación: *álef.* Dijo el Santo –bendito sea–: «me apresuré a obrar un prodigio» (*atsti lif'ol pele*, acróstico de la palabra *álef*) en las alturas y en lo más profundo de la tierra, milagros inescrutables e innumerables, como está escrito: «él hace cosas grandes inescrutables, maravillas innumerables» (Jb 9:10). Otra interpretación posible sería que «grandes cosas inescrutables» se refiera a la obra de la creación, al momento en que Dios creó esas cosas, y que «maravillas innumerables» se refiera a las acciones divinas en tiempos posteriores, cuando Dios dio forma a esas maravillas. Otro posible significado: «él hace grandes cosas inescrutables» se refiere al tiempo en que el feto se forma en el vientre de la madre, mientras que «maravillas innumerables» hace referencia al momento del alumbramiento. Otra posibilidad: «grandes cosas inescrutables» se referiría a los tiempos del diluvio, mientras que «maravillas innumerables» representa el momento de la confusión de idiomas en Babel. Otro significado: «él hace grandes cosas inescrutables» se refiere a la hora en que el alma abandona el cuerpo, mientras que «maravillas innumerables» indica el momento de la resurrección. Otra posibilidad: «él hace grandes cosas inescrutables» significa la salida de Egipto y «maravillas innumerables» indica la partición del mar Rojo. Una explicación más: «grandes cosas innumerables» se referiría al milagro del manantial de Meribá, mientras que «maravillas innumerables» indicaría la caída del maná. Igualmente «grandes cosas inescrutables» puede referirse a la muerte de los reyes Sijón y Og, y «maravillas innumerables» al momento de la recepción de la Torá. Otro significado: «él hace grandes cosas innumerables» indica la guerra contra Amalek, y «maravillas innumerables» la llegada del maná. Otra interpretación posible: «grandes cosas inescrutables» se referiría a la dádiva de la Torá, mientras que «maravillas innumerables» apuntaría a la derrota y muerte de Sijón y Og. Otra explicación: «él hace grandes cosas inescrutables» indica la batalla de Sisera, y «maravillas innumerables» señalaría la batalla contra Senaquerib. Una posibilidad más: «grandes cosas inescrutables» señala al mundo presente, mientras que «maravillas innumerables» se refiere al mundo venidero.

Otra explicación: *álef* nos enseña que cinco mil puertas de sabiduría se abrieron ante Moisés en el Sinaí, correspondiendo a los cinco libros de la Torá. También se le abrieron ocho mil puertas de entendimiento, conforme a los ocho profetas, así como diez mil puertas de discernimiento, correspondiendo a los diez hagiógrafos, ya que está escrito: «en la casa del sabio hay aceite y preciosos tesoros, pero el hombre necio todo lo dilapida» (Pr 21:20). El tesoro aludido es la Torá, porque está escrito: «el temor del Eterno será su tesoro» (Is 33:6). Este «temor del Eterno» se refiere a la Torá, porque dice «todos los pueblos de la tierra verán que el Nombre del Eterno es invocado sobre ti y tendrán de ti temor» (Dt 28:10) y también «para que su temor esté ante vosotros» (Ex 20:20). La palabra «preciosos» se refiere a los profetas, quienes profetizaron preciosas palabras como está escrito: «más preciosos que el oro, aún más que el oro refinado» (Sl 19:11). En cambio, la palabra «aceite» se refiere a los hagiógrafos, que ungen el cuerpo de la persona con palabras reconfortantes como el aceite balsámico, ya que está escrito: «bálsamo para tus huesos» (Pr 3:8). La expresión «casa del sabio» se refiere a nuestro Maestro Moisés de bendita memoria, a quien se le llama «sabio», como está escrito: «tomó el sabio la ciudad de los fuertes» (Pr 21:22). Y no hay seres más fuertes que los ángeles del servicio divino porque está escrito «bendecid al Eterno, vosotros sus ángeles, fuertes y poderosos» (Sl 103:20). «El hombre necio» se refiere a Josué, hijo de Nun, que actuó como un necio ante su maestro Moisés.

Otra explicación: *álef* es el Santo, bendito sea, que es el primero, último y supremo *(aluf)*, por encima de los reyes más supremos. Igual que *álef* está a la cabeza de todas las letras, también el Santo –bendito sea– está a la cabeza de todos los ángeles y también es el último de todos los príncipes. ¿De dónde deducimos que es el primero y el último? Del versículo que dice «yo, el Eterno, soy el primero y también estoy con los últimos» (Is 41:4). Tendría sentido que el texto dijera «y también soy el último», pero qué significa «y también estoy con los últimos»? Esto nos revela que cuando él –bendito sea– renueve el mundo, estará en pie volviendo a crear y renovando el orden de los últimos en el mundo venidero, el orden de los justos, el orden de los piadosos, el orden de los humildes, el orden de los profetas, el orden de los reyes, de los príncipes y de los nobles; el orden de los potentados de aquella generación, el orden de todas y cada una de las generaciones. Creará de nuevo a cada una de sus criaturas, cada animal, cada ave, cada alma. Hará descender a Enoc, el hijo de Jared, cuyo nombre es Metatrón, y a las cuatro Sagradas Bestias que están bajo las ruedas del Carruaje *(merkavá)* de su trono. Erigirá su trono en su lugar y levantará del Seol y del Gran Abismo a Coré y sus seguidores. Llevarán ante él a todos los que entren en el mundo venidero y él les mandará ponerse en pie. Exhibirá su juicio ante la creación y les dirá a todos: «¿Habéis visto jamás algún otro dios aparte de mí, ni en el excelso firmamento ni abajo en la tierra, ni en los cuatro puntos cardinales? Testificad ante mí y decid la verdad, porque está escrito: "vosotros sois mis testigos, dice el Eterno" (Is 43:10)». A una sola voz, con una sola boca y una sola expresión, responderán Metatrón, las Bestias Sagradas, Coré y sus seguidores, y dirán ante todos los habitantes del mundo venidero: «no hemos visto otro como tú jamás en el alto cielo, ni hemos ensalzado a nadie más que tú, a ningún otro Poder abajo en la tierra; no hay otro Rey ni otra Roca como tú y no hay Dios aparte de ti, ya que no existe otro dios, porque está escrito: "Oh Eterno, no hay nadie como tú entre los dioses ni hay obras como las tuyas" (Sl 86:8)».

En aquella hora responderá el Santo –bendito sea– a todos los habitantes del mundo: «ved ahora que yo soy yo *(aní aní hu)*, y que no hay otro dios conmigo (Dt 32:39)». ¿Por qué dice «yo» *(aní)* dos veces? Porque esto nos revela que el Santo –bendito sea– les estará diciendo: «yo soy desde antes de la creación del mundo; yo soy desde que el mundo fue creado, y no hay otro dios en el mundo venidero. Yo hago morir y doy vida (Dt 32:39). Yo haré que mueran toda la humanidad y todas las criaturas del mundo presente. Y yo devolveré la vida y el alma y les resucitaré en el mundo venidero. Yo soy quien en este mundo los herí de ceguera y sordera, les hice padecer de cojera y tartamudez, de parálisis y prostración, quien les di labios incircuncisos, mutismo y problemas de habla. Y yo seré quien les sanaré en el mundo venidero. No habrá quien se salve de mi mano en el día del Juicio». Otra interpretación posible: cuando dice que él ha herido y él sanará, realmente significa que si alguien ha abandonado este mundo con una dolencia, volverá al mundo venidero con el mismo achaque. Si murió jorobado, así volverá. Si murió ciego o sordo, resucitará ciego o sordo. Si murió cojo, volverá al mundo cojo, y si murió bizco, tiñoso o falto de un testículo, así volverá a la vida. Ahora bien, entonces el Santo –bendito sea– se erigirá en doctor supremo y sanará a todos los mortales, porque está escrito: «a los afligidos declararé: "paz y bienestar a los cercanos y a los alejados", y los sanaré» (Is 57:19).

Otro asunto: *álef.* ¿Por qué la escribimos con una sola letra y en cambio el nombre de esta letra tiene tres caracteres *(álef, lamed, fe)*? Porque fue ideada como una sola entidad, a imagen del Santo –bendito sea– a quien llamamos «uno» como está escrito: «escucha Israel, el Eterno nuestro Dios, el Eterno es uno» (Dt 6:4). Decimos que el Santo –bendito sea– es uno, pero su Nombre contiene tres letras *(yud, he, vav)*. ¿Cómo sabemos que, aunque el Santo –bendito sea– sea uno solo, ante él nunca proclamamos su Nombre y su alabanza más que por triplicado? Porque está escrito: «el Eterno nuestro Dios, el Eterno es uno»; su nombre está triplicado. También aparece tres veces en el versículo «el Eterno, el Eterno, Dios misericordioso» (Ex 34:6). Igualmente el Nombre está triplicado en la expresión «Dios de dioses, Señor de señores» (Dt 10:17). ¿Y de dónde deducimos que nunca se proclama su alabanza más que por triplicado? Del versículo que dice: «Santo, Santo, Santo es el Eterno del universo» (Is 6:3), donde el calificativo está triplicado. «Grande es el Eterno, digno de toda alabanza, y su grandeza es inescrutable» (Sl 145:3) –también contiene tres epítetos. «Entonces cantó… este cántico… "cantaré…"» (Ex 15:1) –el canto de alabanza está triplicado. Lo mismo ocurre en el nombre del libro «el Cantar de los Cantares» –«cantar» cuenta por uno, «cantares» por dos más, que suman tres, de modo que la alabanza es triple.

Con el atributo de Fidelidad creé el mundo. Con el atributo de Fidelidad lo gobierno y con el tributo de Fidelidad lo crearé de nuevo.

Setenta nombres pronunciables tiene el Santo –bendito sea. El resto de sus nombres inefables son incontables e inescrutables. Estos son los Nombres pronunciables: *Hadirirón,* Eterno del Universo, Santo-Santo-Santo, *Meromirón, Berur-din, Neorirón, Guevirirón, Kabirirón, Dorerión, Sabirorón, Zahirorón, Hadidrón, Vaavidrirón, Vadirirón, Perudirón, Hayasirdón, Ledoridón, Taftefirón, Apafirón, Shapshefirón, Tsaftsefirón, Gafgefrión, Rafrefirón, Dafdefirón, Qafqefirón, Hafhefirón, Tsaftsefirón, Purfirón, Pafpefirón, Zafzefirón, Taftefirón, Afefirón, Mafmefirón, Safsefirón, Gafguefirón, Laflefirón, Vafufiron, Kafkefiron, Jafjefirón, Tavteviv, Avaviv, Qavqeviv, Shavsheviv, Bavbeviv, Tsavtseviv, Gavgueviv, Ravreviv, Jadabreviv, Pajfekiv, Havheviv, Aveviv, Zavzaeviv, Savsabiv, Jasjasiv, Tavteviv, Vasisiv, Pajpeviv, Kaspesiv, Papneviv, Lavleviv, Mavmeviv, Nofkejiv, Mammemviv, Nifuviv, Paspeviv, Tsatsetsiv.*

Estos son los nombres del Santo –bendito sea– que emanan de algunas coronas de fuego, de algunas coronas de llamaradas, de algunas coronas de relámpagos, de algunas coronas de energía *(jashmal)*, de algunas coronas de trueno, ante el trono de la Gloria. Con ellos se encuentran mil asentamientos de la Presencia Divina *(Shejiná)*. Millares de millares de poderosas huestes transportan estas coronas como corresponde a la realeza, con temor, temblor y terror, con gloria, honor y reverencia, con pavor, grandeza y dignidad, con admiración, gran alegría y gozo, con columnas de fuego y columnas de llamaradas, con relámpagos de luz y con el fulgor de la energía. Les rinden gloria y honor y claman: «Santo, Santo, Santo», como está escrito: «y declaraban unos a otros: "Santo, Santo, Santo"» (Is 6:3). Hacen girar dichas coronas en cada uno de los firmamentos de las alturas, como corresponde a los reyes temibles y honorables. Y cuando vuelven a llevar las coronas al lugar en que está el trono de la Gloria, todas las Bestias Sagradas del Carruaje *(merkavá)* abren su boca en loores y alabanza al Santo –bendito sea– y dicen: «bendita sea la Gloria del Eterno desde su morada».

Álef. Dijo el Santo –bendito sea–: «Fortalecí, tomé y puse al cargo». A Metatrón mi siervo, que es Uno, único entre los seres del firmamento, le fortalecí en la generación de Adán. Cuando vi que la generación del diluvio era cada vez más rebelde, retiré mi Presencia *(Shejiná)* de aquel lugar y subí a los cielos con el estruendo del sonido del *shofar,* como está escrito «Subió Dios con estruendo, el Eterno con el sonido del shofar» (Sl 47:6). Entre todos ellos tomé a Enoc, el hijo de Jared, y le hice ascender a las alturas con el estruendo del sonido del *shofar,* a fin de que fuera mi testigo en el mundo venidero, juntamente con las cuatro Bestias Sagradas de mi Carruaje *(merkavá).* Lo puse al cargo de todas las cosas ocultas, de todos los tesoros que tengo en todos y cada uno de los cielos. La llave de cada uno de estos tesoros está depositada en su mano. Le instituí como príncipe de todo el firmamento y le nombré servidor del trono de Gloria para que ordenara y preparara a las Bestias Sagradas, adornándolas con coronas. Lo puse al cargo de los dignísimos *ofanim* para que los coronase de poder, y de los querubines de mi Honor para que los vistiera de dignidad, y de los destellos del Esplendor *(Zohar)* para que les recordara que centellearan con el fulgor de las llamaradas con deslumbrante orgullo, y de las energías de la luz para que las armase de luminiscencia en cada amanecer, a fin de que prepararan un lugar donde yo colocase el trono de Gloria y majestad, a fin de que engrandecieran mi gloria en lo alto y mi poder en lo más excelso y lo más profundo. Le di una estatura más alta que a ningún otro, setenta mil *parasangs.* Con el esplendor de mi trono engrandecí su trono. Aumenté su gloria con la hermosura de mi propia gloria. Transformé su carne en antorchas de fuego y los huesos de su cuerpo en ascuas de luz. Le otorgué una apariencia como la del relámpago y la luz de sus párpados se volvió fulgor puro. Hice que su rostro brillase como luz de centellas, de un sol esplendoroso. Di a sus ojos el fulgor del trono de mi Gloria. Lo vestí de honor, gloria y belleza; lo arropé de pompa, grandeza y poder, y le puse una corona real que medía quinientos por quinientos *parasang*. Sobre él puse una porción del honor, hermosura y glorioso fulgor que pertenece al trono de mi Gloria.

Le puse el nombre «YVY menor», una reducción de mi propio nombre, como príncipe de los que están en mi presencia. Él conoce todos los secretos, pues le revelé cada uno de ellos con cuidado y amor. Le hice saber cada una de las cosas ocultas con rectitud. Establecí su trono a las puertas de mi palacio, en la parte exterior, para que se siente y juzgue cada familia de las que habitan en las alturas. Dispuse que cada príncipe se presente ante él y reciba permiso y comisión para hacer mi voluntad. Para darle aún más gloria, tomé setenta de mis nombres y se los otorgué a él. En su mano puse setenta príncipes para que él ordenase, en todas las lenguas, cada una de mis palabras, a fin de humillar a los altivos con mi palabra y a fin de enaltecer con mi palabra a los humildes; a fin de golpear a los reyes con su palabra y de deponer a los potentados con su palabra; a fin de destronar a los reyes y de establecer a los poderosos en su lugar, porque está escrito: «él hace que se sucedan los tiempos y las estaciones, destrona a los reyes y levanta a los potentados» (Dn 2:28); a fin de que otorgue sabiduría a todos los sabios del mundo y entendimiento a los conocedores, como está escrito: «da a los sabios sabiduría y conocimiento a quienes entienden» (id.); a fin de que revele a dichos príncipes los sentidos ocultos de mis palabras y les haga saber el significado de mis juicios como está escrito: «así será la palabra que salga de mi boca, no volverá a mi vacía sino que hará lo que yo mande» (Is 55:11). El versículo no dice «haré» sino «hará lo que yo mande». Esto significa que cada vez que el Santo –bendito sea– pronuncia una orden, Metatrón se levanta y efectúa esa orden por sí mismo, cumpliendo los designios del Santo –bendito sea– pues está escrito: «cumplirá el propósito con el que la envié» (Is 55:11b). Dice «cumplirá» y no «cumpliré» para enseñarnos que cada sentencia que sale de la boca del Santo –bendito sea– en relación a una persona determinada, aún si ésta se arrepiente, su castigo no desaparece, sino que otra persona es enviada a cumplir su sentencia, como está escrito: «el justo es librado de su angustia y el impío ocupa su lugar» (Pr 11:8).

Esto no es todo: Metatrón se sienta tres horas al día en los más altos cielos y congrega a todas las almas de los fetos que murieron en el vientre de su madre, y de todos los lactantes que murieron en los pechos de su madre, y de todos los infantes de la escuela que murieron sobre sus libros sagrados, y las lleva a los pies del trono de la Gloria. Los hace sentar formando grupos, aulas y círculos de estudio a su alrededor y les enseña Torá, sabiduría e historias de la tradición. Termina por ellos un rollo de la Torá como está escrito: «¿a quién quiere enseñar la ciencia, y a quién quiere esclarecer el conocimiento? A criaturas recién destetadas, a las arrancadas de los pechos» (Is 28:9).

Setenta nombres tiene Metatrón, y son estos: *Yahuel, Yah, Yofefiel, Afafel, Margueiel, Guiorel, Tanduel, Tetnadiel, Tatriel, Tavteviel, Eizehiel, Zahzehiel, Éver, Zebuliel, Tsaftsefel, Sifriel, Patsepetsiel, Sanigrón, Sedpufirón, Metatrón, Sigarón, Adarigón, Astés, Sakpés, Sakfús, Mikún, Mitún,* Espíritu Resoluto, *Atatía, Asasía, Zagzeguía, Patspetsía, Matsimía, Matsmetsía, Avtsanenim, Mevarguesh, Bardesh, Mekarker, Metsager, Teshaguesg, Teshabesh, Mitrafitesh, Paspitsehu, Batsihu, Etmón, Piskón, Tsaftsefía, Zeraj, Zarjía, Avabía, Hevhavía, Paftaglía, Rakrejía, Jasjasía, Taftefía, Tamtemía, Tsajejatsjía, Ar'aría, Al'alía, Zezruía, Armiya, Sevi-Sihasía, Razrazía, Tajsanía, Sasrasía, Tsavtsavivía, Kalilkalía, Hahehía, Varohía, Zajzajía, Tetrisua, Zehpanuría, Zaze'yah. Galrazía, Melajmelpía, Etatría, Perishía, Amokekía, Tsaltselía, Tsavtsevía, Gueït-Zeitía, Prishpreshía, Shefat-Shefatía, Jasmihi, Sar-Saría, Guevir-Guevuría, Gurtaría,* Gran Fulgor, Joven Fiel y *«Yah* menor», un nombre que deriva del de su Señor, ya que está escrito: «porque mi nombre está en él» (Ex 23:21). También *Ravraviel, Neemiel* y *Sagnazg'el,* príncipe de la Sabiduría.

¿Por qué Metatrón recibe el nombre de *Sagnazg'el (sgnzg'l)*? Porque en su mano están todos los arcanos *(gnzy)* de la sabiduría y todos ellos fueron revelados a Moisés en el Sinaí. Metatrón se los enseñó durante los cuarenta días que Moisés pasó en lo alto del monte: las setenta caras de la Torá en setenta idiomas, las setenta interpretaciones de los profetas en setenta lenguas, los setenta aspectos de los Hagiógrafos en setenta dialectos, las setenta caras de las leyes prácticas *(halajá)* en setenta lenguas, las setenta interpretaciones de los relatos tradicionales en setenta idiomas, los setenta aspectos de las historias tradicionales *(hagadá)* en setenta dialectos, las setenta caras de las *tosafot* en setenta idiomas. Cuando se cumplieron los cuarenta días, Moisés olvidó todas estas cosas en una sola hora, hasta que el Santo –bendito sea– llamó a Yafefia, príncipe de la Torá, porque está escrito: «eres el más bello *(yfh)* de los hijos del hombre; tus labios están dotados de gracia; por eso Dios te ha bendecido para siempre» (Sl 45:3). Dios dio todo ello a Moisés como un presente, como está escrito: «y el Eterno me las entregó» (Dt 10:4). Después de esto Moisés lo recordó todo y no se le volvió a olvidar. ¿Cómo sabemos que lo recordó todo? Porque está escrito: «Recordad la Torá de mi siervo Moisés; yo se la ordené en el Horeb para todo Israel: estatutos y juicios» (Ml 3:21). «Torá» aquí significa tanto la Torá como los Profetas y los Hagiógrafos. «Estatutos» significa las leyes prácticas *(halajá)* y su interpretación tradicional. «Juicios» se refiere a las historias tradicionales *(hagadá)* y a las *tosafot*. Todos ellos fueron entregados a Moisés en el Sinaí.

Estos son los noventa y dos nombres, reflejo del Tetragrama, que están en el Carruaje *(Merkavá)*, que está grabado en el trono de la Gloria. El Santo –bendito sea– tomó una porción del Tetragrama y lo colocó sobre el nombre de Metatrón, en sus setenta nombres. Con ellos, los ángeles del servicio en las alturas invocan al Rey de reyes, el Santo –bendito sea. El dedo del Eterno labró veintidós sellos y selló todas las órdenes de las tinieblas del firmamento. Con este cuño se sellan todas las huestes de príncipes de la realeza en las alturas, en majestad y en gobierno, en grandeza y abundancia. Con él se sellan las huestes del ángel de la muerte y las filas de todo reino y nación.

Metatrón, arcángel que está ante el Eterno, arcángel de la Torá, arcángel de la sabiduría, arcángel del entendimiento, arcángel de la Gloria, arcángel del Palacio, arcángel de los reyes y poderosos, arcángel de los más altos y potentados príncipes, héroes numerosos y distinguidos que habitan en las alturas y en la tierra, dijo: el Eterno Dios de Israel es mi testigo de que cuando revelé este secreto a Moisés se enojaron contra mí todas las huestes celestiales de cada uno de los firmamentos. Me dijeron: «¿por qué revelas este arcano a un humano, nacido de mujer, con defectos e impurezas, con sangre por sus venas, con secreciones y fétidos humores? Con este secreto fueron creados los cielos y la tierra, el mar y los continentes, los montes y colinas, ríos y manantiales, la Guehena, el fuego, el relámpago, el jardín del Edén, el árbol de la vida. Con este arcano se formaron los humanos y los animales, las bestias del campo y las aves del firmamento, los peces del mar, *Behemot* y el Leviatán, los animales que se arrastran y reptan, los que nadan y los que surcan el desierto. Con él se creó la Torá, la sabiduría, el conocimiento, el pensamiento, el entendimiento de las cosas excelsas y el temor del cielo. ¿Por qué revelarlo a un ser de carne y hueso?»

Les respondí: «porque el Omnipresente me dio permiso. El que se sienta en el alto y excelso trono me autorizó para que todos sus nombres pronunciables se manifestaran con relámpagos de fuego, fogonazos de esplendor y llamaradas de energía. Y su empeño no se calmó hasta que el Santo –bendito sea– les amonestó y salieron de la presencia divina con represión. El Eterno les dijo: «así lo he querido, así lo he decidido y ordenado. He delegado solamente a mi siervo Metatrón, que es único entre los seres celestes. Metatrón sacó estos tesoros del lugar donde está depositada toda mi represión, y de ahí la transmitió a Moisés, y Moisés a Josué, y Josué a los ancianos, y los ancianos a los profetas, y los profetas a los hombres de la Gran Asamblea. Éstos lo transmitieron a Esdras el escriba, y Esdras a Hilel el Viejo. Hilel lo transmitió a rabí Abahú, y éste a rabí Zera. Rabí Zerá lo transmitió a los fieles, y los fieles a los fidedignos, a fin de iluminar con éste mi consejo, de sanar con él a todos los enfermos que regularmente aparecen en el mundo, pues está escrito: "si de verdad escuchas la voz del Eterno tu Dios y haces aquello que es recto ante sus ojos, y prestas tu oído a mis mandamientos, y guardas todos mis estatutos, no pondré sobre ti todas aquellas enfermedades que infligí sobre los egipcios, porque yo soy el Eterno, tu sanador» (Ex 15:26).

ב

Be: no leáis «*be*» sino «*bet*». ¿Qué es la *bet*? La *bet* nos enseña que el Santo –bendito sea– dijo: «construí, formé, dispuse» (*baniti, yatsarti, tikanti,* palabras cuyas iniciales deletrean el nombre de la letra *bet*) y también «dispuse, formé, construí» (su acróstico invertido). Construí mis dos palacios, uno arriba y otro abajo. Formé todos los órdenes de la creación en el principio. Dispuse la vida del mundo venidero, como está escrito: «¿quién escudriñó *(tikén)* el espíritu del Eterno?» (Is 40:13).

Otra explicación: en la *bet* reside el Entendimiento *(biná).* En cada casa *(báyit)* se encuentra el entendimiento. Dijo el Santo –bendito sea–: «con la *bet* creé el mundo, con la *bet* juzgué al mundo, con la *bet* rompo el mundo, con la *bet* confundí las lenguas del mundo. Con la letra *bet* bendije a mi siervo, con la *bet* bendije a Isaac, con la *bet* bendije a Jacob, con la *bet* bendije a las tribus, con la *bet* bendije a José, con la *bet* bendije a Israel. Con la letra *bet* bendije a Jerusalén, con la *bet* bendije a Sión, con la *bet* bendije el Templo, con la *bet* bendije el mundo venidero. ¿De dónde deducimos que Dios creó el mundo con la *bet*? Del versículo que dice «en el principio *(be-reshit)* Dios creó el mundo» (Gn 1:1). ¿Cómo sabemos que juzgo al mundo con la *bet*? Porque dice «el fin de toda carne viene *(ba)* ante mí» (Gn 6:13). No dice «aparece» o «se presenta ante mí» sino «viene». ¿De dónde aprendemos que Dios rompe el mundo? Del texto que dice «en aquel día se rompieron las fuentes del gran abismo» (Gn 7:11). Confundió las lenguas del mundo con la *bet,* pero ¿cómo lo sabemos? Porque está escrito «porque allí el Eterno confundió *(balal)* el idioma de todo el mundo» (Gn 11:9), y no dice «cambió» o «dividió» sino «confundió». ¿De dónde deducimos que Dios bendijo a su siervo? Del texto que dice «y el Eterno bendijo a Abraham en todo *(ba-kol)*» (Gn 24:1). No está escrito «abundantemente», «mucho» o «en gran manera» sino «en todo». ¿Cómo sabemos que con la *bet* el Eterno bendijo a Isaac? Porque la Torá dice «Isaac volvía *(ba)* del pozo» (Gn 24:62). Dios bendijo a Jacob, pero ¿cómo sabemos que lo hizo mediante la *bet*? Porque siempre dice «casa *(bet)* de Jacob» y no dice «la tienda de Jacob», «la morada de Jacob» o «los descendientes de Jacob» sino su «casa». ¿Qué versículo nos enseña que Dios bendijo a las tribus con la *bet*? El que dice «escogí *(bajarti)* a Israel y a Jesurún» (Is 44:1), donde no está escrito «dispuse», «seleccioné» o «preferí» sino «escogí». ¿Cómo sabemos que Dios bendijo a José con la *bet*? Porque la Biblia dice «la casa *(bet)* de José será como la llama» (Ab 1:18) en lugar de decir «el campamento de José» o su «morada». Con la *bet* el Eterno bendijo a Israel, pero ¿de dónde lo deducimos? Del versículo que reza «casa *(bet)* de Israel, bendecid al Eterno» (Sl 135:19). No dice «la simiente de Israel» sino su «casa». ¿De dónde aprendemos que con la *bet* Dios bendijo a Jerusalén? Del texto que dice «aún escogerá *(u-bajar)* a Jerusalén» (Za 1:17), donde no dice «preferirá», «elegirá» o «seleccionará» sino «escogerá». ¿Cómo sabemos que el Eterno bendijo a Sión con la *bet*? Porque está escrito «cuando el Eterno reconstruya *(baná)* a Sión» (Sl 102:17) y no dice «refunde» o «restablezca» sino «reconstruya». ¿Qué versículo nos revela que Dios bendijo con la *bet* al Templo? El que dice «mi casa *(betí)* será una casa de oración» (Is 56:7), donde no está escrito «tabernáculo»o «morada» sino «casa». ¿De dónde deducimos que bendijo al mundo venidero con la *bet*? De la Escritura, que dice «crearé *(boré)* un cielo nuevo y una nueva tierra» (Is 65:17). No dice «formaré» «ordenaré» o «acabaré» sino «crearé».

Otra explicación: *bet*. ¿En qué se diferencia la *bet* del resto de letras del alfabeto hebreo? En que el Santo –bendito sea– creó *(bará)* con ella todos los órdenes de la creación al principio de los tiempos. Ahora bien, el Santo –bendito sea– ciertamente sabía que el mundo sería destruido dos *(bet)* veces: la primera, en tiempos del diluvio; la segunda, al cabo de seis mil noventa y tres años, dado que el valor numérico de *bet* es 2. Otra posibilidad: *bet* es diferente porque el templo también fue destruido dos veces. Otra interpretación posible: porque el Santo –bendito sea– dijo: «voy a crear dos mundos, este mundo presente y el mundo venidero». Otra más: es diferente porque pensó «voy a crear dos palacios, uno arriba y otro abajo; el de arriba será para mí y el de abajo para la humanidad, como está escrito "los cielos son los cielos del Eterno, pero la tierra él entregó a los hijos de los hombres" (Sl 115:16)». Otra posible razón de la singularidad de la *bet*: porque el Santo –bendito sea– sabía que en el futuro los seres humanos rendirían dos tipos de culto. Israel adoraría al Eterno y el resto de naciones a los ídolos. Otro posible significado: la *bet* es diferente porque sabía que en el futuro los seres creados se comportarían de acuerdo a dos fuerzas, la buena inclinación y la mala inclinación. Otra interpretación: *bet* es diferente porque Dios se dijo «todos los seres que crearé tendrán uno de los dos *(bet)* sexos, varón o hembra.

Otra enseñanza: ¿Qué significa «en el principio» *(be-reshit)*? Que existen tres cosas que son llamadas «principios»: la Torá, Israel y el temor divino. ¿De dónde deducimos que la Torá es un principio? Del versículo que dice «el Eterno me posee desde el principio de su labor» (Pr 8:22). ¿De dónde sacamos que Israel también lo es? De que dice «Israel era santo para el Eterno, primicia de sus frutos» (Jr 2:3). ¿Cómo sabemos que el temor divino es otro de los principios? Porque está escrito: «el principio de la sabiduría es el temor del Eterno» (Sl 11:10). Este temor no es sino la Torá que fue entregada a Israel, pues está escrito «éste es el pueblo que he creado para mí; ellos difundirán mis alabanzas» (Is 43:21). ¿Cómo sabemos que «éste es el pueblo» se refiere a Israel? Porque está escrito: «el pueblo que has adquirido para ti» (Ex 15:16). E Israel está destinado a ser el depositario del temor divino, ya que dice la Torá: «y ahora, Israel ¿qué pide de ti el Eterno, sino que temas al Eterno tu Dios?» (Dt 10:12).

Otra enseñanza: en mí *(bi)*. En mí se encuentra el entendimiento *(biná)* para toda criatura. En mí hay entendimiento para todo ser. En mí está el entendimiento para toda alma, para todo espíritu, para toda vida, porque si no fuera por el entendimiento el mundo no sobreviviría una sola hora, pues está escrito: «dadme hombres inteligentes y expertos de cada tribu para que sean vuestros jefes» (Dt 1:13). En aquella hora el Santo –bendito sea– dijo a Israel: «hijos míos, escoged entre vosotros hombres inteligentes y con entendimiento para que sean vuestros jefes tribales». Moisés se puso en marcha de inmediato y recorrió las tiendas de los israelitas buscando personas con entendimiento, pero no encontró ninguna, porque está escrito que pidió «hombres inteligentes y expertos» ya que no había ninguno «con entendimiento». Esto nos enseña que para el Santo –bendito sea– es más importante el entendimiento que el conocimiento de la Torá. Si una persona estudia la Torá, los profetas, los Hagiógrafos, la Mishná, el midrash, las leyes y las historias tradicionales, las *tosafot*, comentarios, elucidaciones y demás escritos rabínicos pero no tiene entendimiento, su conocimiento de la Torá es totalmente en vano, ya que está escrito: «se desvanecerá el entendimiento de los entendidos» (Is 29:14).

Otra enseñanza: ¿Para qué el Santo –bendito sea– empezó a crear el mundo con la *bet* en el principio (*be-reshit*, primera palabra de la Torá) y después terminó la Biblia con la letra *lamed* delante de todo Israel con mano poderosa? Para que cuando se pusieran juntos el principio y el final de la Biblia se formase la palabra «no» *(bal)* y, si se invierte el orden, la palabra «corazón» (*lev*, homónimo invertido de *bal*). El Santo –bendito sea– dijo a Israel: «hijos míos, si cumplís estos dos tipos de reglas –las que contienen «no» o «corazón», contaré vuestro mérito como si hubierais cumplido toda la Torá, be *bet* a *lámed*».

ג

Guímel. ¿Qué nos revela la *guímel*? Que el Santo –bendito sea– dijo: «Retribuí juntamente tanto a los píos como a los necesitados (*gamalti yájad me-jasidim le-dalim,* cuyas iniciales forman la palabra *guímel*) y también «tanto a los necesitados como a los píos juntamente retribuí» (expresión que forma el acróstico invertido de *guímel*). Si no fuera por mis misericordiosas obras, el mundo no sobreviviría una sola hora. ¿En qué consisten las obras de misericordia con que el Santo –bendito sea– retribuye diariamente al mundo? Se trata del espíritu y el alma, el conocimiento y el entendimiento, la sabiduría y la sagacidad, el buen consejo y el coraje, la comprensión y el pensamiento, la luz de los ojos y la capacidad auditiva, la capacidad de caminar y de utilizar las manos, de abrir la boca y articular la lengua, cosas que el Eterno otorga a todas y cada una de sus criaturas. Gracias a estas cosas, el mundo entero sobrevive, tal como está escrito: «la misericordia del Eterno llena la tierra» (Sl 33:5). ¿Cómo deducimos lo afirmado respecto al espíritu y el alma *(neshamá)*? Porque dice: «y insufló en su nariz aliento *(neshamá)* de vida» (Gn 2:7), y también «vuelve el polvo a la tierra de la que procede, y el espíritu vuelve a Dios, quien lo otorgó» (Ec 12:7). ¿Y respecto al conocimiento y el entendimiento? Porque la Biblia dice: «porque el Eterno ha dado la sabiduría; de su boca procede el conocimiento y el entendimiento» (Pr 22:6). ¿Cómo sabemos que también se refiere a la inteligencia, la comprensión y el pensamiento? Porque está escrito: «para dar inteligencia a los inexpertos, comprensión y prudencia a los jóvenes» (Pr 1:4). ¿Y de dónde deducimos que se refiere al buen consejo, sagacidad y coraje? Del versículo que dice: «mío es el buen consejo y la sagacidad; yo soy el entendimiento y mío es el coraje» (Pr 8:14). ¿Y la iluminación de los ojos, cómo la deducimos? Porque está escrito: «entonces se abrirán los ojos de los ciegos» (Is 35:5). ¿Cómo sabemos que se refiere a la capacidad de caminar? Porque dice: «entonces el cojo saltará como una gacela» (Is 35:6). ¿Y la habilidad manual? Procede del texto que dice: «alzad vuestras manos hacia el santuario y bendecid al Eterno» (Sl 134:2). ¿De dónde deducimos que se incluye la facultad de abrir la boca? Del versículo que dice: «quién ha dado al hombre una boca» (Ex 4:11). ¿Y articular la lengua? Porque dice: «lo que articula la lengua depende del Eterno» (Pr 16:1).

Otra enseñanza: las misericordias con que Dios nos retribuye pueden igualmente referirse al rocío, la lluvia abundante y la llovizna beneficiosa que cada año el Santo —bendito sea— da a nuestro mundo. Está escrito: «daré a vuestra tierra lluvia a su tiempo» (Dt 11:14). Si no lloviera, ningún ser podría sobrevivir, pues está escrito «derramad lluvia, oh cielos, desde lo alto, y que llueva lo justo desde el nublado cielo *(shejakim)*» (Is 45:8). También dice: «por tanto mandó al cielo nublado *(shejakim)*, abrió las puertas del cielo; hizo llover sobre ellos el maná para alimentarles» (Sl 78:23-24).

¿En qué se diferencia el «cielo nublado» *(shejakim)* del resto de firmamentos que están en las alturas? En que sólo desde allí se manifiesta la totalidad de la fuerza y el poder del Santo —bendito sea—: su potestad, su majestad, su Presencia *(Shejiná)*, su Torá, el maná, Jerusalén, el Templo. Todos ellos proceden del llamado «cielo nublado» *(shejakim)*. ¿Por qué afirmamos esto respecto a la potestad divina? Porque dice «su majestad está sobre Israel; dad gloria al Eterno; su potestad está sobre las nubes» (Sl 68:35). ¿Cómo sabemos que la majestad divina está en el cielo nublado? Porque dice: «él cabalga los cielos en tu ayuda, las nubes con su majestad» (Dt 32:26). ¿Y respecto a su Presencia, cómo lo sabemos? Porque está escrito «por tanto mandó al cielo nublado (Sl 78:23), y quien mandaba no era otra sino la divina Presencia *(Shejiná)*, porque dice «Y Dios, el Eterno, mandó» (Gn 2:16). El Santo —bendito sea— mandó al cielo nublado que produjera un tipo de comida para alimentar a Israel. ¿Cómo sabemos que el maná provino del «cielo nublado» y fue molido en un molino celestial para los justos y para Israel en el mundo venidero? Porque está escrito: «hizo llover sobre ellos el maná para comer, les dio el grano del cielo» (Sl 78:24). ¿De dónde deducimos que la Torá está en el «cielo nublado»? Del versículo que dice: «su potestad está sobre las nubes» (Sl 68:35), y no hay más potestad que la Torá, pues está escrito «el Eterno dará potestad a su pueblo» (Sl 29:11). Jerusalén y el Templo están en el «cielo nublado», construidos con piedras preciosas y perlas, con zafiros y rubíes y todo tipo de gemas, pero ¿cómo lo sabemos? Porque está escrito: «que llueva lo justo desde el nublado cielo *(shejakim)*» (Is 45:8). El atributo «justo» sólo puede referirse a Jerusalén, de la que se ha escrito: «en ella habitará la justicia» (Is 1:21).

¿Por qué el «cielo nublado» *(shejakim)* recibe este nombre? Porque en él se desmenuza *(shojakim)* la lluvia, el rocío, el maná y el grano del cielo que ha de comer Israel tanto en este mundo como en el mundo venidero. Otra posibilidad: no debemos pronunciarlo «cielo nublado» *(shejakim)* sino «aquellos que resuenan» *(sojakim)*, porque allí resuenan todo tipo de himnos, alabanzas y melodías ante la divina Presencia *(Shejiná)* en el Templo que está en las alturas, pues está escrito «majestad y honor ante él, poder y belleza en su santuario» (Sl 96:6). Esto se refiere al Templo que está en el «cielo nublado» más alto, cuyo fulgor arropa todas las moradas del firmamento más excelso, pues está escrito: «su majestad arropa el cielo» (Hb 3:3). Otra explicación: se le llama «cielo nublado» *(shejakim)* porque hay mil dieciocho campamentos delante de la Presencia divina *(Shejiná)* en el santuario que está en el «cielo nublado». Estos campamentos proclaman ante ella su santidad cada día. Todos y cada uno de los campamentos incluyen mil dieciocho ángeles servidores que están en pie ante la Shejiná en el santuario del «cielo nublado». Estos ángeles exaltan el Nombre del Santo –bendito sea– con todo tipo de loores y melodías y, de la mañana al anochecer, proclaman: «Santo, Santo, Santo», mientras que del anochecer al alba dicen «bendita sea la Gloria del Eterno en su Santuario». ¿Por qué lo hacen así? Porque la Divina presencia de noche sube a lo más alto, donde se oculta, como está escrito «eres un Dios que se encubre, Dios de Israel, salvador» (Is 45:15).

ד

Dal, Dálet – dijo el Santo –bendito sea–: «mi palabra para siempre» (*devarí le-olam,* acróstico de la palabra *dal*) y «para siempre mi palabra» (*le-olam devarí,* su acróstico invertido) permanece firme en el cielo, pues está escrito: «para siempre, oh Eterno, tu palabra permanece firme en el cielo» (Sl 119:89). Su palabra no es sino su ángel sanador, como está escrito: «envió su palabra y los sanó» (Sl 107:20). Otra explicación posible: «mi palabra» debe referirse a la expresión profética porque está escrito «el Eterno puso una palabra en la boca de Balaam» (Nm 23:5). Otra posibilidad: «mi palabra» podría referirse a la propia Torá, ya que dice: «desde Sión saldrá la Torá, y la palabra del Eterno desde Jerusalén» (Is 2:3). Una explicación más: «mi palabra» puede referirse a la expresión de los mandamientos, pues está escrito: «una palabra envió el Eterno contra Jacob y cayó sobre Israel» (Is 9:7). ¿De dónde deducimos que «mi palabra» se refiere a los mandamientos? Del texto que dice: «porque ha menospreciado la palabra del Eterno y ha desobedecido sus mandamientos» (Nm 15:31).

Otra enseñanza acerca de *dálet* – dijo el Santo –bendito sea–: «he hablado para levantar al débil» (*dibarti lehakim dal,* acróstico de la palabra *dáled*) y «al débil para levantar he hablado» (su acróstico invertido), dado que toda la gente aborrece a los débiles y sólo yo amo al débil. La gente menosprecia al débil y por tanto no escucha la sabiduría de los débiles como está escrito: «la sabiduría de los pobres es menospreciada, no son escuchadas sus palabras» (Ec 9:16). En cambio, yo mismo soy el refugio del débil, porque está escrito:

«el Eterno será el refugio del débil» (Sl 9:10). Cuando el débil se presenta ante mí con su plegaria, no vuelve con las manos vacías, como está escrito: «que el débil no se vaya decepcionado» (Sl 74:21). Cada día acerco a él mi Presencia *(Shejiná)*, como está escrito: «cercano está el Eterno a los de corazón roto» (Sl 34:20). Nadie tiene el corazón tan roto como los pobres. Cuando alguien hace oídos sordos al clamor del menesteroso, también el Santo –bendito sea– ignorará su voz cuando clame amargamente, porque la Torá dice: «si uno no escucha el clamor del débil, también él gritará y no obtendrá respuesta» (Pr 21:13).

No sólo eso, sino que además el Santo –bendito sea– en todo momento, no está pendiente más que del débil, pues está escrito: «a éste miraré: al pobre y al de corazón contrito» (Is 66:2). Las palabras del pobre estarán presentes ante mí más que las del resto de personas, porque está escrito «porque el Eterno escucha a los pobres y no menosprecia a los cautivos» (Sl 69:34). ¿Qué significa «a los cautivos»? Se refiere a los afligidos por enfermedades y dolencias, cuya vida en este mundo es como si estuvieran cautivos en la prisión, hasta que el Santo –bendito sea– les envíe sanidad y sean curados, pues la Biblia dice: «y clamaron al Eterno en su angustia» (Sl 107:28). ¿Cómo sabemos que los enfermos son llamados «cautivos»? Porque está escrito «para decir a los cautivos: salid» (Is 49:9). No solamente esto, sino que el Santo –bendito sea– extiende su compasión sobre estas personas y las levanta del polvo, devolviéndolos su lugar entre los poderosos de la tierra, a fin de que hereden un sitio de honor, como está escrito: «levanta al pobre del polvo [...] para sentarlo entre los poderosos y otorgarle sitios de honor» (1Sm 2:8). La palabra «poderosos» se refiere sin duda a los reyes, pues está escrito: «los poderosos de los pueblos se juntaron» (Sl 47:10), mientras que el término «pueblos» se refiere a Israel, como está escrito: «invitaron a los pueblos a ir a la montaña» (Dt 33:19). Esta montaña no puede ser otra que la del Templo, porque dice: «vendrán las multitudes y dirán "venid, subamos al monte del Eterno"» (Jr 3:3). El sitio *(kisé)* de honor que Dios otorgará a los pobres no es otro que Jerusalén, pues dice: «en aquel tiempo llamarán a Jerusalén "trono *(kisé)* del Eterno"» (Jr 3:17). El término «honor» debe referirse al mundo venidero, porque está escrito: «los sabios recibirán honor» (Pr 3:35). También leemos: «que los piadosos exulten en la gloria, que se alegren en sus lechos» (Sl 149:5). «Sus lechos» sólo puede referirse al mundo venidero, porque está escrito: «vendrá en paz, reposará en su lecho aquel que anda con rectitud» (Is 57:2).

Otra enseñanza: ¿por qué la *dálet* está girada, encarando a la *he*? Porque todo aquel que sea pobre *(dal)* en este mundo será rico en el mundo venidero, como Israel, que en éste mundo observa los preceptos divinos. Quien sea rico en este mundo será pobre en el mundo venidero, como las naciones del mundo, que no observan los preceptos divinos. Estos pueblos son ricos en el mundo presente porque el Santo –bendito sea– les da su recompensa, como está escrito: «pero aquel que le odia recibe su paga y será destruido» (Dt 7:10); pero serán excluidos del mundo venidero, dado que la recompensa de observar aún un sólo precepto procede del propio mundo venidero y «ningún ojo ha visto otro dios más que tú» (Is 64:3). Las naciones del mundo que no observan los mandamientos reciben su sustento, su porción de riqueza, en este mundo. ¿Por qué razón? Porque el Santo –bendito sea– no niega a nadie su recompensa: si las naciones paganas o incluso los malvados cumplen un sólo mandamiento son recompensados, aunque lo hagan con la finalidad de ser alabados por ello, para que otros pueblos lo oigan y les rindan honor. Los malvados no hacen nada que no sea en su propio provecho y por eso son ricos en este mundo y pobres en el mundo venidero, porque una persona no come en dos mesas diferentes: o comen en el mundo presente o en el mundo venidero. Si en este mundo algún judío nace con buena estrella y vive reconociendo a su Creador con todo su corazón, andando en integridad y humildad, sin creerse superior a su prójimo y sin decir «soy mejor que éste o que aquél»; si no trata a los pobres de modo altivo ni menosprecia al hombre más débil que él y da parte de su riqueza a los pobres como limosna, y hace obras de misericordia incluso para con los más acomodados; si cada momento pone su mente en el Creador y dice con espíritu humilde y con modestia: «quién soy yo, cuál es mi valor y mi justicia ante el Creador»; esta persona comerá sus frutos en el mundo presente y tendrá abundancia también en el mundo futuro. Todo mandamiento que cumpla una persona en este mundo sin hacerlo por amor y con temor divino, no será recompensado en el mundo futuro.

Si este hecho te sorprende, considera el caso del malvado Esaú y el de las naciones que disfrutan de poder y grandeza en este mundo. Su destino será ser excluidos del mundo venidero, como está escrito: «la casa de Jacob será fuego, la casa de José será llama, y la casa de Esaú será como la paja» (Abd 1:18). También dice: «los pueblos desaparecerán de su propia tierra» (Sl 10:16) y «los ídolos serán totalmente eliminados» (Is 2:18). «Volverán los malvados al Seol, todas las gentes que se olvidan de Dios» (Sl 9:18). Sin embargo, Israel recibe la vida en este mundo y en el mundo venidero porque actúa con justicia, como está escrito: «todo tu pueblo será justo» (Is 60:21) y «los santos del Altísimo recibirán el reino» (Dn 7:18). ¿Y cómo sabemos que el versículo se refiere a Israel? Porque dice también: «dije: "sois como dioses, todos vosotros sois como hijos del Altísimo"» (Sl 82:6).

ה ו

He y *Vav*. La *he* es el símbolo del Tetragrama, mediante el cual se creó todo el mundo como está escrito: «ésta es la historia del cielo y la tierra cuando fueron creados *(be-hibar'am)*» (Gn 2:4). No pronunciéis *be-hibar'am* («cuando fueron creados») sino *be-he ber'am* («cuando la letra *he* los creó»). ¿Cómo sabemos que incluso los cielos y la tierra que serán renovados en el futuro fueron creados con la letra *he*? Porque está escrito: «el nuevo cielo y la nueva tierra» (Is 66:2, versículo en el que todas las palabras empiezan con el artículo determinado hebreo *ha,* es decir, con la letra *he).* No dice «un nuevo cielo y una nueva tierra» sino «el nuevo cielo y la nueva tierra» (con artículo determinado). Esto nos enseña que el Santo –bendito sea– no creó cosa alguna, ni del mundo presente ni del venidero, que no fuera a partir de la letra *he.* ¿En qué se diferencia la letra *he* del resto de letras hebreas, con las cuales está escrita la Torá? En que *he* no tiene substancia. Cuando una persona pronuncia cualquiera de las otras letras éstas producen una fricción perceptible en los labios o en la lengua y están acompañadas de la emisión de una gota de saliva. Sin embargo, al pronunciar la *he* no hay fricción en la lengua ni en los labios y no producimos gota alguna de saliva. Para pronunciar el resto de letras producimos impurezas –las gotas de saliva– pero pronunciamos la *he* sin impureza. ¿Por qué ocurre esto? Porque todos los nombres divinos inefables contienen la letra *he.* Además, con la *he* se sellaron los cielos y la tierra tanto en este mundo como en el mundo venidero.

¿Con cuántas letras se sellaron los cielos y la tierra? Con doce, que corresponden a las doce horas del día, a las doce horas de la noche, a los doce meses del año, a las doce constelaciones, a las doce tribus y a las doce naciones. En realidad, todas estas categorías son a imagen de las doce tribus, ya que está escrito: «establecí los confines de los pueblos de acuerdo al número de los hijos de Israel» (Dt 32:8). Éstas son las doce letras sobre las cuales está escrito: «Yo soy el que soy [...] "Yo soy" me ha enviado a vosotros» (Ex 3:14). «Yo soy» (*ehyé,* que tiene cuatro letras en hebreo) está repetido tres veces, cosa que suma doce letras. ¿En qué manera los cielos y la tierra fueron sellados con las letras? En grupos de cuatro para cada una de las direcciones: dos letras hacia arriba en cada dirección y dos letras hacia abajo en cada dirección. *Alef-he* hacia abajo y *yud-he* hacia arriba. *Alef-he* hacia arriba y *yud-he* hacia abajo. La cuarta dirección quedó abierta y sin sellar. Hay momentos en que permanece abierta y sin sellar y otros en que aparece sellada. Cuando aparece sellada, su sello es siempre *yud-he* y *vav-he: yud-he* hacia arriba y *vav-he* hacia abajo. ¿Por qué hay veces que permanece abierta? Porque a través de ella bajó el Santo –bendito sea– a confundir las lenguas, pues está escrito «el Eterno descendió a ver la ciudad» (Gn 11:5). Igualmente a través de la cuarta dirección bajó el Eterno hacia el monte Sinaí, como está escrito: «y descendió el Eterno sobre la montaña del Sinaí» (Ex 19:20). A través de ella descenderá sobre Jerusalén para crear el nuevo mundo, ya que dice: «en aquel día sus pies se posarán sobre el monte de los Olivos» (Zc 14:4) y también «así descenderá el Eterno de las Huestes celestiales a combatir sobre el monte de Sión» (Is 31:4).

Todas estas letras son de fuego, con una apariencia similar al relámpago, rodeadas de llamaradas de luz. La medida de cada una de estas letras es de veintiún millones de *parasangs* y están todas coronadas con diademas de rayos resplandecientes porque están labradas por el mismo dedo del Santo –bendito sea–. ¿Cómo sabemos que cada uno de estos nombres mide veintiún millones de *parasangs*? Porque «Yo soy» *(ehyé)* tiene un valor numérico de veintiuno. ¿Qué significa el versículo que dice «Yo soy el que soy»? Que el Santo –bendito sea– dijo: «yo fui y seré; yo era antes de crear el mundo porque soy quien creó el mundo; yo seré en el mundo venidero».

Otra explicación: «Yo soy *(ehyé)* el que soy». Dijo el Santo –bendito sea–: «yo soy el Señor de todo, que todo lo ha creado» *(aní adón ha-kol, yatsarti ha-kol,* cuyas iniciales forman la palabra *ehyé)* y también «todo lo creé, todo; yo soy el Señor» *(ha-kol yatsarti, ha-kol; Adón aní,* acróstico invertido de *ehyé).*

Otra explicación: «Yo soy el que soy». Dijo el Santo –bendito sea–: «con el atributo de la Misericordia creé el mundo, con la misericordia lo conduzco, con la misericordia lo renovaré al final de los tiempos». ¿De dónde deducimos que creó el mundo con el atributo de la misericordia? Del versículo que dice: «recuerda tu misericordia, oh Eterno, y tu piedad, que existen desde siempre» (Sl 25:6). ¿Cómo sabemos que el Eterno conduce el mundo con su misericordia? Porque está escrito: «y el Eterno pasó ante él y proclamó» (Ex 34:6). ¿De dónde concluimos que en el futuro Dios renovará el mundo con la misericordia? Del texto que dice: «así dice el Eterno: volveré a Jerusalén con misericordia; allí se reedificará mi casa» (Za 1:16).

Otra explicación: «Yo soy el que soy». Dijo el Santo –bendito sea–: «con el atributo del Bien creé el mundo, con el atributo del bien lo conduzco y con el bien lo renovaré en el futuro». ¿De dónde deducimos que Dios creó el mundo con el atributo del bien? De que la Biblia dice: «el Eterno es bueno para con todos; su misericordia está sobre todas sus obras» (Sl 145:7). ¿Cómo sabemos que con el bien Dios conduce el mundo? Porque dice: «el Eterno es bueno, una fortaleza en el día de la angustia» (Na 1:7). ¿En qué nos basamos para decir que Dios renovará el mundo con el bien en el futuro? En el texto que dice: «Eterno, eres bueno para con los benignos» (Sl 125:4).

Una explicación más: «Yo soy el que soy». Dijo el Santo –bendito sea–: «con el atributo de la fidelidad creé el mundo, con la fidelidad lo conduzco y con fidelidad lo renovaré al final de los tiempos». ¿De dónde deducimos que Dios creó el mundo con el atributo de la divina fidelidad? Del versículo que dice: «Oh Eterno, eres mi Dios; te exaltaré, alabaré tu nombre porque has hecho maravillas, eternos designios y fidelidad inamovible» (Is 25:1). ¿Cómo sabemos que con el atributo de la fidelidad Dios conduce el mundo? Porque dice: «es un Dios fiel y sin injusticia» (Dt 32:4). ¿Por qué decimos que renovará el mundo con su fidelidad? Porque está escrito: «mi fidelidad y mi piedad estarán con él» (Sl 89:25).

וז

Vav y *zayin*: éstos son los sellos del divino Nombre con los que se sellaron todos los Nombres inefables que están en el trono de la Gloria, como está escrito: «éste es mi nombre para siempre, éste es mi recuerdo de generación en generación» (Ex 3:15). «Éste es mi nombre para siempre» se refiere a su Nombre inefable, mientras que «éste es mi recuerdo de generación en generación» se refiere a los sellos de cada nombre. Cada uno de los nombres divinos que están en el Carruaje *(Merkavá)* tiene un sello y una denominación. El Santo –bendito sea– se sienta en el trono de fuego. A su alrededor, como columnas de fuego, se encuentran los nombres inefables, cada uno de ellos bajo un palio de fuego, cada uno de aspecto abrasador. Junto a los Nombres se encuentran numerosos ejércitos del príncipe ígneo, preparados y armados con el poder de las ráfagas de fuego. En el momento en que cualquier persona usa estos nombres, se llenan todos los cielos de este fuego, que desciende a abrasar la tierra. Cuando los ángeles ígneos llegan a la tierra se dan cuenta de que las alas de los cielos están unidas a las de la tierra, y las alas de la tierra a las de los cielos, y de que todos están sellados con el sello «Yo soy el que soy». Entonces, inmediatamente deponen su ira y se comportan conforme al atributo de misericordia para con todo el mundo, incluyendo a la persona que ha usado un Nombre divino. Si no fuera porque Dios selló los cuatro puntos cardinales, cuando una persona quisiera hacer uso de éstos, de inmediato todo el mundo se llenaría de fuego, como está escrito: «¿acaso mi palabra no es como el fuego? dice el Eterno» (Jr 23:29).

Éste es el Nombre divino que fue revelado a Moisés en la zarza por medio del amor, la compasión, la humildad, la rectitud, la modestia, la justicia y la fidelidad, y por medio del pacto de Abraham, Isaac y Jacob. A pesar de que Abraham, Isaac y Jacob sean más grandes que los ángeles del Servicio divino, y a pesar de que el Santo –bendito sea– les haya amado más que a nadie en gran manera, Dios no reveló su Nombre inefable a estos patriarcas sino sólo a Moisés, porque está escrito: «pero no me di a conocer a ellos por mi Nombre, YHVH» (Ex 6:3). ¿Qué les dio a conocer, entonces? Una parte de su Nombre que no era inefable, como está escrito: «me aparecí a Abraham, Isaac y Jacob como "Dios Omnipotente" *(El Shadai)*» (ibíd.). Les reveló las tres letras de *Shadai* porque los patriarcas también eran tres: la letra *shin* corresponde a

Abraham, la *dálet* a Isaac y la *yud* a Jacob. A estos tres les reveló un sólo Nombre, mientras que a Moisés le reveló todos los Nombres inefables, tanto los que están grabados en la corona real de Dios como los que están grabados en el trono de la Gloria; tanto los Nombres grabados en el anillo de sello de la divina mano como los que están frente al Carruaje en forma de columnas de fuego; tanto los Nombres que florecen alrededor de la divina Presencia *(Shejiná)* como si fueran alas del Carruaje *(Merkavá)*, como los Nombres con los que están sellados los cielos, la tierra, el mar, los continentes, montes, colinas, monstruos del abismo, fundamentos del mundo, órdenes de la creación, moradas celestes, las nubes y la casa más excelsa, el trono de la Gloria, el tesoro de la vida, el depósito de la bendición, del rocío y de la lluvia, el depósito de los relámpagos y borrascas, de los vientos y de las almas, tanto de los vivos como de los muertos; porque está escrito: «manifestó sus caminos a Moisés» (Sl 103:7).

¿Por qué el Eterno no reveló sus caminos a Abraham, que se apartó de la idolatría y se cobijó bajo las alas de la divina Presencia *(Shejiná)*? ¿O por qué no a Isaac, que fue atado y ofrecido como cordero sin mácula en el altar y derramó una cuarta parte de su sangre ante el Omnipresente? ¿Por qué no los reveló a Jacob, quien hizo que se apartaran del pecado sus hijos e hijas, sus parientes y conocidos? Al fin y al cabo, está escrito: «Jacob dijo a su casa y a todos los que con él estaban: "apartaos de los dioses extraños"» (Gn 35:2). La razón de que Dios no revelara sus caminos a Abraham es que la simiente de su hijo Ismael se precipita a la Gehena. Tampoco los reveló a Isaac porque la estirpe de su hijo Esaú está destinada a la Gehena. Así pues, ¿por qué no se los reveló a Jacob? Es cierto que el Omnipresente escogió a Jacob como heredad y grabó su imagen sobre el trono de la Gloria, ya que la Biblia dice: «porque el Eterno escogió a Jacob, a Israel por heredad» (Sl 135:4). También es cierto que Jacob recibe la admiración de los seres superiores e inferiores todo el día, pues está escrito: «me dijo: "tú eres mi siervo, Israel, en quien me gloriaré"» (Is 49:3). Sin embargo, Dios no le reveló sus caminos porque Jacob creía que Dios no podía conocer sus intenciones, ya que dice: «porque Jacob dice e Israel repite "mis planes permanecen ocultos para el Eterno"» (Is 40:27).

ז

Zayin: es el nombre del Santo –bendito sea– que nutre y sostiene a diario a todos los seres que ha creado, desde los cuernos del *Re'em* (gigantesco buey mitológico) hasta los huevos del gorrión, como está escrito: «riegas las montañas desde las alturas, sacias la tierra con el fruto de tus manos» (Sl 104:13). También dice: «abres tu mano y sacias a todo ser viviente con benevolencia» (Sl 145:16). ¿Cuántas llaves tiene el Santo –bendito sea? Tiene la llave de la mujer, pues está escrito: «y abrió su vientre» (Gn 29:31). Tiene la llave de la lluvia, como está escrito: «el Eterno te abrirá su buen tesoro» (Dt 28:12). Tiene la llave de la resurrección de los muertos, ya que dice: «y sabrás que soy el Eterno, cuando abra vuestras sepulturas» (Ez 37:13). Tiene la llave del sustento, pues la Biblia dice: «abres tu mano y sacias a todo ser viviente con benevolencia» (Sl 145:16). Tiene la llave de toda reclusión, pues está escrito: «el prisionero será liberado con prontitud» (Is 51:14). Posee también la llave del maná, como dice el versículo: «él abrió el firmamento, las puertas del cielo, hizo llover maná sobre ellos» (Sl 78:23-24). Tiene la llave de la sucesión de los reyes, pues dice: «tus puertas siempre estarán abiertas» (Is 60:11). Tiene la llave de los ojos, como está escrito: «entonces se abrirán los ojos de los ciegos» (Sl 35:5), así como «y el Eterno abrió los ojos de Balaam» (Nm 22:31). Posee la llave de la sordera, como dice la Biblia: «y se abrirán los oídos de los sordos» (Is 35:5). Igualmente tiene la llave de la boca, como está escrito: «el Eterno abrió la boca del asno» (Nm 22:28). Tiene la llave de la lengua, pues dice: «del Eterno proviene la respuesta de la lengua» (Pr 16:1). Posee la llave de la cautividad, como está escrito: «el Eterno libera a los cautivos» (Sl 146:7). Tiene también la llave de la tierra, como dice el versículo: «que se abra la tierra y florezca la salvación» (Is 45:8). Tiene la llave del Edén: «abridme las puertas de la justicia» (Sl 118:19). Posee la llave de la Guehena, porque está escrito: «abrid las puertas, que pase el pueblo justo que se mantiene fiel» (Is 26:2). No lo pronunciéis *shomer emunim* («que se mantiene fiel») sino *she-omer amen* (que dice amén), porque con un sólo «amén» que pronuncien, los malvados son liberados de la Guehena.

El Santo –bendito sea– se sentará en el Edén a explicar la Torá, con todos los justos del mundo sentados a su alrededor, y todas las categorías de seres celestiales en pie junto a él. ¿De qué manera? A su diestra estará el sol y todos los astros, y a su izquierda la luna y todos los luceros. El Santo –bendito sea– explicará ante ellos el sentido de la nueva Torá que les entregará por medio del mesías. Cuando llegué a la homilía *(hagadá)*, se pondrá en pie Zerubabel, el hijo de Shealtiel, dirá: «sea Dios engrandecido y santificado». Su voz se escuchará desde un confín de la tierra al otro confín. Todos los que hayan vivido en este mundo dirán «amén». Incluso los judíos malvados y los justos de las naciones del mundo dirán «amén» desde la Guehena, como está escrito: «que pase el pueblo justo que se mantiene fiel» (Is 26:2), hasta que todo el mundo rompa en clamores. En aquel momento las palabras de toda la humanidad llegan a oídos del Santo –bendito sea–, quien se interesa por ellos y pregunta «¿qué es este fragor que oigo?» Le responden los ángeles del divino servicio: «éste es el clamor de los judíos pecadores y de los justos de las naciones del mundo que, desde la Guehena, responden «amén». Inmediatamente, se libera la misericordia divina –más aún si cabe– y el Eterno dice: «¿cómo podría juzgaros y condenaros más allá del castigo al que ya os ha condenado vuestra propia mala inclinación? Entonces el Santo –bendito sea– toma las llaves de la Guehena y las entrega a Gabriel y Miguel en presencia de todos los justos, diciéndoles: «id a abrir las puertas de la Gehena para que salgan, porque está escrito "abrid las puertas, que pase el pueblo justo que se mantiene fiel"». De inmediato Miguel y Gabriel abren las cuarenta mil puertas de la Guehena y sacan a estas personas.

¿Qué significa exactamente la afirmación de que los saca de la Guehena? Nos revela que cada una de las Guehenas mide 300 parasangs de largo y 300 de ancho, 1000 parasangs de altura y mil codos de profundidad. Cuando un impío cae en la Guehena no puede volver a salir jamás. Así pues, ¿qué hacen Miguel y Gabriel? Toman a cada uno de ellos por la mano y los sacan de ahí, como una persona que saca a su compañero de un pozo con una cuerda, como está escrito: «me has sacado del pozo de fango, del lodo cenagoso» (Sl 40:3). Después Gabriel y Miguel los lavan, ungen y curan las heridas que han sufrido en la Guehena, los visten de hermosos y suaves ropajes, los toman de la mano y los presentan delante del Santo –bendito sea– y delante de todos los justos, que se regocijan y felicitan, pues está escrito: «tus sacerdotes, oh Eterno Dios, se visten de triunfo, y los justos se alegran en tu bondad» (2Cr 6:41). La palabra «sacerdotes» aquí se refiere a los justos de las naciones del mundo que sirven al Santo –bendito sea– en el mundo presente, como Antonimus el hijo de Asverus y sus compañeros. El término «justos» hace referencia a los judíos que han pecado, que son calificados de justos en el versículo «traedme a los justos» (Sl 50:5). Cuando llegan a las puertas del Edén, Gabriel y Miguel entran primero y presentan sus honores al Santo –bendito sea–. Él les responde: «dejadlos entrar para que vengan y vean mi gloria. Cuando los redimidos entran, enseguida se postran en adoración, alaban y bendicen el Nombre del Santo –bendito sea– junto con la multitud de justos, puros y rectos que están en la presencia del Santo –bendito sea–, porque está escrito: «así los justos se regocijarán en tu Nombre, los rectos estarán en tu presencia» (Sl 104:14).

ח

Jet. No lo pronunciéis como *jet* (la letra *jet*) sino como *jet'* (pecado), porque aún los pecados de los judíos impíos serán considerados buenas obras. ¿En qué sentido? En el momento en que los judíos pecadores entren en la Guehena, recibirán el castigo de su sentencia. Ahora bien, cuando sean sacados de allí y vuelvan arrepentidos a presentarse ante el Santo —bendito sea—, de inmediato serán recibidos por la divina Presencia *(Shejiná)* como si fueran justos piadosos que jamás han pecado. Recibirán la recompensa de cada uno de sus pecados como si fuera de buenas obras, como está escrito: «si un impío se arrepiente de su iniquidad y se compromete a hacer justicia y juicio, salvará su vida a través de ellos» (Ez 18:27). No dice que se salvará «gracias a ellos» sino «a través de ellos», cosa que significa que a través de la justicia y del juicio la persona tendrá vida en el mundo venidero junto con los piadosos, justos, perfectos y rectos, junto con los misericordiosos y los que hacen justicia social, junto con los estudiosos de la Torá y las personas de fe que habitarán en el mundo venidero. No sólo eso, sino que serán sacados de la Guehena y morarán en la divina Presencia, ya que su corazón estaba quebrantado de arrepentimiento ante Dios, como está escrito: «el Eterno está cercano de los contritos de corazón» (Sl 34:19).

Otra enseñanza – el versículo «el Eterno está cercano a los contritos de corazón» nos enseña que cuando una persona tiene el corazón roto continuamente y su ánimo siempre está abatido, y apenas salen palabras de su boca, la divina Presencia *(Shejiná)* le acompaña cada día. No sólo esto, sino que además, este sufrimiento le será contado como si hubiera erigido un altar en su corazón y hubiera ofrecido en él sacrificios y holocaustos ante el Santo —bendito sea— cada día, como está escrito: «ofrenda es para Dios el espíritu humillado; al corazón contrito no lo despreciarás, oh Eterno» (Sl 51:19).

Otra enseñanza – «el Eterno está cercano a los contritos de corazón» significa que cuando alguien tiene el corazón quebrantado,

Dios le tiene en más estima que a los mismos ángeles del divino servicio, dado que los ángeles del servicio están alejados de la Presencia *(Shejiná)* a una distancia de 36 millones de parasangs, ya que está escrito: «había serafines por encima de él» (Is 6:2). El valor numérico de la palabra hebrea *lo* («de él») es de treinta y seis. Esto nos enseña que el tamaño de la divina Presencia *(Shejiná)* es de 36 millones de parasangs, 180 desde sus caderas hacia arriba y 180 hacia abajo. Además, estas medidas no están en parasangs normales: un parasang de la Shejiná equivale a un millón de codos, y un codo de la Shejiná mide cuatro palmos y una pulgada, y sus palmos van de un confín del mundo al otro confín, como está escrito: «¿quién ha medido jamás las aguas con su codo o los cielos con su palmo?» (Is 40:12).

Otra posibilidad – medir los cielos con su palmo también puede significar que los cielos y los cielos de los cielos miden un solo palmo divino de ancho, un palmo de largo y están a un palmo de altura, y que la tierra y todos los abismos no miden más que un pie de ancho por un pie de longitud, estando a un pie de distancia del primer cielo. En cambio, el Santo –bendito sea– está aún más cerca de quienes tienen el corazón roto, día tras día, codo con codo, y por eso está escrito: «el Eterno está cercano de los contritos de corazón» (Sl 34:19).

Otra interpretación – «el Eterno está cercano a los contritos de corazón». ¿Acaso está cerca de los contritos de corazón y no de los de corazón amedrentado? Al fin y al cabo, está escrito: «decid a los de temeroso corazón: sed valientes y no temáis» (Is 35:4). Al contrario, el versículo nos enseña que el Santo –bendito sea– sólo aleja su Presencia de los corazones altivos porque los considera abominables, ya que dice: «abominación es para el Eterno el corazón altivo; con toda seguridad no resultará impune» (Pr 16:5). Sabemos que no hay nada más abominable que la idolatría, ya que está escrito: «no introduzcas cosas abominables en tu casa» (Dt 7:26). Por tanto, deducimos que una persona de espíritu altivo es como un idólatra. No sólo eso, sino que se le aplica el versículo bíblico citado, como si hubiera construido un altar en su corazón y ofrecido incienso a los ídolos, porque está escrito: «porque las gentes del país cometían todas estas abominaciones» (Dt 18:27).

Por eso está escrito: «abominación es para el Eterno el corazón altivo; con toda seguridad no resultará impune». Esto nos enseña que si una persona tiene un espíritu altivo no será impune de ser condenado a la Gehena, incluso aunque haga tantas obras de misericordia y piedad como nuestro padre Abraham, que por su justicia se ganó los cielos y la tierra, el mundo presente y el venidero, como está escrito: «y dijo Abraham al rey de Sodoma: "levanto mi mano hacia el Eterno, a quien pertenecen el cielo y la tierra"» (Gn 14:22).

Otra interpretación posible – «con toda seguridad no quedará impune» significa que por mucho que tenga sabiduría o conocimiento de la Torá –aún tanto como Moisés, de bendita memoria, que en propia mano recibió la Torá– la persona altiva no quedará impune del castigo de la Gehena. Por esta razón está escrito: «porque el Eterno es excelso pero mira a los humildes, reconoce desde lejos a los altivos» (Sl 138:6). El hecho de que el Eterno mire a los humildes pero en cambio no mire a los altivos sino que los reconozca desde lejos, nos revela que el Santo –bendito sea– no se digna ni a mirar a las personas de corazón altivo. Ocurre igual que cuando una persona altiva no se digna a mirar a alguien a quien odia desde hace años. El Santo –bendito sea– no odia sino a aquel que tiene un espíritu altivo, y no ama sino a aquel que no tiene altivez de corazón, ya que está escrito: «al corazón contrito, no lo despreciarás, oh Eterno» (Sl 51:19). ¿Qué significa que el Eterno «reconoce *(yeyedá)* de lejos a los altivos»? ¿Por qué «reconoce» *(yeyedá)* se escribe aquí con dos *yud*? Porque el Santo –bendito sea– considera que el altivo es igual que aquel que maldice a Dios en ambos mundos: las dos *yud* representan el mundo presente y el mundo venidero, una cada mundo. Y todo aquel que sacrifica su mal instinto y confiesa el Nombre de Dios diariamente es considerado por Dios como si hubiera dado gloria al Eterno tanto en este mundo como en el venidero, como está escrito: «el que sacrifica acción de gracias me honra, y al que mejora sus caminos, yo le mostraré la salvación de Dios» (Sl 50:23). ¿Por qué razón *yejabdeneni* («me honra») está aquí escrito con dos *nun*? Porque una designa este mundo y una el mundo venidero.

ט

Tet – No la pronunciéis *tet* (la letra *tet*) sino *tit* (que significa «lodo»). Es una alusión al barro en manos del Santo –bendito sea–, como está escrito: «porque como el barro en manos del alfarero creador vosotros estáis en mis manos, casa de Israel» (Jr 18:6). Todo el mundo fue creado a partir del barro y todos acabaremos volviendo al lodo, como está escrito: «todo va a parar al mismo lugar, todo proviene del polvo y volverá al polvo» (Ec 3:20). El lodo *(tit)* no es otra cosa que el polvo del que fue formado Adán, ya que la Biblia dice: «y formó el Eterno a Adán con polvo de la tierra» (Gn 2:7). ¿Cómo sabemos que la palabra «lodo» es lo mismo que «polvo»? Porque está escrito: «pisoteará a los poderosos como barro, como un alfarero comprime el lodo» (Is 41:25).

Otra interpretación – se trata del lodo *(tit)* del mundo venidero, en el que los justos florecerán en abundancia como la hierba del campo, revestidos de maneras muy diversas, con un perfume que va de un extremo del mundo al otro, como los aromas del Edén, ya que está escrito: «los habitantes de la ciudad florecerán como la hierba del campo» (Sl 72:16). La ciudad de que habla el versículo sólo puede ser Jerusalén, como está escrito: «la ciudad que yo escogí» (1Re 11:36). De este texto aprendemos que el Santo –bendito sea– resucitará a los muertos sólo en la tierra de Israel, ya que dice: «Así dice el Eterno, que creó y extendió los cielos, que dispuso la tierra y todo lo que hay en ella, que da aliento al pueblo que la habita y espíritu a los que por ella deambulan» (Is 42:5). Y está escrito: «pondré esplendor en la tierra de los vivos» (Ez 26:20). ¿Qué es la «tierra de los vivos»? ¿Acaso hay una tierra de los muertos y una de los vivos? Es la tierra de Israel la que es denominada «tierra de los vivos» porque en el mundo venidero, los muertos en Israel resucitarán antes que en ningún otro lugar en el mundo.

Así pues, aquellos justos que murieron fuera de Israel como Moisés y Aarón y el resto de justos de los cuatro confines del mundo, ¿cómo resucitarán y entrarán en el mundo venidero? Ésta es la enseñanza: cuando ocurra la resurrección de los muertos, el Santo –bendito sea– bajará de los más excelsos cielos y se sentará en su trono en Jerusalén, como está escrito: «en aquel tiempo llamarán a Jerusalén "Trono del Eterno"» (Jr 3:17). El Santo –bendito sea– llamará a los ángeles del servicio divino y les dirá: «hijos míos, ha llegado el momento para el cual os creé, para que sirváis de apoyo». Le contestarán los ángeles servidores: «Señor del Mundo, aquí estamos ante ti dispuestos a hacer todo lo que deseas». El Santo –bendito sea– les replicará: «id, marchad a los cuatro puntos cardinales, inspeccionad los confines de la tierra y rescatad a todos los justos enterrados en sepulcros *(mejilot)* dentro y fuera de Israel; traedme a todos los fieles, a tal o cual justo, tal o cual pío, tal o cual sabio o profeta, que perecieron por santificar mi Nombre en todas las épocas; que no se entristezcan, sino que vengan a la tierra de Israel y yo los resucitaré». De inmediato, cada ángel, cada serafín, cada príncipe y cada hueste se desplegarán hacia los cuatro puntos cardinales, escrutarán los confines del mundo y barrerán fuera a los malvados «para asir los cuatro confines de la tierra y sacudir a los malvados fuera de ella» (Jb 38:13). Los ángeles cavarán túneles *(mejilot)* en la tierra para todos y cada uno de los justos enterrados fuera de Israel para que a través de estos túneles sean transportados a Israel, a la presencia del Santo –bendito sea– en Jerusalén. Entonces el propio Santo –bendito sea– los resucitará y los pondrá en pie.

¿De qué manera Dios resucitará a los muertos en el mundo venidero? El Santo –bendito sea– tomará en su mano un gran *shofar* –de mil codos de largo, de acuerdo a la medida del codo divino– y lo hará sonar. El sonido del cuerno recorrerá la tierra de punta a punta. Al primer toque del *shofar* la tierra temblará, al segundo toque se agrietará; al tercer toque se juntarán los huesos. Con el cuarto toque los miembros de los muertos se calentarán. Con la quinta nota del *shofar* su piel se regenerará. Al sexto toque los cuerpos recobrarán el espíritu y el alma. Al séptimo toque de la trompeta los resucitados se pondrán en pie con sus vestiduras, como está escrito: «el Eterno del universo les protegerá; sus armas devorarán y conquistarán; beberán y se animarán como quien bebe vino; se llenarán como fuente abundante, desbordando como un altar; el Eterno su Dios les hará prosperar en aquel día» (Zc 9:15-16).

Yud – no lo pronunciéis *yud* (como la letra *yud*) sino *yad* («mano»). Se refiere a la posición y renombre *(yad va-shem)* que el Santo –bendito sea– dará a los justos en el mundo venidero, en Jerusalén y en el Santuario, porque está escrito: «y les daré un lugar y un nombre *(yad va-shem)* en mi casa y en mis murallas» (Is 56:5). La casa a la que se refiere el versículo sólo puede ser el Santuario, porque dice: «y mi casa será llamada casa de oración para todos los pueblos» (Is 56:7). El término «mis murallas» forzosamente tiene que referirse a Jerusalén, como está escrito: «sobre tus murallas, Jerusalén» (Is 62:6). La posición o lugar *(yad)* al que se refiere indica la porción de la heredad, ya que dice la Torá: «les sirvieron porciones de su mesa, pero la porción de Benjamín era cinco veces *(yadot)* mayor que la del resto» (Gn 43:34). ¿Qué más significa la palabra *yad*? Significa que el Santo –bendito sea– llamará a cada uno de los justos por su nombre y les pondrá en la mano una copa del elixir de la vida, para que vivan por toda la eternidad. ¿Qué significa la palabra «nombre» en el versículo? Nos enseña que en el mundo venidero el Santo –bendito sea– revelará su Nombre Inefable a cada uno de los justos. Con este Nombre serán creados los nuevos cielos y la nueva tierra. Por tanto, todos los justos serán capaces de crear el nuevo mundo *(olam jadash)*, porque está escrito: «le daré un Nombre eterno *(shem olam)* que no perecerá» (Is 56:5). ¿Cómo sabemos que se refiere al tetragrama, al Nombre inefable? Porque el texto dice «un Nombre eterno» y en otro lugar leemos: «éste es mi Nombre para siempre» (Ex 3:15). Dado que en este último versículo se habla del Nombre inefable, también el texto anterior se refiere al tetragrama.

Otra interpretación – «le daré un nombre eterno» implica un nombre que no desaparecerá jamás del mundo, porque igual que la nueva tierra y los nuevos cielos durarán por toda la eternidad, también el nombre de los justos y de todos sus descendientes permanecerá para siempre jamás, como está escrito: «porque como los nuevos cielos y la nueva tierra que voy a crear permanecerán firmes en mi presencia –dice el Eterno– también permanecerá vuestra estirpe y vuestro nombre» (Is 66:22). Una interpretación más – «un nombre eterno» *(shem olam)* indica que en el mundo venidero el Santo –bendito sea– asignará a cada justo uno de los trescientos cuarenta mundos *(olamim)*, ya que el valor numérico de *shem* («nombre») es 340.

Otro posible significado de la expresión «un nombre eterno» – al principio del versículo dice «les daré un lugar y un nombre», pero al final del mismo dice «le daré un nombre» (Is 56:5). ¿Por qué dice «les daré» *(natati lahem,* con pronombre plural y verbo perfecto) y posteriormente «le daré» *(etén lo,* con pronombre singular y verbo imperfecto)? Porque en este mundo el Santo –bendito sea– otorga *(notén,* en participio presente) a todos los justos posición, recompensa, renombre, reconocimiento, honor, grandeza, corona, santidad y realeza, igual que hará con todos los justos del mundo venidero. [Analicemos los términos:] la palabra *yad* (que significa «posición» pero también «mano») designa la copa de elixir de la vida que Dios servirá al mesías y a los justos en el futuro. El término «recompensa» indica los 340 mundos que dará a los justos como heredad, cada uno de ellos conforme a las buenas acciones que hayan hecho. «Renombre» se refiere al Nombre inefable con el que será creado el nuevo mundo. «Honor» y «grandeza» significan la luz que iluminará sus ojos, de manera que con una sola mirada podrán contemplar el mundo entero de un confín al otro. La palabra «corona» indica la púrpura y diadema como las que usan los reyes. «Santidad» significa que los ángeles clamarán ante ellos «Santo, santo, santo», igual que en este mundo claman los ángeles ante el Santo –bendito sea– en las alturas. El término «realeza» nos enseña que aún los más débiles de entre los justos del mundo venidero gozará de una realeza como la de David, el rey de Israel, porque está escrito: «en aquel día, el más débil de ellos será como David, y los de la casa de David serán como seres divinos, como el ángel del Eterno» (Zc 12: 8).

Con cada uno de estos justos caminará la *Shejiná*, la divina Presencia. Estarán rodeados de huestes angélicas, de ángeles del servicio divino, de columnas de relámpago, de destellos del alba, de rayos de luz que iluminan su rostro y centellas de luz en sus párpados. Irán precedidos de vientos y densas nubes que marcharán ante ellos. En su presencia danzarán los montes y las colinas destilarán vino y leche, como está escrito: «y en aquel día las montañas destilarán vino; leche manará de las colinas; los caudales de Judá llevarán agua abundante; una fuente saldrá de la casa del Eterno y regara el Torrente de las Acacias» (Jl 4:18). Las hierbas del campo se juntarán en grupos ante estos justos, los árboles se desraizarán de su lugar y batirán palmas unos encima de otros diciendo «¡hosana!» como está escrito: «porque con alegría saldréis» (Is 55:12). Habrá dos arcos de *Shejiná* a su lado, uno a su derecha y otro a su izquierda. Rayos y antorchas iluminarán sus casas. Una energía parecida al fuego, a la llama, al fulgor del electro, a columnas de rescoldo estará firme ante ellos, brillando como una fuente ante la divina Presencia. Murallas de fuego, de antorchas, de llamaradas, de luz refulgente rodearán a cada uno de los justos en el mundo venidero. Con gran honor, siempre les acompañará la *Shejiná* a todas partes, como un Padre que se sienta sobre el trono real, se regocija y se alegra por sus hijos e hijas, tal como está escrito: «Dice el Eterno: seré para ella una muralla de fuego a su alrededor; con gran honor estaré junto a ella»; «alégrate y regocíjate, hija de Sión porque he aquí que vengo, y mi Presencia estará contigo» (Zc 2:9,14).

 כ

Kaf – Se trata de la palma *(kaf)* de la *Shejiná*. Una palma bate a la otra con gran alegría en el banquete de los justos en el mundo venidero. *Shejiná* se levanta y baila ante ellos en el banquete. Acerca de aquel momento escribe Isaías: «Eterno, tu mano se ha alzado» (Is 26:11). ¿Qué significa que la mano del Eterno se alce? Nos enseña que cuando el Santo –bendito sea– se levante y baile en el banquete de los justos en el Edén, Isaías le dirá: «Señor del mundo, alza tu mano para que los malvados no vengan y contemplen el bienestar de los justos. El Santo –bendito sea– le responderá: «Isaías, hijo mío, que vengan los malvados y que presencien el bienestar y la alegría de los justos; que se cubran de vergüenza e ignominia, porque está escrito "que vean tu celo por tu pueblo" (Is 26:11)». Isaías le replicará: «que no vengan y no lo vean». Dirá el Santo –bendito sea–: «veamos, ¿quién puede decidir entre lo que yo digo y lo que tú dices? Ambos acataremos su decisión». Isaías responderá: «Señor del universo, que venga la congregación de Israel y decida, y cumpliremos su veredicto». De inmediato, el Santo –bendito sea– llamará a Metatrón, príncipe de la divina Presencia y le dirá: «siervo mío, ve y tráeme la congregación de Israel, que decidan entre Isaías y yo». Rápidamente Metatrón traerá a la congregación de Israel ante el Santo –bendito sea– y ante Isaías. Cuando la congregación de Israel vea al Santo –bendito sea– le preguntará: «Señor del mundo, ¿por qué me has llamado?». Le contestará el Santo –bendito sea–: «hija mía, porque yo quiero que vengan los malvados y vean el bienestar que he otorgado a los justos y se avergüencen; pero mi hijo Isaías dice que no vengan y no lo vean; y tú ¿qué dices?» La congregación de Israel dirá: «que vengan, lo vean y se avergüencen, porque está escrito "lo verá mi enemigo y se cubrirá de vergüenza"» (Mi 7:10).

En aquel instante los impíos llegarán a las puertas del Edén y mirarán desde fuera a los justos, el cariño de que todos ellos son objeto, la abundancia que todos disfrutan, todos ellos con vestiduras reales, regias coronas y ristras de perlas, como corresponde a los monarcas. Todos ellos estarán sentados como reyes en su trono uno frente a otro, cada uno con una mesa incrustada de perlas. Cada justo tendrá en la mano una copa de oro con piedras preciosas y perlas engastadas, llena de elixir de la vida. Todas las delicias del jardín del Edén estarán a su disposición, servidas por treinta ángeles para cada uno. Sobre su cabeza brillarán rayos de gloria y honor. Centellas y relámpagos saldrán delante de ellos y el fulgor de su rostro se verá de uno al otro confín de la tierra, como el fulgor del sol, porque está escrito: «aquellos que le aman son como el sol que sale con todo su vigor» (Jc 5:31). El firmamento y los cielos de los cielos abrirán sus puertas y lloverá sobre los justos un delicado perfume de frutas cuyo puro aroma recorrerá el mundo de une extremo al otro. Millones de ángeles del divino servicio estarán en pie en su presencia, tomarán en su mano liras, arpas, címbalos y todo tipo de instrumentos y amenizarán el banquete. El Santo –bendito sea– se levantará y danzará sólo en el banquete de los justos. Junto con él, el sol, la luna, los astros y constelaciones, a derecha e izquierda, bailarán también. Y cuando los impíos vean tal grandeza y majestad, cuando contemplen tanta gloria, aumentarán su propia estatura en cien codos debido a la gloria de los justos, a fin de contemplarlos. Y preguntarán los malvados: «¿quiénes son estos, a quien el Santo –bendito sea– otorga tanto honor, grandeza y majestad?» Les responderán los ángeles del divino servicio: «son el pueblo del Santo –bendito sea–

que se ocupó de la Torá y cumplieron los preceptos divinos; Dios los ha traído al Edén y los ha recompensado con abundancia por sus buenas acciones». De repente, los malvados se postrarán hasta el suelo y abrirán su boca en alabanzas al Santo –bendito sea– y a los justos, diciendo: «bienaventurada la persona que tiene este destino, bienaventurado aquél cuyo Dios es el Eterno» (Sl 144:15).

ל

Lámed – no lo pronunciéis *lámed* sino *lev mevín da'at* («un corazón que entiende el conocimiento», cuyas iniciales deletrean la palabra *lámed*). Esto nos enseña que el corazón es una representación simbólica del resto de miembros y órganos del cuerpo humano. Si el ser humano tiene ojos, también el corazón los tiene; si tiene oídos, también el corazón los tiene. La persona tiene boca, igual que la tiene el corazón; tiene el don de la palabra, igual que el corazón. Igual que el ser humano, también el corazón es capaz de rugir. El corazón grita como lo hace una persona. Las personas andan y el corazón también camina. La facultad de oír se encuentra en el ser humano, pero también en el corazón. En el corazón residen todas y cada una de las facultades que se encuentran en el resto de miembros del cuerpo. Igual que el ojo puede ver, también el corazón puede, como está escrito: «mi corazón ha visto mucha sabiduría y conocimiento» (Ec 1:16). Como el oído humano, también el corazón oye, porque está escrito: «un corazón que escucha» (1Re 3:9). La boca habla; igualmente lo hace el corazón, como dice el versículo: «entonces me dije en mi corazón» (Ec 1:16). ¿Cómo sabemos que el corazón puede proferir palabras como lo hace la lengua? Porque la Biblia dice: «de noche me has visitado; me has probado y no has hallado falta; he decidido que mi boca no profiera transgresión» (Sl 17:3). ¿De dónde deducimos que, así como las personas gritan, también clama el corazón? Del texto que dice: «su corazón clama al Eterno» (Lm 2:18). Igual que la persona, también el corazón tiene compasión, como leemos: «y los calmó, hablando a su corazón» (Gn 50:21). El corazón dirige y lidera, igual que un ser humano, pues está escrito: «mi corazón está con los líderes de Israel» (Jc 5:9). La persona puede andar, igual que el corazón, pues leemos: «Efraim es vejado, quebrantado en juicio, porque [su corazón] quiso andar en pos de vanidades» (Os 5:11). Como el ser humano, también el corazón puede escribir, porque está escrito: «escríbelas sobre la tabla de tu corazón» (Pr 3:3). La persona murmura, y también el corazón lo hace, ya que dice: «mi corazón ha murmurado una palabra buena» (Sl 45:2). El corazón puede regocijarse igual que lo hace una persona, porque está escrito: «mi corazón se regocija en el Eterno» (1Sam 2:1). El ser humano puede purificarse, e igualmente puede hacerlo el corazón, como dice el salmo: «Dios, crea en mí un corazón puro» (Sl 51:12). Una persona puede sentirse exultante, y también un corazón puede: «exultará mi corazón» (Sl 13:6). Igual que las personas se duelen, también puede dolerse el corazón, como está escrito: «y le dolió en su corazón» (Gn 6:6). Como un ser humano, también el corazón está en vela, pues leemos: «yo dormía, mas mi corazón velaba» (Ct 5:2). El ser humano duerme; el corazón también puede estar dormido, y así solemos decir acerca de un individuo que «tiene el corazón dormido» y no entiende nada. Igual que una persona es sabia, también puede ser sabio un corazón, como está escrito: «el sabio de corazón acepta los mandamientos» (Pr 10:8). Como ocurre con el ser humano, un corazón puede ser necio, y así leemos: «seguiré los deseos de mi corazón» (Dt 29:18).

Como una persona lo hace, el corazón puede indagar, porque está escrito: «he dedicado mi corazón a indagar» (Ec 1:13). El corazón se ocupa de cosas, igual que un ser humano, como leemos: «y estas cosas que te mando hoy estarán en tu corazón» (Dt 6:6). Igual que hay personas calmadas, un corazón también puede serlo: «un corazón calmado mantiene el cuerpo saludable» (Pr 14:30). El ser humano se aflige, y también el corazón, porque está escrito: «al corazón afligido y humillado» (Sl 51:19). El corazón puede ser altivo como lo es una persona, como está escrito: «que tu corazón no sea altivo» (Dt 8:14). El ser humano a veces olvida, y también lo hace el corazón, ya que dice el salmo: «como si hubiera muerto, su corazón se olvida de mí» (Sl 31:13). El corazón se alegra exactamente igual que lo hace un ser humano, porque dice el profeta: «lo veréis y se alegrará vuestro corazón» (Is 66:14). Como una persona, un corazón puede estar gozoso: «el corazón gozoso ilumina el rostro» (Pr 17:22). Hay corazones satisfechos como hay personas satisfechas, porque está escrito: «alegre y satisfecho de corazón» (Est 3:9). Por tanto, deducimos que el corazón es la imagen de todos y cada uno de los doscientos cuarenta y ocho miembros del cuerpo humano.

No solamente esto, sino que la persona tiene en sí doce atributos: un corazón para entender conocimiento y sabiduría, unos riñones para discernir buen y mal consejo, una boca para masticar todo tipo de comida, una lengua para gustar todos los sabores, un paladar para distinguir todos los gustos, una tráquea para expirar el aliento y emitir sonidos; un esófago para ingerir todo tipo de comida y bebida, pulmones que se encargan de absorber todo tipo de líquidos, un hígado que puede ser doloroso, con gotas de una bilis que amarga y cumple su función; un bazo que ataca todo tipo de dolencias, intestinos para digerir todo tipo de alimentos, un estómago para conciliar el dulce sueño. Cuando estos doce elementos están dormidos, la persona no se da cuenta de nada, como está escrito: «y no se dio cuenta de cuando ella se acostó ni de cuando se levantó» (Gn 19:35).

Otra enseñanza – el amor reside únicamente en el corazón, porque está escrito: « amarás al Eterno tu Dios con todo tu corazón» (Dt 6:5). El odio también reside sólo en el corazón, como leemos: «y no odies a tu hermano en tu corazón» (Lv 19:17). Tampoco los celos se encuentran en ningún otro lugar más que el corazón, pues está escrito: «porque he planeado un día de venganza en mi corazón»

(Is 63:4). No existe ansiedad sino en el corazón, como está escrito: «la ansiedad del corazón del hombre lo deprime» (Pr 12:25). También la angustia reside en el corazón, ya que dice: «aparta la tristeza de tu corazón» (Ecl 11:10). Por estas razones, el Eterno escudriña solamente los corazones, como está escrito: «porque las personas juzgan por lo que ven sus ojos, pero el Eterno observa el corazón» (1Sam 16:7).

מ

Mem – ¿por qué el propio nombre de la letra *mem* contiene las dos grafías de la letra, la inicial y la final? Porque ambas grafías se encuentran en el carruaje *(merkavá)*, en el secreto fundamental del trono de gloria, y ambas están labradas sobre columnas de llamaradas encima del trono de gloria. En la cabeza de ambas grafías se entrelazan unas coronas de luz. Cuando llega el momento de la alabanza de la santificación *(kedushá* o *sanctus)*, si el Santo –bendito sea– no desciende de los más excelsos cielos para posarse en el carruaje, las dos grafías de *mem* se acercan una a la otra y dicen: «¿cuándo descenderá el Santo –bendito sea– de los más excelsos cielos? Que descienda sobre el carruaje y que veamos la apariencia de su rostro *(nir'é demut panav)*; entonces entonaremos un cántico ante él», porque está escrito: «¿Cuándo vendré y me presentaré ante Dios *(ve-eré pené Elohim)*?» (Sl 42:3).

¿Qué significa «cuándo vendré»? Que el espíritu santo sólo dice estas palabras en el preciso momento que lo hacen las letras del carruaje *(merkavá)*, antes de que venga la *Shejiná* y descienda en toda su gloria sobre el trono del Carruaje. Todos ellos dicen: «¿cuándo vendrá el Santo –bendito sea– y se sentará en el trono de la gloria y le recibiremos cantando loores y alabanzas ante él?» Cuando llega el Santo –bendito sea– y desciende sobre el carruaje, todos los príncipes del carruaje, todas las sagradas bestias del carruaje, todas las letras del carruaje se apresuran a darle la bienvenida con cánticos de alabanza. Incluso las dos *mem* del carruaje en aquella hora reciben a la *Shejiná* con himnos de poder y majestad. Abren su boca y entonan cánticos. ¿Cuál es el cántico que entonan? La *mem* de grafía abierta dice «tu reino es un reino eterno» (Sl 145:13), y la *mem* de grafía cerrada «y tu dominio de generación en generación» (Sl 145:13b).

¿Y qué hace el Santo –bendito sea– en aquel momento? Toma todas las letras que están en el carruaje, las abraza, las besa y las corona con dos diademas para cada una: una corona de realeza y una de gloria, una de dominio y otra de hermosura. Después coloca una de las dos *mem* a su derecha y otra a su izquierda diciéndoles, con palabras conciliadoras: «oh letras mías, que grabé con mis propios dedos mediante un punzón ígneo; sé de sobras que sólo gracias a vosotras es posible declarar mi reino y mi dominio (*maljutí, memshaltí,* palabras que contienen la letra *mem*), el dominio del Rey de reyes, Gobernante de los gobernantes *(mélej melajim, moshel moshlim)*». Con la grafía abierta de la *mem* el Santo –bendito sea– es llamado Rey de reyes *(mélej melajim)*, y con la *mem* de grafía cerrada le llamamos Gobernante de los gobernantes *(moshel moshlim)*, como está escrito: «y su reino se extiende por todo lugar» (Sl 103:19), «el Eterno reina por los siglos de los siglos» (Ex 15:18), «Dios reina sobre los pueblos» (Sl 47:9), «porque del Eterno es el reino, él domina sobre las naciones» (Sl 22:29).

En el momento en que la *mem* abierta y la *mem* cerrada escuchan estas palabras de boca del Santo –bendito sea–, abren su boca y entonan un cántico en su presencia. ¿Cuál es el himno que cantan? «a ti, Eterno, pertenecen la realeza y la preeminencia sobre todo» (1Cr 29:11). Entonces vienen los príncipes de los reinados que están en cada uno de los cielos, se presentan ante el Santo –bendito sea– y se quitan sus coronas reales de la cabeza, depositándolas sobre las nubes que forman el suelo que está ante el trono de gloria; se inclinan en reverencia y se postran ante el Santo –bendito sea– y entonan loores ante él. ¿Cuál es el himno que entonan? «cantad a

Dios, reinos de la tierra» (Sl 68:33). Todas las franjas de fuego y todos los serafines ígneos acuden con sus cánticos de alabanza y se presentan ante la *Shejiná*, postrándose ante ella, como está escrito: «ante ti se postran las huestes celestiales» (Neh 9:6). Después de esto abren su boca y cantan un himno. ¿Cuál es la alabanza que entonan? «Dios reina sobre las naciones, Dios se sienta en su santo trono» (Sl 47:9). En su santidad, el Santo –bendito sea– se sienta en su santo trono. El Santo –bendito sea–, que es excelso y magnífico, se sienta en su magnífico y excelso trono. El Santo –bendito sea– es fuego devorador y mora cobijado por huestes de fuego.

¿Por qué razón le llamamos «Santo»? Porque está escrito: «Santo, santo, santo es el Eterno del Universo» (Is 6:3). ¿Y por qué su trono también es calificado de santo? Porque el versículo dice: «Dios se sienta en su santo trono» (Sl 47:9). ¿Cómo sabemos que también el trono es excelso y magnífico? Por el salmo que dice: «se sienta sobre su trono excelso y magnífico» (Is 6:1). ¿Por qué es llamado «excelso»? Porque está por encima de las personas más excelsas de todo el mundo, como está escrito: «el Eterno es excelso, por encima de las naciones» (Sl 113:4). No lo pronunciéis *goyim* (naciones) sino *gue'im* (soberbios), es decir, los príncipes soberanos y notables que se ensalzan por encima del rango que les es propio. ¿Por qué decimos que Dios es magnífico *(nisá)*? Porque con su brazo sustenta *(nosé)* a todo el mundo, ya que dice: «cuando envejezcas, seguiré siendo el mismo; cuando tengas canas, soy yo quien te sostendré ; soy tu hacedor y tu sustentador *(aní esá)*; te sostendré y te rescataré» (Is 46:4).

¿Por qué decimos que su trono es excelso? Porque está por encima de todas las cosas excelsas del mundo. ¿Y por qué afirmamos que su trono es magnífico *(nisá)*? Porque él sustenta *(nosé)* todas las almas y espíritus del mundo, y si así no fuera «decaería ante mí el espíritu y las almas que yo he creado» (Is 57:16). ¿Por qué razón Dios es llamado «fuego devorador»? Porque el versículo dice: «porque el Eterno tu Dios es fuego devorador» (Dt 9:3). ¿Cómo sabemos que sus huestes son de fuego? Porque está escrito: «el que hace a los vientos sus mensajeros y a las llamas de fuego sus servidores» (Sl 104:4). El Santo —bendito sea— es llamado «glorioso», e incluso su trono es llamado trono de gloria. ¿De dónde deducimos que es llamado «glorioso»? Del verso que dice: «el Eterno del universo es el Rey de la gloria, *selah*» (Sl 24:10). ¿Y cómo sabemos que su trono es calificado también de glorioso? Porque leemos: «oh trono de gloria, exaltado desde el principio, oh sagrado santuario nuestro» (Jr 17:12).

נ

Nun – ¿Por qué la letra *nun* tiene dos grafías, una curvada sobre sí misma y otra alargada, como si estuviera en pie? Porque con esta letra se creó el alma *(neshamá)* de toda criatura, y cualquier alma a veces está erguida y a veces curvada sobre sí misma. Cuando una persona está deprimida, también su alma está curvada y encogida, pero cuando está firme, su alma igualmente está erguida, según está escrito: «el alma del ser humano es la lámpara del Eterno, que revela su parte más oculta» (Pr 20:27). Pongamos un ejemplo: esta afirmación recuerda a la historia de un rey cuyo palacio tenía un sótano y cuando el monarca quería bajar a verlo, le dijo a sus servidores: «bajad primero y encended una lámpara para que yo pueda ver qué cosas hay ocultas en esta oscuridad». También el Santo —bendito sea— creó al ser humano (*adam*, que se escribe *álef-dálet-mem*) a partir de polvo, sangre y bilis: con la *álef* de *éfer* (polvo), la *dálet* de *dam* (sangre) y la *mem* de *mará* (bilis). Después puso en él un alma para que escudriñase las partes más escondidas de la persona, como está escrito «que revela su parte más oculta». También leemos: «yo soy el Eterno que escudriño el corazón e inspecciono los riñones» (Jr 17:10). ¿Por qué no escudriña más que el corazón y no inspecciona sino los riñones? Porque el corazón es el que comprende los conocimientos y los riñones son los que se encargan de concebir el buen y el mal consejo. Dijo el Santo —bendito sea—: «estos dos elementos son los que rigen y administran el resto del ser humano; no necesito ocuparme más que de ellos, porque el resto de miembros y órganos están regidos por estos dos únicamente. Por eso está escrito: «el alma del ser humano es la lámpara del Eterno» (Pr 20:27).

Otra explicación posible – «el alma del ser humano es la lámpara del Eterno» – se refiere al alma del ser humano, no la de los animales. ¿O es que el alma de las personas y la de los animales no van a parar al mismo lugar? Está escrito: «ambas van a parar al mismo lugar» (Ecl 3:20). No solamente esto, sino que personas y animales sufren el mismo destino cuando llega la muerte, porque está escrito: «por lo que respecta al destino del hombre y al de la bestia, ambos comparten el mismo: igual que uno muere, también muere el otro porque el alma de ambos es igual» (Ecl 3:19). ¿Qué significa «igual que uno muere, también muere el otro»? Que ambos mueren de la misma manera y que, además, del mismo modo que tocar a una persona muerta impurifica, también tocar un animal muerto produce el mismo efecto, pues está escrito: «quien toque a un muerto...» (Nm 19:11), y «cuando un animal muere... si alguien toca sus despojos quedará impuro» (Lv 11:9). Por si fuera poco, la bestia tiene incluso mejor consideración que el ser humano porque si alguien toca el cadáver de una persona queda impuro durante siete días, pero si toca el de un animal sólo queda impuro hasta la noche. Además, cuando un animal muere, su propietario aún puede vender su carne y su pellejo a los no-judíos. No sólo eso, sino que inmediatamente después de la muerte del animal su alma halla el reposo, mientras que cuando muere el ser humano su espíritu no tiene reposo inmediato sino que es juzgado de acuerdo a sus buenas y malas acciones. En el juicio le dirán: no actuaste bien en tal o cual día, ni dijiste lo que era correcto en tal otro día. Incluso el susurro entre marido y mujer cuando mantienen relaciones sexuales es examinado abiertamente en el juicio ante el Santo –bendito sea–, según está escrito: «porque él formó los montes y creó el espíritu, y repite al ser humano lo que éste ha susurrado» (Am 4:13).

Cuando los hijos de alguien mueren antes que él, le preguntan en el juicio «¿por qué han muerto tus hijos antes que tú?». Si la persona se ha quedado ciega durante su vida le preguntan «¿por qué se oscurecieron tus ojos en vida?». Cuando en vida de la persona ésta se vuelve sorda, muda o leprosa, le preguntan por qué ha ocurrido esto, porque los caminos del Santo –bendito sea– y sus acciones son siempre rectos y justos, como está escrito: «rectos son los caminos del Eterno; los justos caminan por ellos, pero los impíos en ellos tropiezan» (Os 14:10). Por estos caminos los justos marcharán hacia el Paraíso, pero los impíos tropezarán en ellos y caerán en la Guehena. En el juicio preguntarán a la persona: «¿por qué razón tropezaste en estos pecados y te extraviaste del camino, te desviaste y acabaste cayendo en la Guehena?» Si la persona tiene algo que alegar en su defensa se la escucha, pero si no es así preparan para ella tres lazos de fuego que lo reducen a cenizas, y éstas son esparcidas a los cuatro vientos, como está escrito: «la violencia se ha transformado en vara de maldad» (Ez 7:11).

Después vuelven a juntar sus cenizas esparcidas a los cuatro vientos y las arrojan dentro de su tumba, a la espera del día del juicio final, porque está escrito: «porque viene el día que abrasa como un horno; todos los arrogantes y malhechores serán como paja; el día venidero –dice el Eterno del Universo– los consumirá y hará cenizas, sin dejar raíz ni una rama» (Ml 3:19). La expresión «porque viene el día» se refiere al día del juicio final, mientras que «abrasa como un horno» se refiere a la Guehena, ya que está escrito: «así dice el Eterno, cuyo fuego está en Sión y cuyo horno está en Jerusalén» (Is 31:9). «Todos los arrogantes» se refiere a los insolentes, como leemos: «el nombre del soberbio, arrogante e insolente» (Pr 21:24). De ahí deducimos que las personas insolentes son las primeras en ser arrojadas a la Guehena, porque dice «que actúa con el furor de la soberbia» (Pr 21:24), y este furor no es sino el del la Guehena. En cambio, la expresión «los malhechores» se refiere a los malhechores de entre las naciones, que son comparados a la paja, pues está escrito: «desatas tu furor, que los consume como paja» (Ex 15:7). «El día venidero… los consumirá» se refiere al fuego de la Guehena que consumirá a los malignos, mientras que «el día venidero» significa que aquel día durará como si fueran cuarenta días, en días humanos y no en días divinos, ya que para el Santo –bendito sea– un día es como un millar de nuestros años, como está escrito: «mil años en tus ojos son como el día de ayer, que ya ha pasado» (Sl 90:4). Todo está en manos del Santo –bendito sea– y todo se encuentra en su Palabra. La expresión «sin dejar ni raíz ni rama» indica que no quedará parte alguna de ellos que no haya gustado el mal sabor de la Guehena. La raíz se refiere al alma, que es comparada a un brote del cuerpo humano, mientras que la rama sería el cuerpo, que se arrastra por el polvo como una rama seca.

Si esto es así, ¿por qué dice que la lámpara del Eterno es el alma del ser humano, y no incluye el alma de los animales? Porque el alma de las bestias no fue creada a imagen del Santo –bendito sea– y no sería correcto puede afirmar esto de ella. Lo mismo se aplica al versículo que dice: «¿quién sabe si el alma de las personas asciende y la del animal simplemente desciende a la tierra?» (Ecl 3:21). «El alma de las personas *(bené adam)*» se refiere a los justos que son comparados a Abraham, una persona que por su justicia fue llamado «hombre» *(adam)*, como está escrito: «era el mayor hombre entre los gigantes» (Jos 14:15). ¿Cómo sabemos que no había nadie más grande que Abraham? Porque la Biblia dice: «eres un príncipe de Dios entre nosotros» (Gn 23:6). En cambio, el alma de los animales simboliza los malvados, que son comparados a las bestias, como está escrito: «es como las bestias que perecen» (Sl 49:13).

ס

Sámej – no pronunciéis el nombre de esta letra *sámej* sino *somej maj* («el que sostiene a los humildes»). Esto alude al Santo –bendito sea–, que sostiene a los humildes cuando caen, pues está escrito:

«sostiene el Eterno a todos los que caen» (Sl 145:14). Sostiene tanto a las cosas más excelsas como a las inferiores, tanto en este mundo como en el mundo venidero. ¿De dónde deducimos que sostiene a las cosas excelsas? Del texto que dice: «mi mano desplegó los cielos» (Is 45:12). Es necesario entender la palabra «desplegó» con el significado de «sostuvo». ¿Y cómo sabemos que sostiene a las cosas y personas inferiores? Porque está escrito: «sostiene el Eterno a todos los que caen». «Los que caen» sólo puede designar a las personas más humildes, que se rebajan a sí mismas a causa de la estatura que se les ha otorgado en este mundo. Por eso dice el versículo: «aún cuando estaba en el vientre, ya dependía de ti *(simajti)*; en el vientre de mi madre ya eras tú quien me sostenía» (Sl 71:6). Y también está escrito: «entonces su brazo le salvó; su justicia le sustentó *(semajathu)*» (Is 59:16).

Otra interpretación – *sámej* señala al pueblo de Israel, que siempre es sostenido por el mérito de los patriarcas, Abraham, Isaac y Jacob; de José, Moisés y Aarón; de David y Salomón. El mérito de Abraham e Isaac rodea a los judíos desde el oriente, pues está escrito: «aquel que suscitó la justicia desde oriente» (Is 41:2). El mérito de Jacob y José les circunda desde el occidente, porque el versículo dice: «la forma de su rostro era de aspecto humano» (Ez 1:10). Esto se refiere a la faz de Jacob, que está esculpida sobre el trono de gloria. También dice: «con la apariencia de un toro» (Ez 1:10), cosa que se refiere a José, de quien se nos dice que «como el primogénito de un toro es su majestad» (Dt 33:17). ¿Por qué se le otorga la primogenitura a José? Porque está escrito: «hijo de Rubén, primogénito de Israel» (1Cr 5:1). Dado que Rubén profanó la cama de Jacob (al acostarse con Bilhá), se le niega la primogenitura y se la asigna a José. El mérito de Moisés y Aarón nos rodea desde el sur, porque la Torá, los preceptos, el sacerdocio y el oficio levítico fue dado en el sur, como está escrito: «Dios vendrá desde Temán, el Santo desde el monte de Parán» (Hb 3:3). El mérito de David y Salomón rodea a los judíos desde el norte, porque todo lo que profetizaron acerca de Israel versa sobre la recompensa de los justos en el Edén, que nos fue dado en el norte. ¿Cómo sabemos que el Edén está en el norte *(tsafón)*? Porque la Biblia dice: «(líbrame) de los hombres con tu mano, oh Eterno, de los hombres mundanos cuya porción está en esta vida» (Sl 17:14). David, cuando vio la abundancia de bienes del Edén, profetizó diciendo «Qué grande es tu bondad, que has reservado *(tsafanta)* para los que te temen» (Sl 31:20). Salomón profetizó y dijo: «él reserva *(yitsfón)* la salud para los rectos» (Pr 3:7). Los rectos de los que habla el versículo son los justos y perfectos que se presentan cada día ante la *Shejiná*, la divina Presencia como está escrito: «los justos moran en tu Presencia» (Sl 140:14). Igual que el Santo –bendito sea– es llamado «recto», también los justos son llamados «rectos». ¿De dónde deducimos que el Santo –bendito sea– es recto? Del texto que dice: «bueno y recto es el Eterno» (Sl 25:8). ¿Y cómo sabemos que también los justos son llamados «rectos»? Porque está escrito: «celebraré al Eterno de todo corazón, en medio de los justos y en la congregación» (Sl 111:1). El Santo –bendito sea– es llamado «bueno» porque leemos: «bueno es el Eterno para con todos» (Sl 145:9); y también los justos son calificados de buenos, como está escrito: «decid al justo que tendrá el bien, que comerá del fruto de sus acciones» (Is 3:10). Recibirá la recompensa de sus buenas obras en el mundo futuro, pero comerá del fruto de sus acciones en este mundo.

Otra enseñanza respecto a *sámej* – La letra *sámej* también puede representar a Jerusalén, que aparece sostenida *(samuj)* por los montes y colinas que la rodean. Los montes representan a nuestros patriarcas y las colinas a nuestras matriarcas, como está escrito: «Jerusalén está rodeada de montes» (Sl 125:2).

Otra enseñanza – *sámej* es el tabernáculo que hicieron Moisés y el pueblo de Israel en el desierto. Cuatro campamentos de las tribus de Israel lo rodeaban y arropaban *(semujim)*, como está escrito: «el estandarte del campamento de Rubén al sur... el estandarte del campamento de Dan al norte... el estandarte del campamento de

Judá al este... el estandarte del campamento de Efraim al oeste»
(Nm 2:3-26).

Otra posibilidad – *sámej* representa al Templo en el que moraba
la divina Presencia, rodeado *(samuj)* por el rey, el sumo sacerdote,
los otros sacerdotes y levitas e Israel, que corresponden a los cuatro
puntos cardinales cubiertos en la disposición de campamentos en
el desierto, según está escrito: «el estandarte del campamento de
Rubén al sur... el estandarte del campamento de Dan al norte...
el estandarte del campamento de Judá al este... el estandarte del
campamento de Efraim al oeste».

Una posibilidad más – *sámej* es la Torá, que está arropada
(samuj) por los Profetas y los Hagiógrafos, la Mishná, los *midrashim*
legales e interpretativos y las *tosafot*, como está escrito: «un pozo
que cavaron los príncipes, que escarbaron los principales del pueblo
con sus punzones y bastones» (Nm 21:18). Este pozo sólo puede
referirse a la Torá, que a menudo es comparada a un pozo, como
leemos: «fuente de agua de vida» (Cnt 4:15). El agua también es el
símbolo de la Torá, como está escrito: «oh vosotros los sedientos,
venid al agua» (Is 55:11). ¿Por qué las palabras de la Torá son comparadas al agua? Es para enseñarnos que de la misma manera que
una corriente de agua baja de un lugar elevado a uno más bajo, las
palabras de la Torá sólo son retenidas por la persona sencilla que
se humilla a sí mismo. La expresión «que cavaron los príncipes» se
refiere a Moisés y al Sanhedrín, que se dedicaban a explicar la Torá.
«Los principales del pueblo» designa a los autores bíblicos como
David, Salomón, Daniel, Mardoqueo y Esdras el Escriba. Con su
punzón *(mejokek)*, todos ellos escribieron acerca de la ley dada a
Moisés en el Sinaí, y Moisés es llamado «caudillo *(mejokek)* reverenciado», como está escrito: «porque ésta es la porción del caudillo
reverenciado» (Dt 33:21). ¿Por qué se le llama «caudillo» *(mejokek)*?
Porque con los dedos de su manó grabó *(jakak)* todas y cada una
de las letras de la Torá. El término «bastones» designa a los profetas
que resucitaban a los muertos, como en el caso de Elías o Eliseo,

que devolvían la vida a los fallecidos como está escrito: «pon mi bastón sobre el rostro del joven» (2Re 4:29). Las palabras «desde el desierto a Mataná» (Nm 21:18) se refieren al desierto del Sinaí, en el que les fueron entregadas las tablas de la Ley como dádiva *(mataná)*, pues está escrito: «y el Eterno me las dio *(yitenén)*» (Dt 19:4). También leemos: «recordad la Torá de mi siervo Moisés que le mandé en Horeb, decretos y estatutos para todo Israel» (Ml 3:22). Aquí, la Torá de Moisés designa a la Torá, los Profetas y los Hagiógrafos. La palabra «decretos» significa los *midrashim* o homilías explicativas. El término «estatutos» designa todo tipo de enseñanzas e historias tradicionales *(hagadot)*, porque está escrito: «anuncia sus palabras a Jacob, sus decretos y estatutos a Israel» (Sl 147:19).

ע

Ayin – El único significado de la letra *ayin* es «ojo» *(ayin)*. El ojo simboliza la Torá, que es el ojo de todos los ojos, luz de todas las luces, sabiduría de todas las sabidurías, inteligencia para todos los inteligentes, conocimiento para los conocedores. Es vida para aquellos que se abrazan a ella. ¿De dónde deducimos que la Torá es el ojo de todos los ojos? Del texto que dice: «el precepto del Eterno es claro, que alumbra los ojos» (Sl 19:9). ¿Cómo sabemos que la Torá es luz de todas las luces? Porque está escrito: «lámpara es el precepto, luz es la Torá» (Pr 6:23). ¿Por qué decimos que es sabiduría de todas las sabidurías? Porque el versículo dice: «yo, la sabiduría, habito con la prudencia» (Pr 8:12), y también «guardadlos y cumplidlos porque ellos son vuestra sabiduría» (Dt 4:6). ¿De dónde deducimos que la Torá es la inteligencia de todos los inteligentes? Del salmo que dice: «y traeremos inteligencia a nuestro corazón» (Sl 90:12). La única sabiduría es la Torá, porque está escrito: «adquiere sabiduría, adquiere inteligencia… y sobre todas tus posesiones adquiere inteligencia» (Pr 4:5,7), y además «Mío es el consejo y el buen juicio; soy la inteligencia, el poder es mío» (Pr 8:14). ¿Cómo sabemos que la Torá es conocimiento para los conocedores? Porque la Biblia dice: «yo hallaré la ciencia de los consejos» (Pr 8:12). ¿De dónde deducimos que la Torá es vida para los que se abrazan a ella? Del versículo que dice: «ella es árbol de vida a los que asen de ella» (Pr 3:18). Ella es el amor para todos los que aman sus palabras, pues está escrito: «me llevó a su bodega y su bandera sobre mí fue el amor» (Cnt 2:4), y también «amo a aquellos que me aman» (Pr 8:17).

La Torá es gracia en la cabeza de todos los sabios, como está escrito: «porque son una corona de gracia sobre tu cabeza» (Pr 1:9). También es gloria y amor para los sabios y estudiosos, ya que dice: «ámala y ella te exaltará, glorifícala porque ella te abrazará» (Pr 4:8). En sus manos hay dos dones, como está escrito: «larga vida en su diestra, y en su siniestra riqueza y honor» (Pr 3:16). Gracias a ella los reyes gobiernan con majestad y honor, ya que dice: «gracias a mí gobernarán los reyes» (Pr 8:15). Gracias a la Torá los maestros de Israel reciben su autoridad, como leemos: «gracias a mí ejercen su autoridad los príncipes» (Pr 8:16). Por ella los fallecidos que yacen en la tierra y los que moran en el polvo resucitarán en el futuro, ya que está escrito: «la Torá del Eterno es perfecta, que restaura el alma» (Sl 19:8). Por la Torá anhelan, día tras día, los escribas de Israel, pues dice el versículo: «si tu Torá no hubiera sido mi delicia» (Sl 119:92). En ella se alegran todos los corazones y los riñones de todos, como está escrito: «los estatutos del Eterno son rectos, que alegran el corazón» (Sl 19:9). Gracias a ella tendremos solaz todo el tiempo en la presencia del Santo —bendito sea— «teniendo solaz ante él todo el tiempo» (Pr 8:30). Por la Torá, Israel celebra con gran alegría, ya que dice: «cuando te despiertes, ella hablará contigo» (Pr 6:22). Gracias a ella el pueblo de Israel se libra del juicio de la Guehena, como está escrito: «aunque pases por el fuego, no te quemarás» (Is 43:2). ¡Que venga, pues, la Torá como un fuego —dado que está escrito «¿acaso no son mis palabras como fuego?»

(Jr 23:29)– y libre a Israel del juicio de la Guehena, que está llena de fuego! Está escrito: «fuego y leña en abundancia» (Is 30:33).

Por medio de la Torá se sustentan todas las cosas, las excelsas y las inferiores, como leemos: «si yo no he establecido mi pacto con el día y la noche, si no dispongo yo las leyes del cielo y de la tierra, también es cierto que desecharé a los descendientes de Jacob» (Jr 33:25). Por la Torá se renovarán los cielos y la tierra en el mundo venidero, como está escrito: «he aquí que crearé nuevos cielos y una nueva tierra» (Is 65:17). ¿Por el mérito de quién ocurrirá esto? Por el mérito de Israel, que cumple la Torá, ya que está escrito: «el temor del Eterno es el principio de la sabiduría… su alabanza permanece para siempre» (Sl 111:10). ¿Y qué significa que su alabanza permanezca para siempre? Se refiere a la recompensa de los justos en el mundo futuro, que durará para siempre.

פ

Pe – No lo pronunciéis *pe* (como el nombre de la letra) sino *pe* («boca»). La boca simboliza a Moisés, ya que leemos: «soy tardo de boca y lento de lengua» (Ex 4:10). Esto nos enseña que, en aquel momento, Moisés dijo al Santo –bendito sea–: «Señor de los mundos, bien sé que eres el Dios de todos los que vienen al mundo, y que no creaste el mundo más que para que éste te rinda honor; no formaste criatura alguna sino para que te amara; no creaste a nadie sino para que te honrara, porque está escrito: 'todos los que llevan mi nombre, para mi gloria los creé' (Is 43:7). Todos y cada uno de los miembros que creaste en el ser humano fueron creados con un propósito. No creaste la cabeza sino para que honre tu Nombre poniéndose las filacterias y para que se incline y se postre ante ti. No creaste los ojos más que para que veamos tu gloria. No creaste el oído sino para que escuchemos acerca de tu gloria. Olfato para oler, paladar para gustar los sabores de los alimentos, dientes para masticar, esófago para englutir, tráquea para inspirar y expirar, corazón para entender la inteligencia, pulmones para absorber, hígado para generar rabia, bilis para digerir, bazo para triturar, vientre para excretar, intestinos para asimilar, estómago para conciliar el sueño, ano para evacuar, miembro viril para orinar y expeler semen, arterias para mover la sangre, piel para nuestro aspecto exterior, manos para manipular, pies para caminar, lengua –por qué no– para hablar y expresarse. Ahora dame el don de la palabra y la elocuencia para que haga uso de mi boca y lengua». El Santo –bendito sea– contestó a Moisés: «Moisés ¿quién dio una boca a Adán al principio? –ya que está escrito "el Eterno le dijo: quién dio una boca al hombre" (Ex 4:11)–. Yo soy el que creé la boca y la lengua de Adán y le presenté a todas y cada una de las criaturas del mundo para que les diera un nombre a cada una, como está escrito "y el nombre que Adán puso a cada ser viviente se convirtió en su nombre"» (Gn 2:19).

צ

Tsade – No lo pronunciéis *tsade* sino *tsédek* («justicia»). Ésta es la justicia del Santo –bendito sea– que ejerce para con toda criatura de carne y hueso: conocimiento, entendimiento, sabiduría, don de la palabra y elocuencia que Dios da al ser humano. El mundo entero se sustenta gracias a estos dones, porque si no fuera por el don de la palabra y la elocuencia el mundo entero no sobreviviría ni siquiera una hora. En el preciso momento en que Moisés dijo al Santo –bendito sea– «soy incircunciso de labios» (Ex 6:30), todas las criaturas del mundo exclamaron sorprendidas: «¿Cómo puede ser que Moisés –que en el futuro hablará con la *Shejiná* en ciento setenta y cinco lugares y explicará cada letra, cada palabra y cada versículo de la Torá en setenta idiomas– diga ante el Santo –bendito sea– "soy incircunciso de labios"? ¿Si dice esto de sí mismo, qué no dirá de nosotros?» Debido a la declaración de Moisés de que era incircunciso de labios, se hizo merecedor de convertirse en el enviado que mediaba entre el Todopoderoso *(Guevurá)* y el pueblo de Israel, como está escrito: «yo he estado entre el Eterno y vosotros» (Dt 5:5). Ni siquiera Metatrón puede mediar entre el Todopoderoso y los seres de carne y hueso. Por cuanto Moisés dijo que su boca no era ágil ni tenía don de palabra, mereció que el Santo –bendito sea– dijera acerca de él: «no así con mi siervo Moisés… yo hablo con él boca a boca» (Nm 12:7-8). El Santo –bendito sea– le dijo: «Moisés, Moisés, tú dices que eres parco y sin don de palabra, así que te voy a dar más facilidad de palabra y elocuencia que a ninguna otra persona que haya nacido jamás, para que ningún ser humano contemple una sola parte de la Torá, un sólo ápice de sabiduría divina en el cielo que no haya venido a través de ti, como está escrito: "yo estaré con tu boca y te enseñaré"» (Ex 4:12).

Si dice «estaré con tu boca», ¿por qué añade «y te enseñaré»? La respuesta es que «estaré con tu boca se refiere a que le prometió elocuencia y don de palabra, mientras que «te enseñaré» hace referencia a los pozos de sabiduría que el Santo –bendito sea– reveló a Moisés a fin de que él pudiera contemplar la sabiduría de todos los órdenes de la creación, como está escrito: «es el más digno de confianza de toda mi casa» (Nm 12:7). El versículo no dice simplemente «de mi casa», sino «de toda mi casa», cosa que nos enseña que el Santo –bendito sea– confió a Moisés todos los secretos de la Torá, todos los arcanos de la sabiduría, todos los pozos de conocimiento y ciencia, todos los secretos del Edén, todos los arcanos de la Vida que Dios posee, en las alturas y en las profundidades. Dios mostró a Moisés todos los atributos divinos immanentes en el mundo, todo lo que ha sido en este mundo y todo lo que será en el mundo venidero.

A través de la cortina del Santo –bendito sea– Moisés pudo contemplar grupos y grupos de escribas y escuadras de miembros del Sanhedrín que estarían sentados en la sala empedrada de adoquines del Templo de Jerusalén, inmersos en la interpretación de la Torá, de los Profetas y de los Hagiógrafos en cuarenta y nueve aspectos diferentes, ya que está escrito: «Las palabras del Eterno son palabras puras, plata refinada en crisol de cerámica, templada siete veces» (Sl 12:7). ¿Qué significa la expresión «templada siete veces»? Se refiere a las 49 caras diferentes de la Torá de Moisés. En aquel preciso instante, Moisés vio, a través de la cortina del Santo –bendito sea– el destino de Rabí Akiva, que estaba sentado ofreciendo interpretaciones acerca de las letras de la Torá y acerca de cada una de las coronas de cada letra, elucidando los trescientos sesenta y cinco sentidos interpretativos. De inmediato, Moisés tuvo temor y, alarmado, dijo: «¿cómo voy a ser yo el enviado del Omnipresente, el que traiga la Torá al mundo?» Por eso está escrito: «Ay de mí, te lo ruego, Señor, envía el mensaje a través de quien debas enviarlo» (Ex 4:13). Sin embargo, el Santo –bendito sea– sabía muy bien lo que había en el corazón de Moisés. ¿Qué hizo, por tanto? El Santo –bendito sea– envió a Moisés a ver al ángel Sagnazga'el, príncipe de toda sabiduría y entendimiento, quien tomó a Moisés y le condujo a cierto lugar para que viera, a través de la cortina, el destino de millones de sabios, expertos y escribas que se sentarían a explicar los diversos sentidos de la Torá, de toda la Biblia, de la Mishná, los *midraishim* legales y homiléticos, tradiciones y comentarios adicionales. Y estos sabios decían: «esta ley fue dada a Moisés en el Sinaí».

De inmediato Moisés se calmó y cuando el Santo –bendito sea– vio que Moisés se había serenado le dijo: «mira, tu hermano Aarón te servirá como un profeta, actuará como tu traductor ante Faraón. ¿Por qué tienes miedo? Tú habla a Aarón en mi nombre, cuando estés delante del malvado Faraón. Aarón se erguirá y le hablará». Está escrito: «y tu hermano Aarón hablará al Faraón» (Ex 7:2). En aquel momento las puertas de la elocuencia y del don de palabra se abrieron para Moisés. Moisés adquirió sabiduría, facilidad de palabra y elocuencia, más que ninguna otra persona que jamás haya venido al mundo, como está escrito: «besa los labios que responden palabras adecuadas» (Pr 24:26).

Ꝕ

Kuf – esta letra simboliza a Moisés, padre de todos los sabios, padre de todos los entendidos, que expuso vehementemente *(hikif)* ante el malvado faraón todas las palabras de sabiduría, todas las palabras de entendimiento, todas las palabras de inteligencia, de ciencia y de ingenio, en setenta idiomas diferentes. Ante el malvado faraón había setenta escribas que conocían setenta lenguas y sus alfabetos que, cuando vieron que Moisés y Aarón parecían ángeles del servicio divino, altos como cedros del Líbano, con unos ojos relucientes como estrellas, con barbas como racimos de dátiles, con rostros refulgentes como el sol, con la vara de Dios en su mano y con el Nombre inefable grabado en esa vara, también vieron que de la boca de ambos salían llamas de fuego y, de inmediato, cayó sobre ellos un gran temor y temblor, pánico y espanto, de manera que dejaron caer las plumas y pergaminos que tenían en las manos y se postraron rosto a tierra ante Moisés y Aarón. Los setenta escribas rindieron adoración a ambos, como está escrito: «Egipto se alegró de su partida, porque había caído sobre ellos el terror» (Sl 105:38). Si la partida de los israelitas les provocó tanto miedo, ¿cómo no había de amedrentarlos la llegada de Moisés y Aarón? La partida es comparable a la llegada, así que cuando llegaron cayó sobre los escribas un gran pavor.

Después de esto, el faraón dijo a Moisés y Aarón: «¿Quién os ha mandado que vengáis a mí?» Le respondieron: «el Dios de los hebreos nos ha enviado a ti diciendo "deja marchar a mi pueblo para que me rindan culto en el desierto"». El faraón les respondió: «¿cómo se llama vuestro dios?, ¿tiene mucha fuerza y poder?, ¿cuál es su grandeza y majestad?, ¿sobre cuántas ciudades, países y pueblos reina?, ¿cuántas batallas ha luchado y ganado?, ¿cuántos países ha conquistado?, ¿cuántas ciudades ha expugnado?, ¿con cuántos soldados, carruajes, caballeros y oficiales cuenta para salir a la guerra?» Ellos le respondieron: «su fuerza y poder llenan el mundo entero, su voz corta las llamaradas del fuego, sus palabras hacen que las montañas se partan en dos; los cielos son su trono y la tierra es el estrado de sus pies; su arco es de fuego, su armadura es de llamaradas, su lanza es una antorcha; su escudo es de nubes; su espada no es de hierro sino de relámpago; es capaz de formar montañas y colinas, de crear almas y espíritus, de hacer la paz entre el fuego y el agua; a partir de la nada, creó los cielos, sólo con su palabra; a su voz de mando se desplegó la tierra. En su sabiduría creó el mundo en el principio. Contempla el feto en el vientre de su madre. Cubre el cielo de nubes y hace que llueva o que caiga rocío con sólo decirlo. Él hace que la tierra fructifique. Alimenta y sustenta a todo el mundo, desde el buey más majestuoso hasta los polluelos del gorrión, día tras día. Vida y muerte están en su mano».

El faraón replicó a Moisés y Aarón diciendo: «vuestro Dios no me hace ninguna falta porque yo me he creado a mí mismo». Está escrito: «mío es el Nilo; me he hecho a mí mismo» (Ez 29:3). El versículo no dice: «mío es el Nilo, yo lo he hecho *(asiti)*» sino «mío es el Nilo; me he hecho a mí mismo *(asitini)*». ¿Cuál es el significado de la declaración del faraón, «mío es el Nilo»? Significa que el faraón les dijo: «según decís, vuestro dios produce lluvia y rocío; pero para eso ya tengo el Nilo, que mana del árbol de la vida y cuyas aguas sobreabundan. En las fuentes del Nilo, las aguas brotan de los frutos del Edén. Cada uno de estos frutos es tan pesado que se necesitan dos asnos para transportarlo y, cuando alguien lo degusta, halla en él trescientos sabores diferentes». Continuó diciendo el faraón: «esperad aquí, que abriré el cofre de los escritos y cartas que los faraones han recibido de todos los soberanos y reyes del mundo desde tiempos inmemoriales. Daré los documentos a los escribas para que los lean y descifren sus setenta idiomas, y veremos si, tal vez, se encuentra entre los escritos una carta dirigida por vuestro dios. Que yo sepa, jamás me envió carta alguna, ni para congraciarse ni para saludarme». ¿Qué hizo el faraón? Abrió todos los depósitos de documentos y escritos recibidos desde la antigüedad y los llevó al lugar donde estaba reunido con Moisés y Aarón. Entonces llamó a los setenta escribas que sabían setenta idiomas cada uno. Les repartió todos los documentos y cartas, escritos en setenta lenguas, para que los leyeran en una sola hora. Cuando el faraón vio que el nombre del Santo –bendito sea– no estaba escrito en documento alguno, dijo a Moisés y Aarón: «no conozco a vuestro dios, ni he oído jamás su nombre, ni sé acerca de su fuerza y poder», como está escrito: «no conozco al Eterno y no dejaré marchar a Israel» (Ex 5:2). De repente, el Santo –bendito sea– le respondió: «¡qué malvado eres! ¡Decir a mis enviados que no conoces la fuerza y poder de su Dios! Para este momento te puse en el trono; ahora te mostraré mi fuerza y poder, para que hables de mi glorioso Nombre en todo el mundo, porque está escrito "yo te erigí gobernante para mostrar en ti mi poder y para que mi nombre sea anunciado en toda la tierra"» (Ex 9:16).

¿Qué hizo entonces el malvado faraón? Mandó llamar a todos los sabios de la tierra de Egipto y a todos los entendidos del mundo y les preguntó: «¿habéis oído jamás el nombre del dios de estas gentes?» Le respondieron: «Sí, hace tiempo que hemos oído hablar de él; tal vez se trate de un descendiente de los sabios o de los reyes de la antigüedad». En aquel momento dijo el Santo –bendito sea– desde los cielos: «¡sois los más necios del mundo! Decís ser sabios y que yo debo ser sólo el hijo de un sabio», como dice el versículo: «ciertamente los príncipes de Tsoán son necios; se ha malogrado el consejo de los sabios consejeros del faraón; ¿cómo dicen al faraón que yo soy hijo de los sabios, descendiente de los reyes antiguos?» (Is 19:11). «Por tanto» –continuó diciendo– «destruiré vuestra sabiduría y entendimiento, como está escrito "perecerá la sabiduría de sus sabios y la inteligencia de sus eruditos se ocultará"» (Is 29:14).

ר

La letra *Resh* simboliza la cabeza *(rosh)* y se refiere al Santo –bendito sea– que es la cabeza, el inicio de todo el mundo y el final del mundo entero. Él es quien llama a las primeras generaciones y a las últimas, como dice el versículo: «¿quién ha obrado, quién lo ha hecho? Aquel que llama a las generaciones» (Is 41:4).

Otra interpretación: «cabeza» se refiere a la cabeza del Santo –bendito sea– que es de oro refinado, con rizos negros como el cuervo, como está escrito: «su cabeza es de oro fino, sus mechones son rizados, negros como el cuervo» (Ct 5:11). Otra interpretación posible: «su cabeza es de oro fino» se refiere a la cabeza del *midrash,* porque cada una de sus explicaciones es valiosa como oro refinado; «sus mechones son rizados» *(kutsotav taltalim),* porque cada aún los detalles más insignificantes *(kots)* y pequeñas derivaciones *(tilé tilim)* legales son preciosos; «negros como el cuervo», porque cada una de las leyes prácticas posee la belleza y lustre del plumaje del cuervo.

Otra posible explicación es que el término «cabeza» se refiera a la palabra del Santo –bendito sea–, que es llamada «principio» *(rosh)* y mediante ella Dios creó los siete firmamentos y todas las huestes que en ellos hay. ¿Cómo sabemos que su palabra es llamada «cabeza»? Porque la Biblia dice: «el principio *(rosh)* de tu palabra es verdad» (Sl 119:160). ¿Y de dónde deducimos que mediante su palabra el Santo –bendito sea– creó los siete firmamentos? Del texto que dice: «con la palabra del Eterno fueron creados los cielos» (Sl 33:6). Dice «los cielos» y no «el cielo» porque se refiere a los siete firmamentos que el Santo –bendito sea– creó con una sola palabra, ya que no dice «con sus palabras» sino «con su palabra», en singular. ¿Cómo sabemos que con su aliento o espíritu creó a todas y cada una de las huestes de cada firmamento? Porque dice el versículo: «con el aliento de su boca creó todas sus huestes» (Sl 119:160).

Otra explicación: la palabra «cabeza» *(rosh)* se refiera a la torre que edificó la generación que vivió en tiempos de la separación de las lenguas, una torre cuya cúspide *(rosh)* tocaba el cielo, tal como está escrito: «venid, construyámonos una ciudad con una torre cuya cúspide toque el cielo» (Gn 14:1). En aquellos tiempos, la gente se dijo: «la generación del diluvio fue estúpida, porque dijo a su Creador "aléjate de nosotros" (Jb 21:14). Por eso Dios hizo llover sobre ellos las aguas del diluvio cuarenta días y cuarenta noches para barrerlos de la faz de la tierra, ya que está escrito: "él es como una cosa ligera que arrastra el agua" (Jb 24:18). En cambio, nosotros construiremos una torre que vaya de la tierra hasta los cielos y nos instalaremos en ella como ángeles del servicio divino. Tomaremos buriles en la mano y perforaremos el firmamento, de manera que las aguas superiores se derramen sobre las aguas inferiores. Así Dios no podrá hacer con nosotros lo que hizo con la generación del diluvio». Entonces la generación de Babel se dividió en tres grupos: uno de ellos decía: «edifiquemos una torre de la tierra hasta el cielo para instalarnos en ella como ángeles, de manera que podamos morar tanto en las alturas como aquí abajo; el segundo grupo decía: «construyamos una torre de la tierra hasta el cielo para que nos dé buen nombre –y este buen nombre sólo puede referirse a la idolatría, ya que está escrito «no pronunciaréis el nombre de otros dioses» (Ex 23:13)–; y el tercer grupo dijo: «edifiquemos una torre de la tierra hasta el cielo y rompamos el cielo en mil pedazos para hacer la guerra contra el Santo –bendito sea– y destituirlo de su lugar.

Sobre el grupo que quería subir al cielo y morar allí como los ángeles del servicio divino está escrito: «y bajó el Eterno a ver la ciudad y la torre» (Gn 11:1). Respecto al grupo que quería subir al cielo para rendir allí un culto idolátrico, la Torá dice: «¡sea! bajaremos y confundiremos las lenguas en este lugar» (Gn 11:7). Por lo que respeta a la facción que quería hacer la guerra, la Biblia dice: «y el Eterno los dispersó de allí» (Gn 11:8).

Otra explicación: la cabeza *(rosh)* de la que se habla no es otra que Nabucodonosor, de quien fue dicho: «tú eres cabeza de oro» (Dn 2:38). Otra posibilidad: esta «cabeza» tiene que referirse al imperio babilónico, ya que está escrito: «el principio *(reshit)* de su real dominio fue Babel» (Gn 10:10). Otra interpretación: «cabeza» se refiere a la enfermedad y dolencia, ya que el profeta dice: «toda cabeza está enferma y todo corazón doliente» (Is 1:5). Una explicación más: «cabeza» es un término para referirse a Israel, a quien el Santo —bendito sea— puso a la cabeza de todas las naciones, como está escrito: «te pondrá el Eterno a la cabeza» (Dt 28:13).

שׁ

Shin – simboliza la dentadura *(shineihem)* de los malvados recalcitrantes. En un futuro, el Santo —bendito sea— les romperá la dentadura tres veces: una en este mundo, una en la era mesiánica y una en el mundo venidero. Igual que la forma de la letra *shin* tiene tres puntas, también el Santo —bendito sea— quebrará la dentadura de los malos tres veces, como está escrito: «levántate, Eterno, sálvame, Dios mío, porque has golpeado la cara de mis enemigos y quebrado los dientes de los malvados» (Sl 3:8). No sólo esto, sino que además en la era mesiánica la dentadura de aquellos que hayan devorado las riquezas de Israel será extraída de su boca y lanzada a una distancia de veintidós codos. Entonces, gente de todo el mundo lo verá y preguntará: «¿qué tipo de pecado han cometido éstos para merecer que les saquen los dientes de esta manera?» Les responderán: «esto se debe a que habían devorado las riquezas del pueblo de Israel, que para el Omnipresente es sagrado como una ofrenda sacrificial, que cuando alguien come de ella es castigado con la destrucción, como está escrito: «Israel es santo para el Eterno, primicias de su cosecha; todo aquel que lo devoré será tenido por culpable; le sobrevendrá una desgracia» (Jr 2:3).

¿Por qué quebrará el Santo —bendito sea— los dientes de los malvados recalcitrantes tres veces? Esto nos enseña que el Santo —bendito sea— se reunirá con los príncipes y huestes de los más altos cielos y les dirá: «príncipes míos y huestes mías, mirad a estos malvados impenitentes, cómo han saqueado y agredido a mis hijos, cómo han devorado a mi pueblo». Responderán los príncipes y las huestes: «Señor del Universo, tú dominas el mundo, obra de tus manos, y riges sobre todo lo creado; quién osará jamás cuestionar tus acciones, porque está escrito: "porque la palabra del rey es poderosa, y quién podrá decirle ¿qué haces?"» (Ec 8:14). Entonces el Santo –bendito sea– les responderá: «si es así, vosotros y yo les romperemos los dientes para empezar y después los expulsaremos del mundo. Huestes mías, os he puesto sobre ellos en este mundo; id, rompedles la dentadura y expulsadlos del mundo, como ha sido dicho, "serán destrozados los pecadores e impíos juntamente" (Is 1:27)». También dirá a los príncipes celestiales: «os he puesto sobre ellos para la era mesiánica; id en su busca, romped su dentadura y sacadles del mundo, porque está escrito "que se avergüencen los que me persiguen y no me avergüence yo; que desmayen ellos y no yo; haz caer sobre ellos el día del desastre y destrózalos doblemente" (Jr 17:18). Y yo mismo iré a buscarles y quebraré sus dientes, expulsándolos del mundo, porque está escrito "el Eterno ha roto la vara de los malvados"» (Is 14:5).

¿Cómo rompe Dios los dientes de los malvados en el mundo presente? Descienden las huestes celestiales y acuden al lugar donde moran cada uno de los malvados. Les quiebran la dentadura y los expulsan del mundo, porque está escrito: «la voz del Eterno quiebra los cedros» (Sl 29:5). Aquí los cedros simbolizan a los malvados irredentos, que debido a su altivez parecen como cedros en este mundo, como dice el versículo: «y delante de vosotros yo destruí a los amorreos, cuya altivez es como la de los cedros… destruí su fruto en lo alto y su raíz en el suelo» (Am 2:9). El fruto simboliza su cuerpo y la raíz es su alma. Cuando el Mesías venga a Israel, bajarán con él Miguel y Gabriel, príncipes de los ejércitos, príncipes de los santos y nobles, que lucharán contra los malos recalcitrantes desde la tercera hora a la novena y matarán a diecinueve mil millares de malvados impenitentes de todas las naciones del mundo, pues está escrito: «desaparecerán del mundo los pecadores» (Sl 104:35).

¿Cuándo será multiplicada la alabanza del Santo –bendito sea– en el mundo? Cuando los malvados sean erradicados de la faz de la tierra, dado que está escrito: «alegría por la destrucción de los impíos» (Pr 11:10). Aún en el mundo venidero bajará del cielo el Santo –bendito sea– y juzgará a los malvados y les quebrará la dentadura con una vara hecha de carbón ardiente, eliminándolos del mundo, ya que dice el versículo: «que golpeó a los pueblos con ira, con golpes incesantes» (Is 14:6). La ira de que se habla en el versículo se refiere al día del juicio de la Guehena, como está escrito: «¡día de la ira, aquel día!» (Sof 1:15).

Otra interpretación: *shin* – las tres puntas que tiene esta letra corresponden a los tres mundos en los que mora la persona, que son: el mundo presente, la era mesiánica y el mundo venidero. Otra posibilidad: representan espíritu, alma y cuerpo, de los que depende el ser humano. Otra explicación: representan los tres tipos de santidad que hay en el mundo: la santidad del Santo –bendito sea–, la santidad del *shabat* y la santidad de Israel. Respecto a la santidad del Santo –bendito sea– está escrito: «tú eres santo» (Sl 22:4); acerca de la santidad del *shabat* se dice: «y guardaréis el *shabat* porque es santo» (Ex 31:14); por lo que respeta a Israel, dice el profeta: «santo es Israel para el Eterno, primicia de su cosecha» (Jr 2:3).

ת

Tav – no pronunciéis el nombre de esta letra como *tav* sino como *ta'av* («concupiscencia»). Es la concupiscencia de los seres de carne y hueso que siempre desean algo más en este mundo, día tras día. No sólo esto, sino que su alma sigue siempre deseando sin descanso, como está escrito: «se consume de deseo mi alma todo el tiempo» (Sl 119:20). Y cuando la persona consigue lo que tanto deseaba, fallece y deja este mundo, como dice el versículo: «dormiré y tendré reposo» (Jb 3:13). De hecho, dormirá el dulce sueño del mundo venidero y no se saciará en este mundo sino ocasionalmente, para sobrevivir. ¿En qué sentido? El ser de carne y hueso sale desnudo del vientre de su madre, sin vestiduras, sin nada con que cubrirse, sin calzado, sin cinto, sin manto, sin conocimiento, sin entendimiento, sin consejo ni pensamiento, sin facultad de habla ni elocuencia, sin don de palabra ni expresividad, sin Torá, sin sabiduría, sin fuerza ni poder, incapaz de caminar con sus piernas, sin destreza, sin ser capaz de observar los preceptos, sin haber hecho obras de misericordia, sin cónyuge ni hijos, sin casa ni tierra, sin viñas ni sirvientes ni sirvientas, sin plata ni oro ni piedras preciosas, sin perlas, sin grandeza, sin orgullos, sin riqueza, sin honor, sin nada de nada. Nada más salir del vientre de su madre, su alma pasa los días deseando y anhelando adquirir el habla. Una vez es capaz de hablar, desea con vehemencia poder andar y, cuando lo consigue, anhela tener sabiduría y saber Torá, adquirir habilidades, poseer plata y oro, casarse. Desea fervientemente riquezas y bienes, campos y viñas, sirvientes y sirvientas, bienestar y honor, así como enseñorearse de todo lo que el Santo –bendito sea– creó en el mundo. Sin embargo, cuando ha conseguido todo eso, muere y abandona este mundo, que es vanidad, como está escrito: «el ser humano no puede retener por la fuerza a su propio espíritu; no tiene dominio cuando llega la muerte» (Ec 8:8).

También está escrito: «la vida de David llegó a sus últimos días» (1Re 2:1). No dice «la vida del rey David» sino «la vida de David» porque no hay majestad ni realeza en el momento de la muerte. La muerte de un rey es como la muerte de un menesteroso. Cuando llegó su hora, Job dijo: «el ser humano nace para la fatiga» (Jb 5:7). No sabemos si uno nace para la fatiga del trabajo o para la fatiga del estudio de la Torá. Así, cuando dice: «he puesto mis palabras en tu boca y en la sombra de mi mano te cobijaré; extendiendo los cielos y asentando la tierra dije: mi pueblo eres tú» (Is 51:16), ciertamente parece referirse a la fatiga de estudiar la Torá, a fin de hacernos merecedores y herederos de la vida del mundo venidero, ya que está escrito: «los sabios heredarán la gloria, pero los necios recibirán ignominia» (Pr 3:35). La gloria que heredarán los sabios es la gloria del mundo venidero, y la ignominia que recibirán los necios es el castigo de los malvados en la Guehena, ya que está escrito: «la fatiga del hombre es para su propia boca, y aún así el alma no se sacia» (Ec 6:7). La fatiga de la que habla es en el mundo presente, pero «el alma no se sacia» se refiere al mundo venidero. Esto es lo que dijo Rabí Isaac Marguela en nombre de Rabí Aba. Significa que el destino del ser humano es morir y el destino del animal es ser sacrificado. Ambos viven para llegar a la muerte. Feliz es la persona cuyo afán es estudiar la Torá, que rinde culto a su Creador, que se forja un buen nombre entre todas las gentes, como está escrito: «es mejor un buen nombre que un buen perfume; el día de la muerte, mejor que el día de nuestro nacimiento» (Ec. 7:1).

Alfabeto
de Rabí Akiva

Segunda versión, de acuerdo a las ediciones de Cracovia y Amsterdam así como otros manuscritos.

Álef – Dijo Rabí Akiva: éstas son las veintidós letras con las que la Torá fue entregada a las tribus de Israel. Están labradas con un buril ígneo sobre la temible y excelsa corona del Santo –bendito sea–. En el momento en que el Santo –bendito sea– decidió crear el mundo, todas las letras bajaron y se presentaron ante el Santo –bendito sea–, cada una de ellas diciendo: «crea el mundo a través de mí». En primer lugar llegó la letra *tav* y dijo al Santo –bendito sea–: «Señor del Universo, sea tu voluntad crear el mundo mediante mí, porque por mí diste la Torá a Israel, por mano de Moisés, como está escrito: "una Torá nos mandó Moisés" (Dt 33:4)». Le contestó el Santo –bendito sea–: «no, porque contigo haré una marca sobre la frente de la gente que suspira y gime para borrarlos de la faz del mundo, como está escrito: "y le dijo el Eterno: pasa a través de la ciudad, a través de Jerusalén, y pone una marca (*ve-hitvita*, de la misma raíz que la palabra *tav*) en la frente de todas las personas que suspiran y gimen por las abominaciones que allí se cometen" (Ez 9:4)». ¿Qué significa que la *tav* sea un marca? Nos revela que en el momento en el que el Santo –bendito sea– decretó su veredicto contra Jerusalén y la pasó por la espada, llamó al ángel de la muerte y le dijo: «antes que nada, ve a Jerusalén y escoge entre la gente a los justos y a los malvados; en la frente de cada uno de los justos escribe una *tav* con tinta, por la palabra *tejiyá* («revivir»); y en la frente de todos los malvados escribe una *tav* con sangre, por la palabra *tamut* («que muera»)». ¿En qué se diferencia la *tav* del resto de letras? En que nos enseña que la Torá rescata al ser humano de todo tipo de destinos azarosos.

A continuación, se levantó el atributo del Juicio ante el Santo –bendito sea– y le dijo: «Soberano del mundo, deberías escribir una *tav* de sangre incluso en la frente de los justos de Jerusalén para que mueran por las culpas de los malvados». Le respondió el Santo –bendito sea–: «¿y por qué?». El atributo del Juicio contestó: «porque no han amonestado a tus hijos con sus palabras ni les han dicho "no pequéis, no hagáis cosas inicuas, cosas depravadas e indecentes, cosas indebidas."» Le respondió el Santo –bendito sea–: «bien sé que por mucho que les hubieran amonestado no habrían escuchado sus palabras. Juicio replicó: «a pesar de que no les escuchaban deberían haber seguido advirtiendo».

De repente el Santo –bendito sea– calló y consideró a todos los justos de aquella generación como malvados. En aquel momento fueron enviados a Jerusalén seis ángeles de destrucción que hirieron a las gentes que allí vivían, porque está escrito: «seis hombres venían del camino de la puerta de arriba, la que mira hacia el norte; cada uno traía en la mano un instrumento de destrucción; entre ellos había un hombre vestido de lino que traía un tintero de escribano atado a la cintura; entraron y se detuvieron junto al altar de bronce» (Ez. 9:2). ¿Por qué nombra el viento del norte? ¿En qué es diferente del resto de vientos? Esto viene a revelarnos que todos los malos vientos que azotan el mundo proceden del norte, como está escrito: «del norte se desatará el mal sobre todos los habitantes del país» (Jer 1:14). Estos son los seis enviados que cayeron sobre Jerusalén: Ira, Furor, Cólera, Destrucción y Aniquilación. Cada uno de ellos llevaba una espada afilada en la mano, ya que está escrito: «cada uno traía en la mano un instrumento de destrucción». Cuando la letra *tav* escuchó aquello, salió de la divina presencia con pesadumbre.

A continuación entró la letra *shin,* en pie, delante de Dios, dijo: «Soberano del mundo, sea tu voluntad crear tu mundo mediante mí, porque conmigo se declama el Nombre Inefable, ya que está escrito: «éste es mi Nombre *(shemí)* para siempre» (Ex 3:15). Además, estoy en el principio del divino nombre Shadai. Le respondió el Santo –bendito sea–: «no». La *shin* pregunto: «¿por qué razón?». Dios respondió: «porque gracias a ti se escriben las palabras falsedad y mentira *(shav, shéker).* La mentira no tiene pies para caminar, del mismo modo que tu forma, *shin,* tampoco tiene pies ni soportes. Una letra que no tiene pies no es adecuada para crear el mundo». *Shin* salió de allí con espíritu turbado.

Después se acercó *resh* y dijo al Santo –bendito sea–: «Soberano del universo, sea tu voluntad que el mundo sea creado mediante la letra *resh,* porque está escrito: "el principio *(rosh)* de tus palabras es verdad" (Sal 119:160). Además, soy el principio de tu nombre *Rajum* («misericordioso») y de la palabra *refu'á* («sanidad»)». El Santo –bendito sea– le respondió: «no». La *resh* replicó: «¿y por qué?» Así contestó Dios: «porque en el futuro gracias a ti el pueblo de Israel caerá en la idolatría, como está escrito: "pongamos a alguien por cabeza *(rosh)* y regresemos a Egipto" (Nm 14:5). ¿Cómo sabemos que "cabeza" se refiere a la idolatría? Porque la Biblia dice: "la cabeza de aquella imagen era de oro fino" (Dn 2:32). Además, las palabras *ra'* i *resha'* («mal, maligno») empiezan con la letra *resh*». Compungida, la letra *resh* abandonó de inmediato la presencia divina.

Entonces llegó la letra *kuf* quien, plantándose delante del Hacedor, clamó: «Soberano del universo, que sea tu voluntad crear tu mundo mediante mí, porque gracias a mí proclamarán tu santidad por siempre y por triplicado, diciendo: "santo *(kadosh),* santo, santo es el Eterno del universo" (Is 6:3)». El Santo –bendito sea– le respondió que no. Cuando *kuf* preguntó la razón de la negativa divina, Dios contestó: «porque mediante ti rápidamente *(kelalot)* abandonarán el mundo los pecadores de la generación del diluvio, pues está escrito que "huyen ligeros *(kal)* sobre la faz de las aguas, su porción en la tierra es maldita *(tekulal)*" (Job 24:18)». *Kuf* salió de la presencia divina con compungimiento.

A continuación entró la letra *tsade*. De pie ante el Santo –bendito sea–, la *tsade* exclamo: «Señor del Universo, que sea tu voluntad crear el mundo por medio de mí, porque gracias a mí en el futuro proclamará el hombre tu justicia, como está escrito "tu justicia es eterna" (Sal 119:142), "oh Eterno, eres justo y rectos son tus juicios" (Sal 119:137), "el Eterno ama la justicia" (Sal 37:28)». Respondió el Santo –bendito sea–: «no». «¿Por qué razón?» –pregunto *tsade*. El Eterno dijo: «porque mediante ti en el futuro Israel afrontará muchas dificultades *(tsarot)*, ya que está escrito: "tú, que me has mostrado muchas angustias" (Sal 71:20); y también dice: "ay, qué grave será aquel día, tanto que no habrá otro como él, un tiempo de angustia *(tsar)* para Jacob" (Jer 30:7); está escrito: "desde el occidente temerán el nombre del Eterno, desde el oriente temerán su gloria, porque la angustia vendrá como un río" (Is 59:19)». Al oír estas palabras, de inmediato *tsade* salió avergonzada de aquel lugar.

Posteriormente se acercó la letra *pe* quien, presentándose ante Santo –bendito sea–, dijo: «Soberano del mundo, quieras utilizarme a mí para tu creación, ya que gracias a mí se dice "los mandamientos *(pekudé)* del Eterno son rectos y alegran el corazón" (Sal 19:8), porque ciertamente alegran el corazón de los humanos. Además, yo soy el principio de tu nombre *Podé* (redentor)». Una vez más, el Eterno contestó negativamente, así que *Pe* inquirió la razón de su decisión. «Porque mediante ti –dijo el Eterno– Israel se desenfrenará *(para')* y se entregará a la idolatría, como está escrito: "Moisés vio que el pueblo se había desenfrenado porque Aarón lo había permitido, para vergüenza entre sus enemigos"» (Ex 32:25). No hay degeneración peor que la idolatría. Con el alma apenada, *pe* abandonó la presencia divina.

Entonces llegó la letra *ayin*. Parándose ante el trono divino, la *ayin* (ojo) exclamo: «Rey del Universo, sea tu voluntad que mediante mí sea creado el mundo, porque gracias a mí está escrito "los ojos del Eterno recorren toda la tierra" (Zac 4:10). Y el mismo verso dice previamente: "¿quién ha menospreciado el día de las cosas pequeñas?" El Santo –bendito sea– respondió que no y, ante la sorpresa de *ayin,* le explicó: «porque gracias a ti el pecador esperará la penumbra para cometer transgresiones en secreto, como está escrito "el ojo del adúltero espera la penumbra diciendo 'no me verá nadie' y esconde su rostro" (Job 24:15). Además, juzgaré y condenaré al ojo, pues está escrito "los ojos de los malvados serán consumidos" (Job 11:20)». Rápidamente, *ayin* salió de ahí compungida.

Se acercó entonces la letra *sámej,* que se irguió ante Dios y le dijo: «Señor del Universo, dígnate a crear tu mundo mediante mí, porque por medio de mí eres llamado "el que sostiene *(somej)* a los caídos" como está escrito: "el Eterno sostiene a los que caen" (Sal 145:14). Por si fuera poco, en el futuro mis enemigos destruirán Jerusalén, como dice el versículo "redujeron *(samu)* a Jerusalén a escombros" (Sal 79:1)». *Samej* dejó con vergüenza la presencia divina. A continuación, la letra *nun,* entrando y plantándose delante del trono divino, dijo: «Soberano del mundo, tengas a bien crear tu mundo por medio de mí, ya que en el futuro darás alma *(neshamá)* a todas las criaturas gracias a mí, un alma que será también llamada "luz" *(ner),* como está escrito: "el alma humana es luz del Eterno" (Pr 20:27)». Respondió el Santo –bendito sea–: «No». «¿Por qué no?», preguntó *nun.* «Porque por medio de ti»–dijo el Eterno– «apagaré la luz de los impíos, pues está escrito: "la luz de los impíos se extinguirá" (Pr 13:9). No sólo eso, porque por medio de ti habrá almas que serán enviadas a la Guehena, ya que está escrito "porque Tófet está dispuesto desde hace tiempo… el soplo *(nishmat)* del Eterno, como un torrente de azufre, lo enciende" (Is 30:33)». De inmediato *nun* salió de allí apesadumbrada.

Entonces se presentó la letra *mem.* En la presencia divina exclamo: «Rey del Universo, sea tu voluntad que tu mundo sea creado por medio de mí, pues todos los habitantes del futuro mundo proclamaran tu reino *(maljutja)* y tu señorío *(memshalteja)* por medio de mí. Está escrito: "tu reino es un reino eterno, y tu señorío es de generación en generación" (Sal 145:13). Además, soy el principio de tu nombre *Melej* (rey)». Una vez más se sucedió el mismo dialogo. El Eterno explicó su negativa: «por medio de ti llegará aquel día del que se dice "día de pánico, de angustia y de confusión *(mejumá, mevusá, mevujá)* de parte del Eterno (Is 22:5)». Arrepentida, *mem* abandonó la presencia de Dios. A continuación la letra *lámed* se presentó ante el divino trono: «Soberano del mundo, quieras crear tu mundo por medio de mí, que gracias a mí darás a Israel las tablas *(lujot)* de la Ley y les enseñarás *(le-lamdam)* los diez mandamientos, como está escrito: "las tablas eran obra de Dios" (Ex 32:16)». Respondió el Santo –bendito sea– diciendo: «no», a lo que *mem* replico: «pero ¿por qué?» El Eterno contestó: «porque mediante ti las tablas de la Ley acabaran rotas al pie del monte, y las palabras que contienen florecerán (Pes 87b), como está escrito: "tomé las dos tablas, las arroje de mis manos y las hice pedazos ante vuestros ojos" (Dt 9:17)». Turbada, la letra *lámed* salió de allí rápidamente.

En aquel momento entró la letra *kaf.* De inmediato, se levantó un gran estruendo ante el Santo –bendito sea– porque *kaf* descendía directamente de la temible corona *(keter)* divina. Cuando *kaf* se detuvo ante el trono de la Gloria, el propio trono y las ruedas del Carruaje vibraron con gran fragor. El Santo –bendito sea– les preguntó: «trono de Gloria, ruedas del Carruaje, ¿por qué producís semejante ruido?» Le contestaron: «porque *kaf* ha bajado y se ha puesto delante. Toda nuestra gloria y esplendor sólo pueden ser proclamados gracias a *kaf,* dado que está escrito: "trono de gloria *(kise khavod),* excelso desde el principio" (Jr 17:12), y está escrito que "proclamarán la gloria *(kavod)* de tu reino" (Sal 145:11), "sea la gloria del Eterno para siempre (Sal 104:31), y "la gloria del Eterno sobre ti ha brillado" (Is 60:1)». El Santo –bendito sea–, llamo a la *kaf* y le dijo: «¿qué quieres de mí?». La *kaf* respondió: «soberano del Universo, lo que quiero es que crees el mundo mediante mí, porque gracias a mí se escriben las palabras «trono», «corona» y «gloria» *(kisé, kéter, kavod)*, pues está escrito: "tu trono está establecido desde entonces" (Sal 93:2); "gracias a mí los reyes reinan" (Pr 8:15); y "su gloria llena la tierra" (Is 6:3)». De nuevo, Dios contestó que no, y cuando *kaf* inquirió la razón de su decisión, el Santo –bendito sea– respondió: «porque mediante ti un día batiré una mano *(kaf)* contra otra, como está escrito "y yo también batiré una mano contra otra y haré reposar mi ira" (Ez 21:17). Y no sólo eso, sino que además gracias a ti desfallecerán de lágrimas los ojos del pueblo de Israel, porque está escrito "mis ojos desfallecieron de lágrimas" (Lm 2:11). ¿Cómo, pues, habría de crear el mundo mediante ti?» Al oír estas palabras *kaf* abandonó con temor la presencia divina.

Apareció entonces la letra *yud* y se puso en pie frente al Santo –bendito sea– diciendo: «Rey del Universo, que sea tu voluntad crear el mundo mediante mí, porque gracias a mí se escribe tu nombre "Yah, el Eterno, la roca de los siglos" (Is 26:4). Además, por medio de mí por tus obras te alaban *(yodu)* cada día, ya que dice "te alaben, oh Eterno, todas tus obras" (Sl 145:10). Por si fuera poco, yo soy el principio de tu nombre Yajid («Único»). El Eterno respondió: «no». Cuando la letra *yud* inquirió acerca de la decisión divina, Dios respondió: «porque gracias a ti crearé la mala inclinación *(yétser ha-ra)* que extravía a toda criatura que nace en el mundo, como está escrito: "la inclinación del corazón humano es mala desde su juventud" (Gn 8:21). La letra *yud,* avergonzada, marchó de inmediato. A continuación entró la letra *tet,* se presentó ante el divino trono y exclamó: «Soberano del cosmos, tengas a bien crear tu mundo mediante mí, porque por mí insuflas tu santo aliento en la boca de los que te temen para que así declaren ante ti tu bondad *(tuvjá),* como está escrito "bueno es el Eterno para con todos" (Sl 145:9). Por si fuera poco, gracias a mí has dispuesto tu bondad como heredad para los justos para siempre, y está escrito "cuán grande es tu bondad, que has dispuesto para aquellos que te temen" (Sl 31:19). Como en anteriores casos, el Santo –bendito sea– negó la petición de *tet* y le dijo: «mediante ti declarare impuro *(tame)* a mi propio pueblo, como está escrito, "soy una persona de labios impuros entre un pueblo impuro de labios" (Is 6:5). No sólo eso, porque en el futuro cuando una persona esté impura debido a la lepra deberá clamar "impuro, impuro!", y también dice "apartaos, inmundos, les gritaban" (Lm 4:15). Con gran aflicción, la letra *tet* salió apresuradamente.

Llego la letra *jet* ante la presencia del Santo –bendito sea– y dijo: «Rey del universo, sea tu voluntad que crees el mundo mediante mí, porque gracias a mí se escribe la palabra *jésed* («misericordia»), ya que dicen las Escrituras "Él ama justicia y juicio, la tierra esta llena de la misericordia del Eterno" (Sl 33:5), y mediante mí te proclaman "misericordioso y clemente" (Sl 145:8)». Respondió Dios: «no, porque un día gracias a ti voy a escribir el pecado *(jet)* de Judá con cincel de hierro, porque está escrito, "el pecado de Judá está escrito con punzón de hierro, esculpido con punta de diamante" (Jr 17:1). De inmediato, *tet* salió de aquel lugar apenada. Se presentó entonces la letra *zayin.* Se colocó ante el Santo –bendito sea– y le pidió, también ella, que creara el mundo a través de *zayin,* argumentando lo siguiente: «gracias a mí tu nombre tu fama *(zijreja)* perdura de generación en generación, como está escrito, "éste es mi nombre para siempre, mi fama de generación en generación" (Ex 3:15). Además, mediante mí la gente recordará tus maravillas *(zéjer le-niflotav)*». «No» –dijo el Eterno– «porque también mediante ti la prostitución *(zenut)* entrara en el mundo "porque ciertamente la tierra se prostituye apartándose del Eterno" (Os 1:2). No sólo eso: en el futuro los israelitas fornicarán *(li-zenot)* con las hijas de Moab y veintidós mil de ellos perecerán, como leemos, "y empezó el pueblo a fornicar con las hijas de Moab", "y murieron de aquella mortandad veinticuatro mil" (Nm 25:1,9). ¿Cómo voy a crear el mundo mediante ti?» La letra *zayin* salió de la presencia divina con compungimiento.

Después de esto entró la letra *vav,* se presentó ante el Santo –bendito sea– y dijo: «Soberano del Universo, quieras crear el mundo mediante mí, porque gracias a mí las gentes declaran tu alabanza diciendo: "tú eres santo y habitas entre las alabanzas de Israel"

(Sal 22:3)». Le respondió el Santo –bendito sea–: «no». La letra *vav* preguntó a Dios cuál era la razón de su negativa, y éste contestó: «porque en el futuro una gran plaga herirá a Israel mediante ti por culpa de su concupiscencia, como está escrito: "se encendió *(yaj)* la ira de Adonai contra el pueblo y Adonai hirió al pueblo con una gran plaga" (Nm 11:33)». De inmediato la letra *vav* salió de allí con tristeza. Se presentó entonces la letra *he*. De pie ante el Santo –bendito sea– declaró: «Rey del mundo, sea tu voluntad que crees el mundo mediante mí, porque gracias a mí el pueblo de Israel declarará ante ti tu magnificencia y tu gloria *(hod, hadar)*, como está escrito: "gloria y magnificencia delante de él" (Sl 96:6). Además, proclamarán y alabarán tu nombre, porque está escrito: "load *(hodú)* al Eterno, invocad su nombre" (Sl 105:1)». De nuevo el Eterno dijo que no. «¿Por qué?», replicó *he.* Dios contestó: «porque mediante ti llegará para todo el mundo el día del gran juicio, ardiente como un horno, como está escrito: "viene el día *(ha-yom)* que es como un horno abrasador" (Ml 4:1)». Compungida, la letra *he* abandonó a toda prisa la presencia divina.

En aquel momento se acercó la letra *dálet* y, poniéndose delante del divino trono, profirió estas palabras: «Soberano del Universo, quieras crear el mundo mediante mí, porque gracias a mí todos los habitantes del mundo contarán tu grandeza durante generaciones, ya que las Escrituras dicen: "de una generación a otra *(dor le-dor)* celebrarán tus obras (Sl 145:4). No sólo eso, sino que además mediante mí tu palabra *(devarjá)* permanece en los cielos, tal como dice la Biblia: "tu palabra permanece en los cielos" (Sl 119:89)». «No» –respondió el Eterno– «porque también mediante ti los israelitas serán juzgados, juicio *(Din)* a juicio, ley por ley, como está escrito: "cuando una cosa te parezca difícil de juzgar, entre un tipo de asesinato y otro, entre una ley y otra…" (Dt 17:8)». Con espíritu amedrentado, la letra *dálet* abandonó aquel lugar de inmediato. A continuación llegó la letra *guímel*, que se presentó ante el Santo –bendito sea– y demandó: «Rey del universo, que sea tu voluntad crear el mundo a través de mí, porque gracias a mí es posible declarar tu grandeza y poder (*guedulá, guevurá*), como dice el versículo: "grande es el Eterno y digno de gran alabanza" (Sl 145:3), y también dice: "quién expresará sus poderosas obras" (Sl 106:2)». Una vez más, el Santo —bendito sea— contestó que no. Cuando *guímel* preguntó por qué razón, Dios respondió: «porque un día, mediante ti, recibirán su merecido *(guemul)* las islas y todos mis adversarios, como está escrito: "pagará a cada cual de acuerdo a sus acciones, furia a sus adversarios y afrenta a sus enemigos; las islas recibirán el pago de sus actos" (Is 59:18)». No bien *guímel* escuchó estas palabras se apoderó de ella el temor y abandonó aquel lugar.

La letra *bet* llegó a la presencia divina y dijo: «Rey del Universo, sea tu voluntad que el mundo sea creado a través de mí, porque por mí cada día los habitantes del mundo proferirán alabanzas, como está escrito: "Bendito *(baruj)* sea Adonai por siempre, amén y amén" (Sl 89:52). También leemos: "bendecid *(barjú)* al Eterno todos sus ángeles… bendecid al Eterno todos sus ejércitos… vosotras todas sus obras" (Sl 103:20-22)». En el futuro, todas las generaciones que pasen por el mundo proclamarán ante ti: "bendito es Adonai, Dios de Israel… bendito su glorioso Nombre por siempre, que su gloria llene la tierra" (Sl 72:18-19)». De inmediato el Santo —bendito sea— aceptó las razones de la letra *bet* y le dijo: «bienvenida seas *(baruj ha-ba)*, en el nombre del Eterno», y creó el mundo mediante la letra *bet*, ya que está escrito «en el principio Dios creó *(be-reshit bara)*» (Gn 1:1).

Cuando la letra álef escuchó aquellas palabras y se dio cuenta de que el Santo —bendito sea— había decidido crear el mundo mediante *bet*. Se fue a un rincón, en silencio. El Santo —bendito sea— llamó a la álef ante su presencia y le preguntó: «¿por qué callas y no me dices nada?» La letra álef respondió: «Soberano del universo, estoy callada porque el resto de letras del alfabeto representan números plurales y yo soy la única que representa la unidad, la cantidad más ínfima. *Bet* representa el número dos, *guímel* el tres, *dálet* el cuatro, *he* el cinco, pero yo sólo valgo uno». «*Álef* –respondió Dios– no debes entristecerte porque estás a la cabeza de todo el alfabeto, como una reina. También yo soy Uno, tú eres una, la Torá es una. Es mediante ti que en el futuro entregaré la Torá a mi pueblo Israel, un pueblo al que llaman "único". Está escrito que yo soy el Eterno tu Dios, yo soy el principio de toda Palabra, y *álef* es el principio de todas las letras». ¿Cómo sabemos que el Eterno recibe el nombre de «Uno»? Porque está escrito: «el Eterno nuestro Dios, el Eterno es Uno» (Dt. 6:4). ¿De dónde deducimos que la Torá es una? Del versículo que dice: «una sola Torá tendréis» (Nm 15:29). ¿Dónde es Israel llamado «uno»? En el texto que dice: «quién es como tu pueblo, Israel, nación única en la tierra» (1Cr 17:21). ¿Dónde se nos enseña que la *álef* recibe el nombre de «una»? En el versículo que dice: «cómo podría perseguir cada uno a mil personas» (*eja yirdof ejad élef,* Dt 32:30).

¿Por qué razón la letra *álef* tiene un brazo levantado y tiene dos pies, como el ser humano? Porque con la *álef* se escribe la palabra *émet* («verdad»), y sabemos que la verdad tiene «pies», una base sólida, mientras que *shéker*, mentira, no la tiene, ya que todas las letras de la palabra *shéker* carecen de soporte y se sostienen sobre un puntal. ¿Por qué el brazo de la *álef* está levantado hacia un lado? Porque es una señal de que *álef* da testimonio del Eterno y le ensalza porque la fidelidad (*émet*, o "verdad") de Dios son eternas, dado que está escrito: «la fidelidad del Eterno es para siempre» (Sl 117:2).

¿Cuál es la razón de que la letra *bet* dé la espalda a la letra *guímel,* y de que ésta dé la espalda a la *bet*? Porque *bet* se asemeja a una casa *(bayit)* cuyas puertas están bien cerradas. La *guímel* se parece a la persona misericordiosa *(guéver she-gomel jasadim)* que cuando ve a un pobre a las puertas de su casa enseguida entra a buscarle comida o algunas monedas. ¿Por qué el pie de la *guímel* está inclinado hacia la letra *dálet*? Porque debemos practicar la justicia social *(gemilut jasadim)* para con los pobres *(dalim)*. ¿Por qué la letra *dálet* tiene forma de cayado y su rostro mira hacia la letra *he?* Porque la persona pobre *(dal)* anhela los bienes de este mundo, un mundo que fue creado mediante *he,* como está escrito: «ésta es la historia de los cielos y la tierra cuando fueron creados» (Gn 2:4). No lo pronunciéis *be-hibaram* («cuando fueron creados») sino *be-he baram* («cuando la *he* los creó»). ¿Cuál es la razón de que el mundo fuera creado mediante la letra *he?* Porque la *he* se asemeja a un vestíbulo, igual que el mundo, que es un vestíbulo lleno de puertas, y cuando alguien quiere abandonar el mundo siempre encuentra una puerta abierta ante sí. ¿Cómo es que la letra *he* tiene dos aberturas, una grande y una más pequeña? Porque cuando alguien vive con maldad abandonará el mundo por la puerta grande, pero si alguien quiere entrar por la estrecha puerta del arrepentimiento, siempre lo hará con mayor dificultad.

¿Por qué razón la letra *vav* está erguida y *zayin* le da la espalda? ¿Y por qué su forma se parece a la de una vara? Porque mediante estas letras el Santo –bendito sea– nos recuerda que en el futuro él azotará a los malignos con vara de fuego en el castigo de la Guehena, hasta que se escuchen los gemidos de los malvados gritando «ay, ay» *(vay vay)* en el fondo de la Guehena, como está escrito: «ay de los impíos, que mal les irá» (Is 3:11). ¿Por qué la cabeza de la letra *zayin* tiene dos flancos, uno mirando a la *vav* y otro a la *jet?* Porque cuando un hombre tiene la intención de ir a ver a la mujer ajena, con un ojo mira y anticipa el pecado *(jet)* y la transgresión a la que le conduce su mal instinto, pero con el otro ojo mira a sus semejantes, no sea que éstos le vean y digan: «ay *(vay)*, hemos visto a fulano en casa de una prostituta». No sabe él que Dios acaba ocultando su rostro de aquellos que intentan esconderse de los Cielos, pues «el ojo del adúltero otea la llegada de la noche, diciendo "no me verá nadie", mientras esconde su rostro» (Jb 24:15).

¿Por qué la letra *jet* no tiene corona alguna? Porque cuando las acciones de una persona son malvadas y pecaminosas no recibe gloria en este mundo ni goza de buena reputación, sino más bien mala fama, desgracia, vergüenza y bochorno. ¿Y por qué la letra *tet* tiene un extremo inclinado hacia adentro y su rostro, inclinado, recibe una corona? Porque cuando alguien hace buenas *(tovim)* acciones, obras de misericordia y caridad para con los pobres es necesario que actúe en secreto, no de manera manifiesta. El que da limosna en secreto aleja al ángel de la muerte de sí mismo y de su familia, por lo cual está escrito: «una dádiva en secreto aplaca la ira, y un soborno oculto, el furor violento» (Pr 21:14).

¿Por qué la *yud* es más pequeña que el resto de las letras? Porque aquel que se empequeñece en este mundo y no es altivo se merecerá heredar la vida del mundo venidero, que será creado mediante *yud*, como está escrito: «en Yah, el Eterno, tenemos una roca eterna» (Is 26:4). Con la *he* se creó el mundo presente, y con la *yud* el mundo venidero. ¿Por qué razón el mundo venidero fue creado con la letra *yud*? Porque los justos que heredarán el mundo venidero serán escasos, igual que el trazo de la letra *yud* es muy corto. A cada justo se le recompensará de acuerdo a sus obras y serán precedidos por su propia justicia, como dice el versículo: «tu justicia irá delante de ti» (Is 58:8). ¿Por qué razón la forma de la letra *kaf* se asemeja a una vasija *(kos)*? Porque la palabra *kos* se parece mucho a *kisé* («trono») y es de justicia que sólo los reyes puedan sentarse en el trono.

Y la *lámed*, ¿por qué es más alta que el resto de letras del alfabeto? Porque ocupa el lugar central en el orden de las veintidós letras, como un rey que está sentado en un trono glorioso, con todos sus vasallos ante él, como la persona elegida para regirlos a todos. La letra *mem* tiene dos formas: una abierta y otra cerrada, un soberano *(mélej)* abierto y otro cerrado. ¿Por qué la *mem* abierta tiene un extremo inclinado hacia la tierra y otro que apunta hacia arriba? Porque el extremo superior es como un dedo que señala al excelso soberano de todo el mundo, como está escrito: «del Eterno es el reino» (Sl 22:28); y con su otra mano señala hace abajo mostrando lo que ya dijo David: «de ti procede todo, y de lo recibido de tu mano te damos» (1Cr 29:14). ¿Por qué existe una *mem* cerrada? Porque no hay nadie que conozca su lugar *(mekomó)*.

¿Cuál es la razón de que la letra *nun* tenga un extremo hacia atrás y otro hacia el lugar donde está la *mem*? Porque se parece a la persona que se postra ante el Rey, cuando éste la levanta, al contrario de lo que está escrito: «cayó y no volverá a levantarse, la virgen de Israel; en su tierra yace abandonada, sin nadie que la levante» (Am 5:2). «En aquel día levantaré el tabernáculo de David, que ha caído» (Am 5:11). Hay una *nun* recta y un *nun* doblada: el Dios fiel *(ne'eman)* está sentado y se yergue, el Dios fiel levanta y abate. ¿Por qué la letra *sámej* tiene forma cerrada y no abierta? Porque se asemeja a Israel cuando éste cumple la voluntad divina. Entonces la Presencia *(Shejiná)* le rodea *(saviv)* como una muralla por los cuatro puntos cardinales, de manera que su simiente no se mezcla con la de ningún otro pueblo, como está escrito: «Yah escogió a Jacob para sí mismo, a Israel como su escogido» (Sl 135:4). Está escrito que «la porción del Eterno es su pueblo» (Dt 32:9), sólo que es importante que la hija de un sacerdote *(kohén)* se una a un sacerdote, una levita a un levita, una israelita a un israelita. Está escrito: «yo seré –dice el Eterno– una muralla de fuego a su alrededor, seré la gloria en su interior» (Zc 2:5).

¿Por qué razón la letra *ayin* es en parte recta y en parte retorcida, pero no tiene ninguna forma curvada como otras letras? Porque representa al malvado Esaú (cuyo nombre empieza por *ayin*), del que descienden todos los reinos edomitas. En el futuro, los edomitas caerán bajo los pies de Israel, porque está escrito: «la casa de Jacob será como fuego» (Ab 1:18). ¿Cómo es que la letra *pe* tiene dos grafías distintas, una erguida y otra sentada? Porque con la boca *(pe)* liberamos pero también hacemos cautivos, con la boca rubicamos cuando tenemos la última palabra pero también abrimos el discurso. Además, entre las setenta naciones del mundo no hay otra que tenga dos puertas *(petajín)* a dos mundos diferentes, a este mundo y al mundo venidero. Ningún otro pueblo tiene Torá, mandamientos, Mishná, *midrashim* legales y homiléticos, *tosafot*, plegarias y ruegos como los de Israel. Está escrito: «él declara sus palabras a

Jacob». ¿Y qué dice a continuación? «No lo hace así con ninguna otra nación» (Sl 147:19-20).

¿Por qué la letra *tsade* tiene dos cabezas? Porque representa a indivíduos como cierto Jesús, que mezcló dos mentalidades diferentes, la de los judíos y la de los gentiles, por lo cual hizo que muchos se desviaran, hasta el punto que cuando el pueblo de Israel se dio cuenta de ello, se enfrentaron a él, fue llevado preso y acabó crucificado. ¿Cómo justificaron estos actos? Por el versículo que dice que «si tu hermano, hijo de tu madre» [te incita a la idolatría, merece la muerte] (Dt 13:7). Dice «hijo de tu madre» y no «de tu padre». ¿Cuál es la razón de que la letra *kuf* es de mayor tamaño que otras letras y tiene un cuerno *(keren)* curvado hacia atrás? Porque todos los «cuernos» de los impíos —aquellos que levantan su frente con altanería y tratan altivamente a Israel en este mundo— están destinados a ser humillados por el Santo —bendito sea— en el mundo venidero, ante la gloria de Israel, el pueblo a quien se le llama «cabeza» cuando dice: «y a ti el Eterno te pondrá por cabeza» (Dt 28:13). ¿Dónde está escrito que los altivos serán humillados? En el salmo que dice: «quebraré los cuernos de todos los malvados» (Sl 75:10). Otra explicación: *kuf* representa al Santo —bendito sea—, acerca del cual proclaman: «Santo, santo, santo *(kadosh)*» (Is 6:3).

La letra *resh* simboliza al impío *(rashá)*. ¿Por qué la *kuf* da la espalda a la *resh*? Porque el Santo —bendito sea— dice: «no puedo dar ni el menor atisbo a la persona impía». ¿Por qué la *kuf* tiene un trazo largo separado de la parte superior y tiene una corona en la parte de atrás? Porque el Eterno dice al maligno que si se arrepiente le hará entrar en su redil y le otorgará una corona de gloria, como está escrito: «si el impío se aparta de su iniquidad… y ejerce justicia y derecho, de cierto vivirá» (Ez 18:21). ¿Por qué la letra *shin* tiene tres puntas en la parte de arriba y no tiene extremidades en la inferior? Porque *shin* es la inicial de la palabra *shéker*, «mentira». La mentira lanza al vuelo su palabrería, pero carece de base sólida, de modo que al final nunca se tiene en pie. El Santo —bendito sea— hará callar a todos los que hablan mentira, como está escrito: «que el Eterno corte todo labio lisonjero» (Sl 12:3), y también dice: «no permanecerá en mi presencia quien hable mentiras» (Sal 101:7). ¿A qué podríamos compararlo? Se parece a un árbol que tiene muchas ramas pero poca raíz. Cuando sopla el viento, se desarraiga y cae en tierra.

¿Por qué el pie delantero de la letra *tav* está roto? Porque es necesario que el que quiera estudiar la Torá no vaya por otros caminos, sino que se centre en estudiarla, como está escrito: «siguen en tus pasos, todos reciben tus palabras» (Dt 33:3b). Esto se refiere a los discípulos sabios que refrenan sus pasos y los conducen al estudio de la Torá, porque incluso cuando el Santo –bendito sea– indispone a los naciones del mundo contra Israel, salva a estos discípulos de tener que servir a dichos reinos, como dice la primera parte del versículo: «tú amas a tu pueblo; todo tu pueblo santo está en tus manos» (Dt 33:3a).

Una interpretación más: ¿qué significa la secuencia de letras *álef, bet, guímel, dálet*? Son las iniciales de «el *álef* del entendimiento, recompensa de los humildes» *(álef biná guemul dalim)*. ¿Por qué un pie de la letra *guímel* está extendido hacia adelante? Porque las personas caritativas *(gomlé jasadim)* corren a socorrer al menesteroso *(dal)*. ¿Y por qué la *dálet* tiene una especie de oreja enfocada hacia atrás? Porque el pobre siempre escucha los pasos de la persona que va detrás de él y se pregunta: «¿quién va detrás de mí? Tal vez me dará unas monedas». ¿Cuál es la razón de que después de la letra *dálet* aparece la *he*? Porque esto nos enseña que la persona caritativa es llamada «padre de muchísima gente» (Gn 17:5) [como Abram, cuando añadió a su nombre la letra *he* y se convirtió en Abraham]. ¿Cómo es que después de la *he* viene la letra *vav*? Porque cuando alguien no hace obras de misericordia, las gentes dicen de él: «ay de tal persona, que tiene posibilidades pero no da» porque está escrito: «hay quienes son tacaños y terminan en la pobreza» (Pr 11:24) .

¿Cuál es la razón de que, en el orden alfabético, *vav* vaya seguida por *zayin* y *zayin* por *jet*? Porque si una persona es tacaña pero domina su mal instinto y practica obras de misericordia, de inmediato se le aplica el texto bíblico que dice: «ciertamente el Misericordioso tendrá compasión de ti *(janon yajnejá)* al oír el clamor de tu voz» (Is 30:19). Dios se compadecerá de él con abundancia, de acuerdo a sus promesas, y le dará una herencia en el mundo venidero mejor que la que tenía en este mundo porque ha obrado con misericordia, como está escrito: «¿quién me ha dado primero, para que yo se lo restituya?» (Jb 41:11).

¿Por qué la letra *kaf* tiene dos formas, una curvada y otra recta? Porque cuando utilizamos la palma de la mano *(kaf)* para guiar al lector de la Torá en su cantilena, la *kaf* se reviste de una dignidad que proviene del firmamento de santidad, como está escrito: «los labios del sacerdote deben guardar la sabiduría, y de su boca el pueblo inquirirá la Torá» (Ml 2:7). ¿Por qué razón las letras que forman la palabra *émet* («verdad») están desperdigadas por todo el alfabeto mientras que las letras de *shéker* («mentira») están amontonadas, una tras de otra? Porque obrar de acuerdo a la verdad siempre es difícil, mientras que la mentira está siempre a mano, como dice la Enseñanza de la casa de R. Ismael, que cuando algo proviene de arriba, las puertas apenas se entreabren, pero cuando algo proviene de abajo, las puertas están de par en par y todo parece venir en su ayuda (Shab. 104, Yoma 38). ¿Y por qué las letras de *émet* se aguantan sobre dos pies mientras que las de *shéker* se sostienen en uno solo? Porque todo aquel que actúa en la verdad permanece firme y hereda el mundo venidero. Jamás quedará postrado en este mundo, como está escrito «el justo cae siete veces y vuelve a levantarse» (Pr 24:16). En cambio, la mentira jamás permanece, por lo que la segunda parte del versículo dice: «pero los impíos caerán en el mal».

¿Por qué estas cinco letras se pueden escribir de dos maneras cada una? Porque esto nos revela los órdenes de la Torá: la palma del Eterno se ahuecó [para proteger a Moisés] y la palma de Moisés se extendió. Hay una *mem* abierta y otra *mem* cerrada, igual que las perícopas de la Torá pueden ser abiertas y cerradas. De ahí deriva la buena costumbre de que cuando un rabino se sienta a enseñar, su alumno permanece erguido. Hay una *tsade* curvada y otra recta, igual que los justos *(tsadik)* están erguidos o recogidos en sí mismos. También la letra *nun* puede ser recta o curvada porque hace referencia a los fieles *(ne'emanim)*, que como los justos pueden permanecer confiadamente erguidos o curvados y recogidos en sí mismos cuando se ocupan del estudio de la Torá. Estos son los sabios estudiantes que se ocupan de la Torá. Es necesario que éstos estudien con temor y reverencia. Por esta razón la Torá fue dada con temor y temblor: para que nos ocupemos de su estudio con reverencia y con diligencia, como está escrito: «bienaventurados los que guardan sus estatutos y le buscan de todo corazón» (Sl 119:2).

Atbash: Álef-tav, bet-shin. El grupo de letras *álef-tav* tiene este significado: la *álef* representa a Adán y la *tav* indica que él fue el principio *(tejilá)* de la creación porque, aunque todo fue creado mediante la palabra del Santo –bendito sea– sólo Adán fue creado directamente por la mano del Eterno. ¿De dónde deducimos que todo fue creado mediante la palabra del Santo –bendito sea? Del versículo que dice: «porque él dijo y fue hecho» (Sl 33:9). Anteriormente el salmo dice: «por la palabra del Eterno fueron creados los cielos» (Sl 33:6). ¿Y cómo sabemos que Adán fue creado directamente por la mano del Omnipresente? Porque dice: «y creó el Eterno Dios al hombre» (Gn 1:27). ¿Por qué razón en este versículo la palabra *yitser* («creó») está escrita con dos *yud*? Porque éstas representan la buena inclinación *(yétser)* y la mala inclinación. Otra interpretación posible: la palabra tiene dos *yud* para señalar a la creación *(yetsirá)* de Adán y a la de Eva. Una explicación más: esta palabra está escrita con dos *yud* para representar las dos caras, la de delante y la de detrás, ya que está escrito: «detrás y delante me rodeaste, y sobre mí pusiste tu mano» (Sl 139:5). ¿Por qué dice «delante» *(kédem,* palabra que también significa «antes»)? Porque al principio sólo fue creada la parte trasera del hombre, y posteriormente se añadió la parte delantera, donde está el rostro. ¿Cuál es el sentido de la expresión «sobre mí pusiste tu mano»? Nos revela que en el principio Adán fue creado tan alto como la distancia entre cielo y tierra. Cuando los ángeles del servicio divino lo vieron quedaron atónitos y amedrentados. Entonces se presentaron ante el Santo –bendito sea– y le dijeron: «Soberano del Universo, ahora hay dos seres poderosos, uno en el cielo y otro en la tierra». ¿Qué hizo el Santo –bendito sea? Inmediatamente puso su mano sobre la cabeza de Adán y lo empequeñeció, dándole una altura de mil codos.

Bet-shin: la letra *bet* se refiere a los animales y bestias *(behemot)*, mientras que la *shin* simboliza los reptiles y alimañas abominables *(shekatsim)*, que fueron creados junto con el ser humano. ¿Por qué fueron creados junto con Adán? Porque el Santo –bendito sea– dijo: «si los humanos se enorgullecen con desmesura les diré: no te creas superior, porque fuiste creado junto con el resto de bestias y alimañas, que son como tú y que compartieron la hora de tu creación». Por eso está escrito: «la honra del hombre no dura para siempre; es igual que los animales que perecen» (Sl 49:12). El texto se refiere a los reyes de todas las naciones.

Guímel-resh. La *guímel* representa el jardín *(gan)* del Edén que el Santo –bendito sea– plantó. En él el Eterno dispuso doce palios de piedras preciosas y perlas para el ser humano, como está escrito: «estuviste en el Edén, el jardín de Dios, revestido de toda piedra preciosa, cornelina, topacio, jaspe, crisólito, berilo, ónice, zafiro, carbunclo, esmeralda y oro, con los mejores de tus tamboriles y flautas» (Ez 28:13). El más pobre de estos elementos, el que aparece el último, ¡no es sino el oro! La letra *resh* implica que Adán entró el primero *(rosh)* al paraíso, antes que todos los justos lo hicieran, como está escrito: «Dios, el Eterno, plantó un jardín en el Edén *mi-kédem* ("en el oriente" o "desde el principio") y colocó allí al hombre que había creado» (Gn 2:8).

Dálet-kuf. La letra *dálet* simboliza las puertas *(dalté)* del jardín del Edén que se abrieron para que entraran los ángeles que el Santo –bendito sea– envió para que sirvieran a Adán. La *kuf* nos enseña que los santos seres de la excelsitud *(kedoshé elionim)* y los príncipes del firmamento clamaron *(kar'ú)* ante él diciendo: «entra con paz en el paraíso».

He-tsade. La letra *he* indica que el Santo –bendito sea– hizo caer *(hipil)* sobre Adán un sueño profundo, como está escrito: «e hizo caer el Eterno Dios un profundo sueño sobre Adán» (Gn 2:21). La *tsade* representa la costilla *(tsela)* que Dios tomó del costado de Adán, a partir de la cual formó a Eva. Después Dios lavó a la mujer, aclaró sus cabellos, la peinó y engalanó para presentársela a Adán, como está escrito: «Dios, el Eterno, hizo una mujer de la costilla que había tomado de Adán, y se la presentó a Adán» (Gn 2:22).

Vav-pe. La *vav* simboliza el gozo, cuando las miriadas de ángeles condujeron a Eva ante Adán entre cánticos y alegría, pues está escrito: «y la presentó a Adán». La letra *pe* nos revela que todas las huestes *(famalia)* celestiales descendieron al paraíso con los ángeles. Algunos de ellos llevaban arpas, címbalos y liras y tocaban ante ellos como vírgenes tañedoras, mientras el sol, la luna y las estrellas bailaban ante ellos como doncellas danzarinas.

Zayin-ayin. La letra *zayin* nos enseña que el Santo –bendito sea– invitó *(zimén)* a Adán y Eva a un banquete en los confines del Edén. La *ayin* nos revela que el Santo –bendito sea– dispuso *("arakh)* ante ellos mesas hechas de perlas. Cada una de estas perlas medía cien codos de ancho y sesenta codos de largo. Todo tipo de delicias fueron servidas ante ellos, como está escrito: «preparas una mesa ante mí» (Sl 23:5).

Jet-sámej. La letra *jet* nos indica que los ángeles del servicio prepararon y sirvieron *(jashú)* todo tipo de carnes y escanciaron vino para Adán y Eva. Entonces llegó la serpiente y vio el honor con que eran agasajados y tuvo envidia. La letra *sámej* revela que el Santo –bendito sea– dijo *(saj)* a Adán: «puedes comer de cualquier árbol del huerto, pero del árbol del conocimiento del bien y del mal no comerás, porque el día que comas de él ciertamente morirás» (Gn 2:16-17).

Tet-nun. La letra *tet* nos enseña que Eva erró *(ta'atá)* al oír las palabras de la serpiente, comió del fruto y le dio de comer a Adán, quien también comió, como está escrito: «tomó de aquel fruto y comió» (Gn 3:6). La *nun* indica que se abrieron *(niftejú)* sus ojos y vieron que estaban desnudos, de manera que se cubrieron con hojas de higuera, pues está escrito: «entonces cosieron hojas de higuera» (Gn 3:7).

Yud-mem. La *yud* simboliza que el Santo –bendito sea– se dio cuenta de lo que habían hecho y descendió *(yarad)* de las alturas, plantándose a las puertas del Edén, desde donde llamó a Adán, ya que está escrito: «y Dios, el Eterno, llamó a Adán» (Gn 3:9). La letra *mem* enseña que el Santo –bendito sea– le dijo a Adán: «¿quién *(mi)* te ha dicho que estabas desnudo?».

Kaf-lámed. La letra *kaf* nos revela que el Santo –bendito sea– llamó a todos ellos *(kulam)* a juicio. Primeramente llamó a Adán y le dijo: ¿por qué has comido del fruto del árbol del conocimiento? Te dije que no comieras de él. Adán respondió: «Soberano del universo, la mujer que me diste me ha dado del fruto y yo he comido». Dios dijo a la mujer: «¿por qué has comido tú?», y ella respondió: «la serpiente me ha engañado y he comido». A continuación el Santo –bendito sea– llamó a la serpiente y le preguntó por qué había actuado así. En el momento en que Dios dijo a la serpiente «te arrastrarás sobre el vientre», ésta respondió: «Soberano del universo, si ésta es tu voluntad, al menos déjame ser como el pez que vive en el mar, que tampoco tiene patas». Cuando Dios añadió que en adelante la serpiente comería polvo, ésta contestó: «déjame ser como el pez, que también come tierra del fondo del mar». De inmediato el Santo –bendito sea– tomó la serpiente y le partió la lengua en dos diciéndole: «malvada, tú has sido la primera en desatar las malas lenguas en el mundo; de ahora en adelante todas las gentes que pasen por el mundo verán que fue tu lengua la causante de tu desgracia». La letra *lámed* nos enseña que, aunque sólo fueron tres los que pecaron, cuatro sufrieron las consecuencias *(lakú)*. Adán, Eva y la serpiente pecaron y pagaron las consecuencias al ser expulsados del jardín del

Edén, como está escrito: «y expulsó a Adán» (Gn 3:24). La cuarta
que sufrió las consecuencias fue la propia tierra, porque está escrito:
«maldita será la tierra por tu culpa» (Gn 3:17).

Otra explicación: *atbash, álef-tav* y *bet-shin* representa la expresión *at bosh aleja ve-tata* («sumido en la vergüenza»). *Guímel-resh,
dálet-kuf, he-tsade, vav-pe, zayin-ayin:* representan la frase *ve-im yat-
sá la-juts o mazi'ó u'marti'ó* («y si sale fuera [de estos límites] será
impedido o quedará refrenado»).

A.j.s. y *b.t.'* – No lo pronunciéis *ajás* sino *ejós* («yo perdonaré»).
No hay mayor perdón que la misericordia y compasión divina,
como está escrito: «perdona, oh Eterno, a tu pueblo» (Jl 2:17). ¿Cuál
es el significado de *a.j.s.*? Este grupo de letras nos revela que el Santo –bendito sea– dijo a los ángeles del divino servicio: «yo tengo
mayor compasión hacia los israelitas que hacia las otras naciones del
mundo porque ellos me proclaman Rey del mundo dos veces al día
y declaran la unidad de mi nombre de día y de noche, ya que está
escrito: "Escucha Israel, el Eterno nuestro Dios, el Eterno es uno"
(Dt 6:4). Y si el pueblo de Israel no estuviera en el mundo, yo no
tendría gloria y grandeza en el mundo, dado que son ellos quienes
cantan mis alabanzas en todo el orbe, como está escrito: "este pueblo he creado para mí, y proclamará mi alabanza" (Is 43:21). Sólo
en ellos halla mi mente contentamiento, como dice el versículo: "mi
corazón se conmueve dentro de mí, se enciende toda mi compasión" (Os 11:8)».

Por lo que respecta a *b.t.'* significa que hay algo en lo que los
otros pueblos del mundo se equivocan *(bam ta'ú)* día tras día: cuando contemplan el sol y la luna, los astros y planetas, les rinden plei-
tesía y los entronan. Todos sus reyes y notables se postran a adorar
a las huestes celestiales. Entonces el Santo –bendito sea– se enoja
con ellos, pues está escrito: «Dios está airado contra el impío todos
los días» (Sl 7:12). El Eterno dice a los ángeles destructores: «yo he
dado a estas gentes espíritu y alma, realeza, honra y poder, y aún así
se postran ante el sol y la luna que crece con el fulgor de mi rostro».

De inmediato, claman con gran estruendo la esfera solar y el círculo de la luna, y los regimientos de las estrellas y planetas, junto con todos los órdenes de la creación entera. Los ángeles destructores, llenos de indignación e ira, ¿qué hacen entonces? Desenvainan su espada y la blanden. Abandonan la presencia divina para pasar por la espada al mundo como castigo a las acciones de las naciones de la tierra que hacen irritar al Eterno con estos actos. Si no fuera por la existencia de los estudiantes diligentes de la Torá, por los infantes de la escuela judía, por todos los que estudian la Biblia y la Mishná, y por todo el pueblo de Israel que proclama la *shemá* («escucha Israel») aceptando sobre sí la soberanía divina cada mañana y cada noche, haría mucho tiempo que los ángeles destructores habrían aniquilado al mundo entero con su espada. Por eso está escrito: «el Eterno reina, que tiemblen los pueblos» (Sl 99:1).

G.y.f. – no lo pronunciéis *guif* sino *guf* («cuerpo»). Se refiere al cuerpo de la Torá, porque los sabios que están a la cabeza de las academias talmúdicas, los grandes eruditos de Jacob, escudriñan la Torá. Aplican las reglas hermenéuticas y deducen cuáles son las cosas permitidas para Israel y cuáles son prohibidas. Por esta razón, está escrito: «enseñarán tus juicios a Jacob» (Dt 33:10), y también dice: «aprended bien, buscad el juicio» (Is 1:17).

D.k.ts. – No lo pronunciéis *dakats* sino *daj kuló jéfets* («el pobre, todo lo desea»). No hay deleite mayor que el propio Israel, a quien se le califica de «tierra deleitable» para el Santo –bendito sea–, como está escrito: «todos los pueblos os llamarán afortunados, porque seréis una tierra deseable» (Ml 3:12). ¿Por qué el pueblo judío es llamado «tierra deleitable»? Porque se parecen a una tierra en la que todo el mundo sobrevive y prospera. Son deleitables porque cada día cumplen los deseos del Santo –bendito sea– expresados en su Torá, tal como está escrito: «el Eterno, por amor de su justicia, se deleitó en magnificar y engrandecer la Torá» (Is 42:21).

J.l.k. – Este grupo de letras se refiere a Jacob, quien es llamado *jalak* («porción o herencia de Dios») porque el nombre del Santo –bendito sea– es santificado por la santidad que Jacob declara por medio de sus descendientes, como está escrito: «santificarán al Santo [Dios] de Jacob» (Is 29:23). El Eterno esculpió el semblante de Jacob encima del trono de la gloria. En el momento en que los descendientes de Jacob proclaman su santidad por triplicado, el Santo –bendito sea– baja su cabeza y besa el rostro esculpido en el trono, porque está escrito: «porque el Eterno escogió a Jacob para sí mismo» (Sl 135:4). ¿De dónde deducimos que Jacob es la porción *(jalak)* o herencia de Dios? Del versículo que dice: «pero yo soy un hombre lampiño *(jalak)*» (Gn 27:11), y también del texto «La porción del Eterno es su pueblo, y Jacob es la heredad que le ha tocado» (Dt 32:9).

U.m.r. – No lo pronunciéis *umar* sino *ve-amar* («y dice»). ¿A qué se refiere? A los ígneos serafines, huestes angélicas y legiones celestiales, que no pueden declarar la santidad de Dios hasta que los israelitas abren su boca y, desde la tierra, declaran «santo, santo, santo». Sólo entonces los ángeles del servicio divino pueden declarar la santidad del Eterno, como está escrito: «cuando todas las estrellas del alba alababan al unísono, y se regocijaban todos los hijos de Dios» (Job 38:7). Las estrellas de la mañana de las que se habla son el pueblo judío, a los que se compara con las estrellas, pues está escrito: «los que enseñan justicia a la multitud resplandecerán como las estrellas» (Dn 12:3). También dice «y hoy sois tan numerosos como las estrellas del cielo» (Dt 1:10). Del mismo modo que las estrellas alumbran el mundo, también el pueblo de Israel proyecta su luz en el mundo gracias a que proclaman las palabras de la Torá. Está escrito: «porque el mandamiento es lámpara, y la Torá es luz» (Pr 6:23). Además, la expresión *ve-amar* («y dice») forzosamente alude a la proclamación de la santidad por parte de los ángeles del divino servicio, por el versículo que dice: «uno declara al otro y dice...» (Is 6:3).

Z.n sh.t. – No lo pronunciéis *zan shat,* sino consideradlo el acróstico de *ze osé Shabat* («éste trae el Shabat»). Es Israel, quien trae a éste mundo el Shabat con todos sus mandamientos y reglas, como le fue encomendado por el Santo –bendito sea–. Gracias al mérito de observar el Shabat, los israelitas merecerán la vida eterna en el mundo venidero, un mundo en el que todo es Shabat. Está escrito: «un salmo, un cántico para el día del Shabat» (Sl 92:1). ¿Qué significa «para el día del Shabat»? El santo espíritu de Dios habló a través de David mientras éste tocaba su arpa, y dijo: «hijos de Israel, cantad acerca del mundo venidero, en que todo será Shabat». Ésta es la razón de su declaración: cuando el Santo –bendito sea– le dijo a Israel que iba a darles la Torá, les advirtió que si cumplían sus mandamientos les otorgaría el mundo venidero en herencia. Entonces el pueblo de Israel contestó: «Soberano del universo, enséñanos un ejemplo del mundo venidero aquí, en este mundo». Dios respondió: «el Shabat es la muestra; equivale a una sexagésima parte del mundo venidero, en el que vosotros disfrutaréis las delicias del reposo, como está escrito: «entonces te deleitarás en el Eterno» (Is 58:14).

A.l.b.m. – No lo pronunciéis *albam*, sino *libam* («su corazón»). ¿Qué significa esta expresión? Nos enseña que Negarsanel, príncipe de la Guehena se presentó delante del Santo –bendito sea– y dijo: «Soberano del mundo, tú me entregaste todos y cada uno de los pueblos del mundo para ser pasto de la Guehena, ya que está escrito: "como la llama devora la paja" (Is 5:24). ¿Por qué no me entregas también a este pueblo, a Israel, para que sean consumidos por las llamas como el resto de naciones?» Le respondió el Santo –bendito sea–: «todos los pueblos del mundo están en tus manos para que les retribuyas en la Guehena de acuerdo a sus malas acciones, pero este pueblo de Israel no está en tus manos ni son de tu incumbencia». Negarsanel preguntó el porqué, y Dios respondió: «porque ellos se ocupan de la Torá y de los mandamientos y los cumplen. Mi corazón está lleno de amor hacia ellos, como está escrito: "con amor eterno te he amado" (Jr 31:3). No irán a la Guehena porque yo estoy con ellos. Por eso no debes pronunciar *albam* sino *El bam* ("Dios está en ellos y con ellos"), porque está escrito: "cuando pases por las aguas contigo estaré"(Is 43:2). No sólo eso: mi Presencia habita entre ellos, como está escrito: "andaré entre vosotros y seré vuestro Dios" (Lv 26:12)». Éste es el significado de *a.l.b.m.*

G.n. d.s. – ¿Qué significa este grupo de letras? Negarsanel le dijo al Santo –bendito sea–: «Soberano del universo, ¿dónde morarán aquellos que se hagan merecedores de la vida en el mundo venidero?» Éste le respondió: «en el jardín *(gan)* del Edén, donde el aroma del mirto *(hadás)* llega de uno al otro confín, pues está escrito: "cómo los días del árbol, así serán los días de mi pueblo" (Is 65:22)».

H.'.v.f. – ¿Qué significa este grupo de letras? Nos enseña que el príncipe de la Guehena se presentó ante el Eterno diciendo: «Señor del Mundo, tengas a bien mostrarme cuál la gloria y grandeza que en el mundo futuro heredarán los justos en el Edén». El Santo –bendito sea– le respondió: «no, porque está escrito "he aquí que mis siervos comerán pero vosotros tendréis hambre" (Is 65:13). Las letras *h.'.v.f.* representan a las aves *(ha-"of)*, cuya habitación está en el aire, y no es correcto que entren a las moradas de los reyes y magnates, ni que habiten con ellos en sus casas, en sus excelsos tronos. Del mismo modo, tú no podrás contemplar la abundancia del bien preparado para los justos, porque no te incumbe, como está escrito: "el malvado no habitará junto a ti" (Sl 5:4)». ¿Cuál es el significado de este versículo? El texto nos enseña que así habló el rey David al Eterno: «Soberano del universo, que no haya ningún malvado en tu morada». El Adversario *(ha-satán)*, junto con la mala inclinación del hombre, son los elementos más malvados de la creación, pues está escrito: «la inclinación del corazón del hombre es mala» (Gn 5:21). Igual que en la morada del Santo –bendito sea– no puede entrar la mala inclinación humana, tampoco en el mundo futuro podrá entrar en la morada del pueblo de Israel el Adversario, ni el Ángel de la muerte, ni la mala inclinación, para siempre jamás, porque está escrito: «mi pueblo vivirá en una morada de paz» (Is 32:18). Habitarán en un lugar seguro en el que no existe el Adversario, una morada de descanso sin Ángel de la muerte y sin la mala inclinación humana, como está escrito: «destruirá a la muerte para siempre» (Is. 25:8).

Z.ts.j.k. – El príncipe de la Guehena insistió ante el Santo –bendito sea–: «Rey del universo, ¿por qué no me das permiso para contemplar con mis ojos tales cosas, o para tan siquiera gustar un poco de los manjares de los justos, o para mirar su grandeza y abundancia de bienes?» El Eterno le respondió: «porque estos justos son descendientes de Isaac que entregó su cuerpo y una cuarta parte de su sangre sobre un altar llamado "Isaac". Por tanto, las letras *z.ts.j.k.* deben ser pronunciadas *zar'ó shel Yitsjak* ("los descendientes de Isaac")». El príncipe de la Guehena intervino de nuevo: «Soberano del mundo, sé que diariamente proporcionas alimento a todos los seres de la creación, porque está escrito "abres tu mano y alimentas a todo ser viviente en abundancia" (Sl 145:16). Así pues, ¿cómo es que a mí no me alimentas? Estoy hambriento y carezco de sustento». Respondió el Eterno: «a ti te he entregado por alimento a todos los malvados con sus pecados».

T.r.y.sh.k.t. – «Existe un gran número de mentirosos, de burladores, de escarnecedores. Yo los entrego en tu mano como alimento para que tu fuego los consuma, un fuego llamado *Trishkat*. No lo pronunciéis *Trishkat* sino *yesh li kat* («tengo un grupo de personas»). Aún así el príncipe de la Guehena se queja de hambre, como está escrito: «el Seol ensanchó su interior y alargo sin medida su boca; allá descenderá su gloria, su muchedumbre y su grandeza, junto con todos los que en ellos se deleitaban» (Is 5:14). ¿Qué significa aquí «sin medida»? Simboliza a las naciones del mundo que no han aceptado la Torá ni han cumplido sus mandamientos en el mundo presente, los pueblos contrarios a la Torá. Por eso son entregados al fuego de la Guehena que los consumirá en un abrir y cerrar de ojos, como está escrito: «los malos serán mandados al Seol, toda la gente que se olvida de Dios» (Sl 9:17). Igualmente leemos: «todos se han vuelto necios e insensatos, porque lo que se aprende de un ídolo de madera no sirve para nada» (Jr. 10:8). En cambio el pueblo de Israel se alegrará y regocijará en las palabras de la Torá cuando contemple a esta Torá en pie delante del Santo –bendito sea–, intercediendo en favor de los judíos para librarlos del castigo de la Guehena. Entonces el Santo –bendito sea– responderá: «hija mía, ciertamente tus amados serán librados de la Guehena. La Guehena no podrá contra ellos porque de día y de noche se ocupan de ti, de la Torá, como está escrito "serás salva por la sangre de tu pacto; he sacado tus presos del pozo en que no hay agua" (Zc 9:11). Y no hay pozo más profundo que la Guehena, como está escrito: "me hizo salir del pozo de la desesperación" (Sal 40:2)».

ANEXO

מדרש אותיות דרבי עקיבא השלם.

נוסחא א' לפי דפוס קושטא וינציא וכת"י.

א' אמר רבי עקיבא אל"ף א), מהו אלף, מלמד שאמרה תורה
א'מת ל'מד פ'יך כדי שתזכה לחיי העולם הזה. פ'יך ל'מד
א'מת כדי שתזכה לחיי העולם הבא ב) מפני מה, מפני שהקב"ה
נקרא אמת, וכסאו מאז יושב עליו באמת, ופניו יקדמו חסד
ואמת ג). וכל דבריו דברי אמת, וכל משפטיו משפטי אמת, וכל
ארחותיו חסד ואמת: ומנין שהקב"ה נקרא אמת שנ' ויי אלהים
אמת (ירמיה י'). ומנין שכסאו מאז יושב עליו באמת שנ' והוכן
בחסד כסאו וישב עליו באמת (ישעיה ט"ז), ומנין שפניו יקדמו
חסד ואמת שנ' צדק ומשפט מכון כסאך חסד ואמת יקדמו פניך
(תהלים פ"ט). ומנין שדבריו אמת שנ' ראש דברך אמת (שם קי"ט).
ומנין שמשפטיו משפטי אמת שנ' משפטי יי אמת צדקו יחדיו (שם
י"ט). וכל ארחותיו חסד ואמת שנ' כל ארחות יי חסד ואמת (שם
כ"ה).

דבר אחר א' א'פתח ל'שון פ'ה. ופי' ל'שון א'פתח. אמר
הקב"ה אפתח לשון פה של כל בני בשר ודם כדי שיהיו מקלסין
פני בכל יום ומטלכין אותי בארבע רוחות העולם, שאלמלא שירה
זרה שהם אומרים לפני בכל יום לא בראתי את עולמי, ומנין

א) אות א' נוטריקון אל"ף. ב) כי האמת מועיל להאדם בעולם
והבא, שהדובר אמת סומכים על דבריו במשאו ומתנו בעת"ז וננחל
ב. ועל זה מורה כפל אמת למד פיך יש' והפוך, והנוטריקון בהפך מורה
עה"ב שהוא הפך עה"ז. — עיי"ל כי מי שאמת למד פיו הרגלו נעשה
ג וממילא פיו למד אמת. ג) ואולי גם על זה דורש נוטריקון אל"ף
אחד הוא הקב"ה אמת. ורמ"ד מורה על כסאו (כמ"ש לקמן בנוסחא ב'
ת למ"ד) ומ"א על פניו יקדמו חסד ואמת.

1

ב   מדרש אותיות דרבי עקיבא

שלא ברא הקב"ה את העולם אלא בשביל שירה וזמרה שנ' הוד
והדר לפניו עוז ותפארת במקדשו (תהלים צו) הוד והדר לפניו
בשמים, ועוז ותפארת במקדשו בארץ. שמים מכוסים הודו ותהלתו
מלאה הארץ שנ' כסה שמים הודו ותהלתו מלאה הארץ (חבקוק ג) א).
ומנין שברא הקב"ה את השמים לענין שירה שנ' השמים מספרים
כבוד א (תהלים יט). ומנין שטיום שברא הקב"ה את הארץ
אומרת לפניו שירה שנ' מכנף הארץ זמירות שמענו צבי לצדיק
(ישעיה כד) ואין צדיק אלא הקב"ה שנ' צדיק יי בכל דרכיו (תהלים
קמה), ומנין שאף ימים ונהרות אומרים שירה שנ' מקולות מים
רבים (שם צג), ומנין שאף הרים וגבעות אומרים שירה שנ' ההרים
וכל גבעות עץ פרי וכל ארזים החיה וכל בהמה רמש וצפור כנף
מלכי ארץ וכל לאומים שרים וכל שפטי ארץ בחורים ונם בתולות
זקנים עם נערים יהללו את שם יי כי נשגב שמו לבדו (שם קמח),
ומנין שכל סדרי בראשית איטרים שירה שנ' ממזרח שמש עד מבאו
וגו' (שם קיג), ומנין שאף אדם הראשון פתח פיו בשירה ב) שנ'
מזמור שיר ליום השבת טוב להודות ליי ולזמר לשמך עליון (שם
צב) טוב להודות ליי כארץ מתוך בני אדם, ולזמר לשמך עליון
בשמי מרום בתוך מלאכי השרת.

ד ב ר א ח ר א'פתח ל'שון פ'ה ופ'ה ל'שון א'פתח שאין
נאה במאתים ושמונה אברים שבאדם לומר לפניו שירה אלא בפה
ולשון שנ' פי יספר צדקתך וגו' (תהלים עא) שלא נמשלו פה
ולשון אלא בים ובגליו, כשם שהים מרחיב ופותח כך הפה מרחיב
ופותח, כשם שהים מלא מרגליות כך הפה מלא מרגליות של
עצמות ג). כשם שהים מביע מים כך הפה מביע מים, כשם שגל
מתוך הים מתגבר ועולה כך הלשון בתוך הפה מתגבר ועולה,

א) בן העתיק בס' אור זרוע.   ב) פרקי דר"א פי"ט ושוח"ט צ"ב
וב"ר סו"פ כ"ב ותנחומא בראשית סי' כ"ה.   ג) בבה"י תיסן ליתא "של
עצמות" ולפ"ז יש לפרש "מרגליות" שהפה מוציא דברי חכמה כמרגליות,
ע"ד שאמרו (קידושין לט) פה מפיק מרגליות.

כשם שהים מטביע ספינה בתוכו א) כך לשון מרשיע את הבריה
בדבור, וכשם שהים מצפצף כך הפה מצפצף, וכשם שגל הים
מרגיש כך לשון מרגיש, כשם שגל הים מסעיר ברוח סערה כך
לשון של אדם מסעיר ברוח עבירה, כשם שהים פולט המים כך
הפה פולט מים, כשם שגלי הים הורגין את הבריות כך הפה ולשון
הרע הורג את הבריות, וכשם שהים יש לו שפה מזה ומזה כך
לשון יש לו שפה מזה ומזה, כשם שהים מבאיש ומסריח כך הפה
מבאיש ומסריח, כשם שגל הים פעמים זוקף פעמים מוטל כך
לשון פעמים זוקפת ופעמים מוטלת, כשם שגל הים הכל מתייראין
ממנו כך לשונו של אדם הכל מתייראין ממנו, מה הים לסוף מימיו
מתגרשים רפש וטיט שנ' ויגרשו מימיו רפש וטיט (ישעיה נז) כך
הפה סוף דבריו לתהו והבל שנ' יכרת יי שפתי חלקות וגו'
(תהלים יב).

ד ב ר א ח ר א'פתח ל'שון פ'ה ופ'ה ל'שון א'פתח אמר
הקב"ה אפתח להם לישראל פה ולשון בדברי תורה כדי שישבחו
שמי בכל יום ויום, שאם אין ישראל בעולם אין לי שבח וגדולה
שאלמלא שירה וזמרה שישראל אומרים לפני בכל יום לא בראתי
עולמי ב) אפילו ישראל שכל העולם כלו נברא בשבילן לא בראתים
אלא בשביל שירה שנ' עם זו יצרתי לי תהלתי יספרו (ישעיה מד).

ד ב ר א ח ר אל"ף, אם אין אל"ף אין בי"ת, אם אין בי"ת
אין אל"ף, אם אין הורה התמימה אין כל העולם כלו מתקיים.
אם אין כל העולם כולו מהקיים אין הורה תמימה מתקיימת; אם
אין גימ"ל אין דלי"ת אם אין דלי"ת אין גימ"ל, אם אין גמילות
חסדים אין דלים, אם אין דלים בעולם אין גמילות חסדים שנ'

ד מדרש אותיות דרבי עקיבא

חסדי ה' אזכיר וגו' (ישעיה ס״ג), ומנין שישראל נקראו דלים שנ'
את עם עני תושיע (תהלים י״ח) ועינים רמות תשפיל (שם) אלו
אומות העולם.

ד ב ר א ח ר אל״ף, אמר הקב״ה א'מונתי לי'שראל פ'קדתי,
ופ'קדתי לי'שראל א'מונתי, אין אמונתי אלא תורה שנ' ואהיה אצלו
אמון (משלי ח') ומנין שהפקיד הקב״ה אמונתו לישראל שנ' זכר
חסדו ואמונתו לבית ישראל (תהלים צ״ח) והיו כל ישראל פותחים
את פיהם ואומרים שירה לפני הקב״ה באותה שעה א) שנ' ה' אהי
אהה ארוממך אודה שמך כי עשית פלא עצות מרחוק אמונה אומן
(ישעיה כ״ה), אם נאמר אומן למה נאמר אמונה ואם נאמר אמונה
למה נאמר אומן, אלא מלמד ששתי אמונות הפקיד הקב״ה לישראל
על הר סיני אחד לישראל ואחד למשיח. אחד לישראל מנין שנ'
זכר חסדו ואמונתו לבית ישראל (תהלים צ״ה) ואחד למשית מנין
שנ' והיה צדק אזור מתניו והאמונה אזור חלציו (ישעיה י״א).

ד ב ר א ח ר אל״ף, אמר הקב״ה א'מרתי ל'עמי פ'ארהי,
ופ'ארתי ל'עמי א'מרתי, ואין אמרתי אלא תורה שנ' יערוף כמטר
לקחי הזל כטל אמרתי (דברים ל״ב) ואין לקחי אלא תורה שנ'
כי לקח טוב נתתי לכם הורתי אל העזיבו (משלי ד') ומהו אל
העזובו, מלמד שבשעת מתן הורה קרא הקב״ה לישראל ואמר להם
בני מקח טיב יש לי בעולם ואני נותן אותה לכם לעד לעולם
אם הקבלו את הורתי ותשמרו את מצותי. משיבין ואומרים לפני
רבש״ע איזהו מקח טוב שאהה נוהן לנו אם נשמור את תורתך,
משיב הקב״ה ואמר להם זה העולם הבא, משיבין ישראל ואומרים
רבש״ע הראינו דוגמא של עולם הבא, משיב הקב״ה ואמר להם
זה שבת. שהוא אחד מששים של עולם הבא ב) שכולו שבת שנ'
זכור את יום השבת (פ' יתרו ואתחנן), ומנין שעולם הבא כולו

א) שנתנה להם התורה בהר סיני.— וכתי״ ,ואומרים ב ש י ר ה
ג ד ו ל ה לפני הקב״ה באותה שעה ה' אלהי וגו'״ ונראה הכונה שזה המקרא
בעצמו הי' השירה,   ב) גמ' ברכות נ״ז עמוד ב',

שבת שנ' מזמור שיר ליום השבת (תהלים צ"ב) ליום שכולו שבת א) שביון שראה אדם הראשון את השבת פתח את פיו בשבחו של הקב"ה ואמר מזמור שיר ליום השבה טוב להודות לה' ולזמר לשמך עליון. באותה שעה מלאכי השרת יורדין כתות כתות מן השמים (ואומרים טוב, וכן השמים) ב) מקצתן היו אוחזים בידיהם כנורות ועוגבות, ומקצתן היו בידיהם נבלים ומצלתהים וכל כלי שיר ומנגנין לפניו בשיר ג) שנ' ולזמר לשמך עליון. להגיד בבקר חסדך, זה עולם הבא שנמשל לבקרים שנ' חדשים לבקרים (איכה נ). ואמונתך בלילות, זה העולם הזה שנמשל ללילה שנ' תשת חשך ויהי לילה בו תרמוש כל חיתו יער (תהלים קד), וכי כל חיתו יער לא הרמוש אלא בלילה וביום אינה רומשת כלל, אלא מלמד שעולם הזה משול כלילה ד) ומלכי אוה"ע משולים כחיות שהם רומשים ביער כתוך הלילה, וכיון שעלה עמוד השחר כשם שכל החיות חוזרות ליערם ולמקומם כך כל מלכי הארץ ורוזני תבל כיון שבא עליהם עוה"ב ומלכות משיח חוזרים ליערם ולמקומם ויורדין מגדולהן ושבים אל עפרם ואינן באין לעולם הבא. שנ' והיה ה' למלך על כל הארץ.

ד ב ר א ח ר אל"ף, אמר הקב"ה א'צתי ל'פעול פ'לא בםרום וע'ומק ל'אין חקר ואין מספר שנ' עושה גדולות עד אין חקר וגו' (איוב ט). ד"א עושה גדולות עד אין חקר במעשה בראשית בשעה שבראם ה). ונפלאות עד אין מספר במעשה אחרית בשעה שיצרם. ד"א עושה גדולוה עד אין חקר בשעה שנוצר הולד במעי אמו, ונפלאות עד אין מספר בשעה שנולר י) ד"א עושה גדולות עד אין חקר בשעת המבול, ונפלאות עד אין מספר בשעה הפלגה. ד"א עושה גדולות עד אין חקר בשעת יציאת נשטה, ונפלאות עד

א) עי' פרקי דר"א פ' י"ט וב"ר פכ"ב ושוח"ט צ"ב.   ב) זה המוסגר ליתא בכת"י.   ג) כעין זה באדר"נ סוף פרק א'.   ד) באדר"נ שם נפרקי דר"א פ' י"ט ודמיון עה"ז ללילה הוא גם בגמ' פסחים ב' ב' חגיגה י"ב וב"מ פ"ג ב'.   ה) גמ' ברכות נ"ח.   ו) נדה ל"א,

אין מספר בשעת תחיית המתים. **ד"א** עושה גדולות עד אין חקר בשעת יציאת מצרים, ונפלאות עד אין מספר בשעה קריעת ים סוף. **ד"א** עושה גדולות עא"ח בשעת עליית הבאר, ונפלאות עד אין מספר בשעה ירידת המן. **ד"א** עושה גדולות עא"ח בשעה שנהרגו סיחון ועוג, ונפלאות עא"ם בשעת מתן תורה. **ד"א** עושה גדולות עד אין חקר בשעת מלחמת עמלק, ונפלאות עד אין מספר בשעת ירידת המן. **ד"א** עושה גדולות עד אין חקר בשעת מתן תורה, ונפלאות עד אין מספר בשעה שנהרגו סיחון ועוג. **ד"א** עושה גדולות עד אין חקר בשעת מלחמת סיסרא, ונפלאות עד אין מספר במלחמת סנחרב. **ד"א** עושה גדולוה עד אין חקר בעולם הזה, ונפלאות עד אין מספר בעולם הבא.

ד ב ר א ח ר אל"ף מלמד שחמשת אלפים שערי חכמה נפתחו לו למשה בסיני כנגד חמשה חומשי תורה, ושמונה אלפים שערי בינה כנגד ח' נביאים, ואחד עשר אלפים שערי בינה כנגד אחד עשר כתובים, שנ' אוצר נחמד ושמן בנוה חכם וכסיל אדם יבלענו (משלי כא), אוצר זו תורה א) שנא' יראת ה' היא אוצרו (ישעיה לג),· והורה זו יראה שנ' וראו כל עמי הארץ כי שם ה' נקרא עליך ויראו ממך (דברים כח) ואומר ובעבור תהיה יראתו על פניכם וגו' (שמות כ). נחמד אלו נביאים שמתנבאים בדברי נחמדים שנ' הנחמדים מזהב ומפז רב (תהלים יט). ושמן אלו כתובים שהם מתשמנין ב) גופו של אדם בדברי נחומים כשמן שנ' ושקוי לעצמותיך (משלי ג). בנוה חכם זה משה רבנו עליו השלום שנקרא חכם שנ' עיר גבורים עלה חכם וגו' (שם·כא) ואין גבורים אלא מלאכי השרת שנ' ברכו ה' מלאכיו גבורי כח (תהלים קג) וכסיל אדם יבלענו זה יהושע בן נון שעשה עצמו ככסיל אצל משה רבו ג).

א) עי' שוח"ט קי"ט באות גימ"ל.   **ב)** כ"ה בכת"י והוא מלשון שמנונית ובנגדפס „מושחים".   **ג)** תשלום המאמר עי' בילקוט משלי שם בשם ילמדנו.

ד ב ר   א ח ר   אל״ף   זה   הקב״ה   שהוא   ראשון   והוא   אלוף
אחרון,   והוא   אלוף   ברוב   אלופי   מלך.   וכשם   שהאלף   ראש   לכל
האותיות   כך   הקב״ה   ראש   לכל   המלכים   כולם   וגם   סוף   לכל   הנדיבים
כולן,   וסנין   שהוא   ראשון   והוא   אחרון   שנ׳   אני   ה׳   ראשון   ואת
אחרונים   אני   הוא   (ישעיה   מא)   ראוי   למקרא   לומר   ואת   אחרון   אני
הוא   א)   מה   ת״ל   את   אחרונים   אני   הוא,   אלא   מלמד   שכשמחדש
[הקב״ה]   את   העולם   הקב״ה   עומד   בעצמו   ומחדש   ומסדר   סדרן   של
אחרונים   של   עולם   הבא   ב)   סדרן   של   צדיקים,   סדרן   של   חסידים,
סדרן   של   ענוים,   סדרן   של   נביאים,   סדרן   של   מלכים   ושל   רוזנים
ושל   נדיבים,   סדרן   של   פרנסי   הדור,   סדרן   של   דור   ודור,   וכל   בריה
ובריה,   וכל   חיה   וחיה,   וכל   עוף   ועוף,   וכל   נשמה   ונשמה,   ומוריד
חנוך   בן   ירד   ששמו   מ ט ט ר ו ן   ואת   ארבע   החיות   מתחת   גלגלי
מרכבת   כסאו   ומעמיד   את   כסאו   לצד   אחד   ומעלה   את   קרח   ואת
עדתו   משאול   ומתהום   רבה,   ומביאין   לפניו   כל   באי   העולם   הבא
והוא   מעמידן   על   רגליהם,   והוא   מסדר   דינו   של   עצמו   לפני   הבריות
ואומר   להם   כלום   ראיתם   אלוה   אחר   מבלעדי   בשמים   ממעל   או
בארץ   מתחת   או   בארבע   רוחות   העולם,   העידו   בי   והאמרו   אמת,
שנ׳   ואתם   עדי   נאם   ה׳   ואני   ל   (ישעיה   מג).   משיבין   מ ט ט ר ו ן
וחיות   הקדש   וקרח   ועדתו   כלם   בבת   אחת   בקול   אחד   בפה   אחד
ובדבור   אחד   ואומרים   בפני   כל   בני   העילם   הבא   לא   ו׳אינו   כמוך
מעולם   אוה   בשמים   ממעל,   ולא   שרנו   כמוך   מעולם   רשות   אחר
בארץ   מתחת,   אין   מלך   כמוך   ואין   צור   בלחך   ואין   אלהים   זולתך,
אתה   ראשון   ואתה   אחרון   ואין   אוה   מבלעדיך   ואין   עוד   אלהים,   שנ׳
אין   כמוך   באהים   ה׳   ואין   כמעשיך   (תהלים   פו).   באותה   שעה   משיב
הקב״ה   לכל   באי   עולם,   ראו   עתה   כי   אני   אני   הוא   ואין   אהים   עמדי
(דברים   לב)   מהו   אני   אני   ב׳   פעמים,   אלא   מלמד   שאמר   להם   הקב״ה
אני   הוא   עד   שלא   נברא   העולם   ואני   הוא   משנברא   העולם   ואין

___

א)   בבת״י   ראוי   למקרא   לומר   ואת   האחרונים   אני   הוא.   ב)   כמ״ש
ברייאא   דקרא   קורא   הדרות   מראש   ומתרגמינן   וסדר   דרוא   מלקרמין.

אלהים עמדי לעולם הבא. אני אמית ואחיה אני הוא שאמית
כל בני אדם וכל הבריות בעולם הזה, ואני הוא שאחזיר להם רוח
ונשמה ומחיה אותם לעולם הבא, ואני הוא שמחצתי אותם
בעולם הזה בעורת עינים, בחרישת אזנים, בחגירות רגלים,
בבלילות בלפפי [ובלפפי] אצבעותים א), בפלגות אברים ועצמות
אברים ועצמות ב). בערלות שפתים, באלמות פה ולשון, ואני
הוא שרפא אותם לעולם הבא. ואין מידי מציל ליום
הדין: ד"א מחצתי ואני ארפא, כשם שהאדם נפטר במומו מן
העולם הזה כך חוזר במומו לעולם הבא ג), מי שנפטר חגר חוזר
חגר. נפ' סומא חוזר סומא. נפ' חרש חוזר חרש, נפ' אלם חוזר
אלם, נפ' גכן חוזר גכן. נפ' דק חוזר דק. או תבלול בעינו, או
גרב או ילפה או מרוח אשך, חוזר כך, ואחר כך יושב הקב"ה
כרופא ומרפא אותם בפני כל באי העולם שנ' בורא ניב שפתים
שלום שלום לרחוק ולקרוב אמר ה' ורפאתיו (ישעיה מז).

דבר אחר אל"ף מפני מה כותבין אותו באות אחת וקורין
אותו בשלש אותיות, מפני שהוא נחשב אחר כנגד הקב"ה שנקרא
אחד שנ' שמע ישראל ה' אלהינו ה' אחד (פ' ואתחנן) הקב"ה נקרא
אחר וקריאה שמו אותיות משילשות, ומנין שהקב"ה אחד וכל שם
ושבח שלו אין קורין לפניו אלא במשולש שנ' ה' אלהינו ה' אחד
הרי שמו משולש, ה' ה' אל רחום (שמות לג) הרי שמו משולש,
אלהי האלהים ואדוני האדונים (דברים י) הרי משולש, ומנין שכל
שבח אין אומרים לפניו אלא משולש שנ' קדוש קדוש קדוש ה'
צבאות (ישעיה ו) הרי משולש, גדול ה' ומהולל מאד ולגדלתו אין
חקר (תהלים קמה) הרי משולש, אז ישיר, את השירה, אשירה לה',
הרי משולש, וכן שיר השירים, שיר אחד, השירים תרין הרי שירה
משולשת.

<hr>

א) כ"ה בכת"י ופי' שהאצבעות בלוכים או מחוברים, אבל בנדפס
בכלילות אצבעותים ונ' שהוא ט"ס.   ב) כ"ה בכת"י ופי' באברים
שנתחלקו או שנתחברו וכן בעצמות.   ג) עי' סנהדרין צ"א ב' ופסחים ס"ח.

מדרש אותיות דרבי עקיבא   ט

בסדת האמונה בראתי את העולם, ובמדת האמונה אני נוהג עמו, ובסרת אמונה אני עתיד לחדשו.

שבעים שמות יש לו להקב"ה בפירוש, ושאר שלא בפירוש אין להם חקר ואין להם מספר.

ואילו הן שבפירוש: הדירירון יהוה צבאות קק"ק, טרומירון, ברורדין, נעורירון, גבירירון, כבירירון, דורירידון, סבירורון, זהירורון, הדידרון, ואב־ידרירון, ודירירון, פרורירון, היסירידון, לדורירון, מטביררון, צטרירירון, עדירירון, דכירירון, כדירירון, שרירירון, הבירירון, הפתחפירון, אפאפירון, שפשפירון, צפצפירון, גפגפירון, רפרפירון, דפרפירון, קפקפירון, הפהפירון, ופופירון, פפפפירון, זפזפירון, מפמפירון, עפעפירון, מפמפירון, ספספירון, נפנפירון, לפלפירון, ופופירון, כפכפירון, חפחפירון א), חבהביב, אבאביב, קבקביב, שבשביב, כבבביב, צבצביב, גבגביב, רברביב, חרברביב, פבפביב, הבהביב, עבעביב, זבזביב, סבסביב, חסחסיב, סבסביב, וסיסיב, פבפביב, כספסיב, פפגביב, לבלביב, טבטביב, נופכביב, ממסמביב, ניפנוביב, פספביב, צצציב.

אלו שמותיו של הקב"ה שהן יוצאין בכמה כתרים של אש, בכמה כתרים של להבה, בכמה כתרים של בזק, בכמה כתרים של חשמל, בכמה כתרים של ברק, מלפני כסא הכבוד ועמהם אלף מחנית של שכינה, יריבי רבבות צבאות גבורה נוהגין אותן כמלך, ברעד ברתת באימה וזיעה, בהוד והדר ויראה, בפחד בגודל וכבוד, ביקר בחוסן וכרב רנה ורנן ב) בעמודי אש ובעמודי להבה, בברקי איד ובמראה חשמל ניתנין להן כביד ועוז ויקראין לפניהם קק"ק שנ' וקרא זה אל זה ואמר קק"ק: גוללין אותן בכל רקיע

א) עד פה כתיב בכת"י אחר כל שם „יהוה צבאות קק"ק" ומכאן ואילך כתוב אחר כל שם „הוא יה יתוה הגדול" ולחביבות הקיצור לא הדפסנו זה.   ב) בגרפס בחוסן בבינה ודעה בעמוד אש ובעמור להבה וברק ואורם כבריקי אור.

מדרש אותיות דרבי עקיבא

ורקיע שכמרום כמבני א) מלכים אדירים ונכבדים, וכשמחזירים אותם אל מקום כסא הכבוד כל חיות שבמרככה פותחין את פיהם בשבח כבוד שמו של הקב"ה ואומרים ב) ברוך כבוד יי ממקומו.

אל"ף אמר הקב"ה א'ברתיו ג) ל'קחתיו פ'קדתיו, ל מ ט ט ר ו ן עבדי שהוא אחד מכל בני מרומים כולן: אברתיו בדורו של אדם הראשון, וכיון שהסתכלתי בבני דור המבול שהן מקולקלין ובאין סילקתי שכינתי מביניהן, ועליתי בקול שופר ובתרועה למרום שנ' עלה אלהים בתרועה יי בקול שופר (תהלים מז): ולקחתיו לחנוך בן ירד מביניהם והעליתיו בקול שופר ובתרועה למרום להיות לי לעד עם ארבע חיות שבמרכבה לעולם הבא: פקדתיו על כל גנזים ואוצרות שיש לי בכל רקיע ורקיע ומפתחי של כל אחד ואחד מסרתים בידו. ושמתיו שר על כל השמים ד) ועשיתיו משרת לכסא כבודי היכלי ערבות לפתוח לי דלתותיהן וכסא הכבוד לסלסל ולסדר חיות הקודש לקשור בראשם כתרים, ואופני הדר לכתור להם עוז וכבוד כרובי הוד, להלבישם הדר ובזיקי ה) זוהר. להזכירם זיו זוהר שרפי לרבה, לרתעטפם גאוה, וחשמלי אורה, להתאזרם נהורא בכל שחר ושחר להבין להכין לי מושב בשבת' על כסאי בכבוד ויקר לרבות י) כבודי במרום ועוזי ברזי עליונים וברזי תחתונים, רוממתי על כל רום קומהו בתוך כל רמי הקומות שבעים אלפים פרסאות, גידלתי כסאו מהוד כסאי והרבתי כבודו מהדר כבודי, הפכתי בשרו ללפידי אש, וכל עצמות גיפו לנחלי אור, שמתי מראיו כמראה בזק ואור עפעפיו כאור, הבהקתי פניו כאור זיו השמש וזוהר עיניו כזיו כסא הכבוד, שמתי לבושו כבוד' הוד והדר, וכסות מעילו פאר גאיה ועוז, כליל כהר מלכית של חמש מאות על חמש מאות פרסאות, ונתהי עליו מהודי ומהדרי ומזיו כבודי שעל כסא הכבוד. קראתיו בשמי יו"י הקטן שר הפנים,

---

א) בנדפס „כבני" ונ"ל שצ"ל כלפני.   ב) בנדפס ואומרים בשכמלו

ג) מלשון אביר ששרשו אבר ועניינו עוצם וחוזק.   ד) בנדפס על חשרים

ה) שם וזיקי.   ו) שם לראות כבודי במרום עוזי.

ויודע רזים וכל רז ורז גליתי לו באהב וכל סוד וסוד הודעתיו
ביושר א), קבעתי כסאו בפתח היכלי מבחוץ לישב ולעשות דין
בכל פמליא שלי שבמרום, וכל שר ושר העמדתי לנגדו ליטול
ממנו רשות לעשות לו רצוני ב). שבעים שמות נטלתי משמותי
קראתיו בהם לרבות לו כבוד. שבעים שרים נתתי לידו לפקוד
להם בכל לשון פיקודי דברי להשפיל בדברי גאים עדי ארץ
ולהגביה בשיח שפתי שפלים עד מרום, להכות מלכים באמרתו
ולהכניע רוזנים וזדים בדברותו. להסיר מלכים ממלכותם ולהקים
רוזנים על ממשלתם שנ' והוא מהשנא עדניא וזמניא מהעדה
מלכין ומהקם מלכין וגי' (דניאל ב), ליתן חכמה לכל חכימי עולם
ובינה ומדע לנבוני בינה שנ' יהב חכמתא לחכימין ומנדעא לידעי
בינה (שם), לגלות להם רזי דברי ולהורות להם גזרת דין משפטי
שנ' כן יהיה דברי אשר יצא מפי לא ישוב אלי ריקם כי אם עשה
את אשר חפצתי וגו' (ישעי' נה) כי אם אעשה לא נאמר אלא כי
אם עשה מלמד שכל דכר ודבר וכל שיח ושיח שהוא יוצא מפי
הקב"ה עומד מ ט ט ר ו ן ועושה הוא בעצמו ומקיים גזירתו של
הקב"ה שנ' והצליח את אשר שלחתיו ומצליח לא נאמר אלא
והצליח מלמד שכל גזירה וגזירה שהוא יוצא מלפני הקב"ה על
אדם כיון שאדם עושה תשובה אין משלחין אותו לפורענות אלא
משלחין אותו לאדם אחר שנא צדיק מצרה נחלץ ויבא רשע
תחתיו (משלי יא) ולא עוד אלא שבכל יום ויום יושב מ ט ט ר ו ן
שלש שעות בשמי מרום וכונס אה כל הנשמות של עוברין שמתו
במעי אמן ושל יונקי שדים שמתו על שדי אמן ושל תינוקות של
בית רבן שמתו על חומשי תורה ומביא אותן תחת כסא הכבוד
ומושיבן כהות כהות וחבורות חבורות ואגודות אגודות סביבות
פניו ומלמדן תורה וחכמה הגדה ושמועה ומסיים להן ספר תורה
שנ' אה מי יורה דעה ואת מי יבין שמועה גמולי מחלב עתיקי
משדים (ישעיה כח).

א) בנדפס באשר והוא ט'ס,   ב) בנדפס „רצונו".

שבעים שמות של מטטרון ואלו הן:
יהואל, יה, יופיאל, אפפיאל, מרגייאל, גיזראל, טנדיאל, טטנדריאל,
טטריאל, טטביאל, איוהיה, ו־הזיה, עבר, זבוליאל, צפצפיאל, ספריאל,
פצפציאל. סניגרון, ס־פופירון, מיטטרון, סיגרון, ארדיגון, אטטס,
סקפס, סקפים, סיכון, מיטון, רוח פיסקונית, אטטיה, אסטיה, זגזגיה,
פצפציה, מצטיה, מצמציה, אבצנגים, מברגש, ברדש, סכרבר,
מצפר, השגש, תשבש, סטרפיטש, פספיצהו, בציהו, איטטן,
פיסקון, צפצפיה, זרח, זרחיה, אבאניה, הכהביה, פפטפליה,
רברכיה, חסחסיה, טפטפיה, תמתמיה, צחצחיה, ערעריה, עלעליה,
זורויה, ערטיה, סבי סיהסיה, רזרזיה, פחסניה, ססרסיה, צצבציביה,
קלילקליה, ההההיה, ורוהיה, ובכיה, מיט־יסוה, סוייריה, זהפנוריה,
זעוזיה, גלרויה, מלכמלפיה, עטטריה, פרישיה, עסקיה, צלצליה,
צבצביה, געים זעימיה, געימיה פרישפרישיה, שפט שפטיה, חסמיה,
שר שריה, גביר גבוריה, גורטריה, זיוא רבא, נער נאטן, ידוד הקטן
על שם רבי, ישנ' כי שמי בקרבי (שמ־ת כג) רברניאל, נעטיאל
סגנזגא שר החכמה, ולמה נקרא שמי סגנזגא כפני שכל גנוי
החכמה מסירין בידו וכולן נפתחו לו למטה בסיני עד שלמרו
בארבעים ימים כשהיה עומד בהר הורה בשבעים פנים של שבעים
לשון נביאים בשבעים פנים של ע' לשון. כתובים בשבעים פנים
של ע' לשון, הלכות בע' פנים של ע' לשון, שמועות בע' פנים של
ע' לשון, הגדה בע' פנים של ע' לשון, תוספ־ה בע' פנים של ע'
לשון, וכיון שכלו עליו סוף מ' יום נשתכח לו כולן בשעה אחת
עד שקרא לו הקב"ה ליפ־פ־ה שו־ה של הורה שנ' יפ־פ־ה יפ־פ־ה
מבני אדם הוצק חן בשפתיתיך על כן ברכך אהים לעילם (תהלים
מה) ונתן לו למשה במתנה א) שנ' ויתגם יי אלי (דברים י) ואחר
כך נתקיימה לו ושוב לא נשתכחה לו, ומנין שנתקיימה לו שנ'
זכרו תורת משה עבדי אשר צויתי אותו בהורב על כל ישראל חקים
ומשפטים (מלאכי ג) תורת כשה אילו הורה ונביאים

א) עי' גמ' נדוים ל'ח ורבה תשא פס א סי' ב'.

וכתובים א) חקים אלו הלכות ושמועית, ומשפטים אלו הגדות ותוספתות, וכולן ניתנו למשה בסיני ב).

אלו תשעים ושנים שמות מעין שם המפורש שבמרכבה שחקוקה על כסא הכביד שנטל הקב"ה כשכבו המפורש והניחם על שש של מטטרון בשבצים שמות שלו שקורין ברן מלך מלכי המלכים הקב"ה מלאכי השרת בשמי מרום, ועשרים ושנים חותמות שטבע אצבעו שבו נתחתמו כל סדרי ערבות רקיע וכו מתחתמין פזקי של שרי מלכיות שבברום בשלכות ובממשלה כרכות וגדולה, וכו מתחתמין פתקי של מלאך המות ופתקי של כל אומה ומלכות,

אשר מטטרון מלאך שר הפנים, מלאך שר התורה, מלאך שר החכמה, מלאך שר הבינה, מלאך שר רכבוד, מלאך שר ההיכל, מלאך שר המלכים, מלאך שר דרוזנים, מלאך שר השרים רמים וגבוהים רבים ונבבדים שבשמים ובארץ: יי אלהי ישראל הוא צר לי בדבר הזה שכצגליתי רז זה למשה רגזו עלי כל חיילי, כרום שבבל רקיע ורקיע ואמרו לי מפני כה אהה מגלה רז זה לבני אדם ילודי אשה בעלי טים בעלי טומאה בעלי דם בעלי זיבה בעלי טיפה סרוחוה, רז שנבראו בו שמים וארץ ים ויבשה הרים וגבעות נהרוה ומעינות גיהנם אש וברד גן עדן ועץ החיים ו: וצרו בו אדם ובבהמה וחיות השדה ועוף השמים ודגי הים בהכות וליויתן שקצים ורמשים שרצי הים ורמשי מדביות הורה וחכמה דעה ומחשבה בינת עליונים ויראת שמים, מפני מה אתה מגלה לבשר ודם.

אמרתי להן מפני שנתן לי רשות המקום, ועוד נטלהי רשות מכסא רם ונשא שכל שמות המפירשוה מלפניו יוצאין בברקי אש ובבזיקי זהר ובחשמלי להבה, ולא נהקררה דעתן עד שנוף ברן דקב"ה והוציאן בנזיפה מלפניו, אמר להן אני רציתי אני חשקתי

א) כמ"ש בגמ' תענית ט' ליבא מירי דכתיבי בכתובי דלא רמיזי באו־ייתא.   ב) בויק"ר פב"ב וקהלת רבה פ"א ופ"ה אס" מת שתלמיד ותיק עהיד לומר נאמר למשה בסיני,

יד   מדרש אותיות דרבי עקיבא

ופקדתי ואני מסרתי למטטרון עבדי בלבד, שהוא אחד מכל בני
מרום ומטטרון מוציא אותו מן בית גנזים שלי ומסר אותו
למשה ומשה ליהושע ויהושע לזקנים וזקנים לנביאים ונביאים
לאנשי כנסת הגדולה ואנשי כנסת הגדולה לעזרא הסופר ועזרא
הסופר להלל הזקן והלל הזקן לרבי אבהו ורבי אבהו לרבי זירא
ורבי זירא לאנשי אמונה ואנשי אמונה לבעלי אמונה להזהר בו
ולהתרפאות בו את כל החולאים המתרגשות לבא בעולם שנ'
ויאמר אם שמע תשמע לקול יי אלהיך והישר בעיניו תעשה
והאזנת למצותיו ושמרת כל חקיו כל המחלה אשר שמתי במצרים
לא אשים עליך כי אני יי רפאיך (שמות טו).

ב**י** אל הקרי בי אלא בי"ת, ומה הוא בית מלמד שכך אמר
הקב"ה ב'ניתי י'צרתי ת'כנתי, ת'כנתי י'צרתי ב'ניתי, בניתי
שני פלטרין שלי אחד מלמעלה ואחד מלמטה, יצרתי כל סדרי
בראשית הכנתי חיי העה"ב שנ' מי הכן את רוח ה' (ישעיה ס).
ד"**א** בי, כי בינה. בכל בית בינה בו, אמר הקב"ה בבי בראתי
את העולם, בבי דנתי את העולם, בבי שחתתי את העולם, בני
בלבלתי את הלשון בעולם, כבי ברכתי את האזרחי א), כבי ברכתי
את יצחק, כבי ברכהי את יעקב, בבי ברכתי את השבטים, כבי
ברכתי את יוסף, כבי ברכתי את ישראל, כבי ברכתי את ירושלם,
כבי ברכתי את ציון, כבי ברכתי את בית המקדש, כבי ברכתי
את העילם הבא: ומנין שברא את העולם בכי שנ' בראשית ברא
אלהים: דן את העולם כבי מנין שנ' קץ כל בשר בא לפני (פ' נח)
גש לפני קרוב לפני לא נאמר אלא בא לפני: שיחת את העולם
כבי מנין שנ' ביום הזה נבקעו כל מעינית תהום רבה (שם):
בלבל את הלשון בעולם בכי מנין שנ' כי שם בלל ה' שפת כל
הארץ, רפך חלף חילוף עירב לא נאמר אלא בלל: בירך את
האזרחי כבי מנין שנ' ויי ברך את אברהם בכל (חיי שרה) לכל
טוב למובה לשבח לא נאמר אלא בכל: ברך את יצחק בכי מנין

שנא' ויצחק בא מבוא (שם) בירך את יעקב בכי סנין שנ' בית
יעקב בכל מקום, אבל אהל יעקב משכנות יעקב שרש יעקב לא
נאמר אלא בית יעקב : בירך את השבטים בכי מנין שנ' וישראל
בחרתי בו (ישעיה מד) חשקתי חפצתי ורציתי בו לא נאמר אלא
בחרתי בו : בירך את יוסף מנין שנ' ובית יוסף להבה (עבדיה א)
מחנות יוסף משכנות יוסף מעונת יוסף לא נאמר אלא ובית יוסף
להבה : בירך את ישראל סנין שנ' בית ישראל ברכו את יי (תהלים
קלה) זרע ישראל לא נאמר אלא בית ישראל : בירך את ירושלים
נבי מנין שנ' ובחר עור בירושלם (זכריה א) חשק חפץ רצה לא
נאמר אלא בחר. ציון מנין שנ' כי בנה ה' ציון (תהלים קב) יסד
כונן לא נאמר שכלל לא נאמר אלא בנה: בית המקדש מנין שנ'
כי ביתי בית הפלה וגו' (ישעיה נו) אהלי משכני דירתי לא נאמר
אלא ביתי : עיה"כ סנין שנ' כי הנני בורא השמים החדשים
והארץ החדשה (שם ס"ה) יוצר כונן שכלל לא נאמר אלא בונה
בורא. ד"א בית, מה נשתנה בית מכל האותיות שברא בו הקב"ה
כל סדרי בראשית אלא מפני שגלוי וידוע היה לפני הקב"ה ששני
פעמים עתיד העולם ליחרב אחד בימי המבול ואחד בסוף ששת
אלפים ותשעים ושלש שנים, שבי"ה בגימטריא שנים א) : ד"א
מפני ששתי פעמים עתיד להחריב את בית המקדש : ד"א מפני
שאמר הקב"ה עתידני לבראות ב' עילמים עוה"ז ועוה"ב ב) : ד"א
מפני שעתידני לבראות שני פלטורין שמים וארץ, שמים שלי וארץ
לבני אדם שנ' השמים שמים ליי והארץ נתן לבני אדם (תהלים
קטו) : ד"א מפני שרמז הקב"ה שעתיד בשר ודם לעבור ב' רשויות,
ישראל עובדין בשמו ואוה"ע בשם עבודה זרה : ד"א מפני

א) בם' אור זרוע סי' כ"א ג"כ הגרסא „שבי"ת בגי'" ונכתב בצדו
מהמעתיק כי חסר שם בהכתי"י, ומפה נגלה שחסר שם סלת ש נ י ם, והכונה
כי בי"ת מורה על החורבן סעמים שהיה העולם עתיד להחרב, פמו שדורש
אתר זה על חרבן שני הסקדשות.   ב) תנחומא בראשית סי' ה' ום'
תדשא סי' א'.

ד"א שעתידין בריית עולם לנהוג ב' יצרים יצר רע ויצר טוב:
מפני שכל הבריות שעתידני לבראיה אינן אלא אחד זכר ואחד
נקבה:

דבר אחר מה תלמוד לומר בראשית, בשביל שלשה
שנקראו ראשית א) ואלו הן תורה ב) וישראל ג) ויר'אה, הורה
מנין שנ' יי קנני ראשית דרכו (משלי יד) ישראל מנין שנ' קרש
ישראל ליי ראשית תבואתה (ירמיה ב) יראה מנין שנ' ראשית
חכמה יראת יי (משלי א): תורה בשביל ישראל שנ' עם זו יצרתי
לי תהלתי יספרו (ישעיה מ"ר) ומנין שעם זו ישראל, שנ' עם ז:
קניה (שמות טו) ישראל בשביל יראה שנ' ועתה ישראל מה יי
אהיך שואל מעמך כי אם ליראה את יי אהיך (פ' עקב).

ד"א כי, כי בינה לכל בריה, כי בינה לכל יצור, כי בינה לכל
נפש, כי בינה לכל נשמה, כי בינה לכל רוח, שאלמלא
בינה אין כל העולם כולו מתקיים אפילו שעה אחת שנ' הבו לכם
אנשים חכמים ונבונים (פ' דברים), באותה שעה אמר להם הקב"ה
לישראל בני הבו עליכם בעלי בינה להיות ראשים עליכם, מיד הלך
משה והיה מחזיר בכל משכנות של ישראל ובקש בני אדם בעלי
בינה ולא מצא ד) שנ' ואקח את ראשי שבטיכם אנשים חכמים
וידועים (שם) ולא מצא נבונים, מכאן אתה למד שגדולה בינה
לפני הקב"ה יותר מן התורה, שאפילו אדם קורא תורה נביאים
וכתובים ושונה משנה ומדרש הלכות ואגדות שמעות והוספות
מושלות ומעמדות וכל סדרי מדרשות ה) ואין בו בינה אין הורהו
שוה כלום שנ' ובינה נבוניו הסתהר (ישעיה כט).

דבר אחר מפני מה ברא הקב"ה את העולם בכי בראשית
ומסיים לעיני כל ישראל ולכל היד החזקה, שכשתדבקם יחר אינן
אלא ב"ל וכשהפכת אותם אינו אלא ל"ב, אמר הקב"ה לישראל

א) סדר רבה דבראשית (בתי מדרשית ח"א) סי' ה'.   ב) ב"ר פ"א

ג) ויק"ר פל"ז תנחומא החדש פ' בראשית סי' ג'.   ד) ספרי דברים
ונדרים כ' ב'.   ה) בנדפס וכל סדרי בראשית.

בני אם אתם מקיימים שתי מדות הללו בל ולב מעלה אני עליכם
כאלו קיימתם כל התורה כולה מב״י ועד לט״ד.

גימ״ל ד״ל. מה הוא גימל מלמד שאמר הקב״ה ג׳מלתי י׳חד
ט׳חסדים ל׳דלים, ל׳דלים מ׳חסדים י׳חד ג׳מלתי,
שאלמלא גמילות חסדים שלי אין העולם מתקיים אפילו שעה אחת.
ומה הוא גמילות חסדים של הקב״ה שהוא עושה עם עולמו בכל
יום ויום, אלו רוח ונשמה, דעת ותבונה, חכמה וערמה, עצה
וגבורה, בינה ומחשבה. מאירות עינים ושמיעת אזנים, והלוך
רגלים ומשוש ידים, ופתיחת פה ומענה לשון, שהוא נתן לכל
בריה ובריה, שבהם כל העולם כולו מתקיים שנ׳ חסר יי מלאה
הארץ (תהלים לג): רוח ונשמה מנין שנ׳ ויפח באפיו נשמת חיים
(בראשית ב) וישוב העפר על הארץ כשהוה והרוח תשוב אל
האלהים אשר נתנה (קהלת יב): דעת ותבונה מנין שנ׳ כי יי יתן
חכמה מפיו דעת ותבונה (משלי ב): ערמה בינה ומחשבה מנין
שנ׳ לתת לפתאים ערמה לנער דעת ומזמה (משלי א): עצה
ותושיה וגבורה מנין שנ׳ רבות מחשבות בלב איש וגו׳ (תהלים
לג): מאירת עינים מנין שנ׳ אז תפקחנה עיני עורים (ישעיה לה):
הליכת רגלים מנין שנ׳ או ידלג כאיל פסח וגו׳ (ישעיה לה):
מישוש ידים מנין שנ׳ שאו ידיכם קדש וברכו את יי (תהלים קלד):
פתיחת פה מנין שנ׳ מי שם פה לאדם וגו׳ (שמות ד): מענה לשון
מנין שנ׳ לאדם מערכי לב ומה׳ מענה לשון (משלי יו):

דבר אחר אלו א) טל ומטר וגשמי רצון ברכה ונדבה
שנתן הקב״ה מישמי מרום בעולם בכל שנה ושנה שנ׳ ונחתי מטר
ארצכם בעהו (דברים י״א) שאלמלא אין גשמים יורדים לעולם
אין כל בריה יכולה להתקיים שנ׳ הרעיפו שמים ממעל ושחקים
יזלו צדק (ישעיה מה) ומהו יזלו צדק מלמד שאלמלא צדקה
וגמילות חסדים שנותן הקב״ה משחקים לכל העולם אין העולם

3

מתקיים שנ' ושחקים יזלו צדק וכתיב ויצו שחקים ממעל ודלתי
שמים פתח וימטר עליהם מן לאכל (תהלים עח), ומה נשתנה
שחקים סכל רקיעי מרומים מפני שכל כחו וגבורתו של הקב"ה
אינו [מראה] אלא בשחקים, עוזו, גאותו, שכינתו, תורתו, סן,
ירושלים, בהמ"ק, כולם בשחקים: עוזו מנין שנ' תנו עוז לאהים על
ישראל גאותו ועוזו בשחקים (שם סח): גאותו בשחקים מנין שנ'
רוכב שמים בעזרך ובגאותו שחקים (דברים לג): שכינתו בשחקים
מנין שנ' ויצו שחקים ממעל (תהלים עח) ואין צוה אלא שכינה
שנ' ויצו יי אהים וגו' (פ' בראשית) שהקב"ה צוה לשחקים להתקין
מיני מאכל מזונות לישראל: ומנין שהמן בשחקים והיה טחון
ברחיים א) בשביל צדיקים ובשביל ישראל לעולם הבא שנ'
וימטר עליהם מן לאכל ודגן שמים נתן למו (תהלים עח): תורתו
בשחקים מנין שנ' ועוזו בשחקים (שם ס"ח) ואין עוז אלא תורה ב)
שנ' יי עוז לעמו יתן (שם כ"מ): ירושלים ובהמ"ק בשחקים בנויה
באבנים טובות ומרגליות באבן ספיר ובאבן כדכד ובכל מיני אבן
יקרה מנין שנ' ושחקים יזלו צדק (ישעיה מה) ואין צדק אלא
ירושלם שנ' צדק ילין בה (ישעיה א):

ולמה נקרא שמו שחקים, שהן שוחקים כן טל ומטר ודגן
לישראל בין בעה"ז ובין לעוה"ב: ד"א שחקים אל תקרא שחקים
אלא סוחקים שהם משחקים בכל מיני שיר ובכל מיני שבח ובכל
מיני זמרה לפני השכינה בבית המקדש שבמרום שנ' הוד והדר
לפניו עוז ותפארת במקדשו (תהלים צו) זה בית מקדשו שבשחקי
מרום שזיוו מכסה את כל חדרי רקיע מרום שנ' כסה שמים הודו
וגו' (חבקוק ג): ד"א שחקים שאלף ושמונה עשר מחנות עומדים
לפני השכינה בבהמ"ק שבשחקים לומר לפניו קדוש בכל יום ויום
וכל מחנה ומחנה אלף ושמונה עשר רבוא מלאכי השרת, שכן

א) חגיגה י"ב ב'   ב) זבחים קט"ו מכלתא בשלח פדר"א מ"א
ויק"ר ל"א במ"ר י"ב.

בשחקים א) עומדים לפני השכינה בבהמ"ק שבשחקים ומרוממים
את שמו של הקב"ה בכל מיני שכח וזמרה מבקר ועד ערב אומרים
לפניו קק"ק ומערב עד בקר אומרים לפניו ברוך כבוד יי ממקומו
ספני מה מפני שהשכינה תעלה למרומים בלילה במסתרים ב) שנ'
אכן אתה ל' מסתתר אהי ישראל מושיע (ישעיה מה):

ד"ל אמר הקב"ה ד'ברי ל'עולם, ל'עולם ד'ברי נצב בשמים
שנ' לעולם יי דברך נצב בשמים (תהלים קיט) ואין דברו אלא
מלאך ג) הרופא שנ' ישלח דברו וירפאם (שם קז) : ד"א אין
דברו אלא לשון נבואה ד) שנ' וישם יי דבר בפי בלעם (כמדבר
כג) : ד"א אין דברו אלא תורה שנ' כי מציון תצא תורה ודבר
וגו' (ישעיה ב) : ד"א אין דברו אלא לשון מצוה שנ' דבר שלח
יי ביעקב ונפל בישראל (ישעיה ט) ומנין שאין דבר אלא מצוה
שנ' כי דבר יי בזה ואת מצותו הפר (כמדבר טו) :

דבר אחר דל"ד אמר הקב"ה ד'ברתי ל'הקים ד'ל, ד'ל
ל'הקים ד'ברתי, מפני שכל בני אדם שונאים לדל ואין מי שאוהב
לדל אלא אני בלבד, ובני אדם מבזים לדל ואין נשמעים דכרי
חכמת דל שנ' וחכמת המסכן בזויה ודבריו אינם נשמעים (קהלת ט),
ואני בעצמי משגב לדל שנ' ויהי יי משגב לדך וגו' (ההלים ט),
וכשבא לפני דל בתפלה איני מישיבו מלפני ריקם שנ' אל ישוב דך
נכלם וגו' (תהלים עד) ואני מקרב אצלו שכינתי בכל יום ויום שנ'
קרוב יי לנשברי לב (תהלים לד) ואין נשברי לב אלא עניים, וכל
האומם אזנו מלשמוע צעקת דל אין הקב"ה עונה לו בשעה שהוא

<hr>

א) בנדפס „שכך בשחקים בגיטט' אלף ושי"ח מחנות" וכונתו שחושב
מ"ם סתומה לשש מאות, עי' ערוך ע' אט"בח ורש"י סוכה נ"ב ב' ופי' האותיות
לר' סעדי' ן' מימון בסוף הקדמתו (גנזי ירושלם ח"ב ד' י"ב) ובס' כתתור
ופרח לר' אשתורי הפרחי פ' כ"ה, אבל בכת"י אינו.　　ב) בגמ' חגיגה
ח' ב' מקום יש לו להקב"ה ומסתרים שמו עי' ש.　　ג) בגמ' סנהדרין ק"ה
ב' ובמד"ר וישם ה' דבר בפי בלעם זה מלאך.　　ד) שבת קל"ה ב' דבר
ח' זו נבואה.

צוח לפניו בקול זעקה ומרה שנ' אוטם אזנו מזעקת דל גם הוא
יקרא ולא יענה, ולא עוד אלא שאינו מביט הקב"ה בכל רגע ורגע א)
אלא לדל שנ' ואל זה אביט אל עני ונכה רוח (ישעיה סו), וערב
לפני קול דבריהם יותר מכל בני אדם שנ' כי שומע אל אביונים
יי ואת אסיריו לא בזה (תהלים סט), מהו ואת אסיריו אלו בעלי
חולה ובעלי מכה שהן דומין בעוה"ז כימי חליים כאלו חבושים בבית
האסורים עד שהקב"ה שולח להן רפואה ויתירם שנ' ויצעקו אל יי
בצר להם (תהלים קז) ומנין שהן קרואים אסורים שנ' לאמר לאסורים
צאו (ישעיה מט) ולא עוד אלא שהקב"ה מתגלגל רחמיו עליהם
ומקימם מעפר להושיבם עם נדיבי ארץ ולהנחילם כסא כבוד שנ'
מקים מעפר דל וגו' להושיב עם נדיבים וכסא כבוד ינחילם (ש"א ב)
ואין נדיבים אלא מלכים שנ' נדיבי עמים נאספו וגו' (תהלים מז)
ואין עמים אלא ישראל שנ' עמים הר יקראו (דברים לג) ואין הר
אלא בהמ"ק שנ' והלכו עמים רבים ואמרו לכו ונעלה אל הר
יי (ישעיה ב): וכסא כבוד ינחילם אין כסא אלא ירושלים
שנ' בעת ההיא יקראו לירושלם כסא יי (ירמיה ג') ואין כבוד אלא
העולם הבא שנ' כבוד חכמים ינחלו (משלי ג) ואומר יעלזו חסידים
בכבוד ירננו על משכבותם (תהלים קמט) ואין משכבותם אלא
העולם הבא שנ' יבא שלום ינוחו על משכבותם הולך נכוחו (ישעיה נז):

ד"ל מפני מה פניו נתונין כלפי ה"י מפני שכל מי שהוא
דל בעולם הזה עשיר הוא לעולם הבא, כגון ישראל מפני שהן עסוקין
במצוה, עשיר בעוה"ז דל הוא לעוה"ב אלו אוה"ע שאינן עסוקין
במצות ועשירים בעולם הזה לפי שהקב"ה נותן להם שכרם בעוה"ז
שנ' (ס"פ ואתחנן) ומשלם לשונאיו אל פניו להאבידו מן העוה"ב,
ששכר מצוה אחת מן העוה"ב עין לא ראתה אהים זולתך (ישעיה
סד). ואוה"ע שאינן עוסקים במצוה מקבלים שולחנם בעוה"ז ב) ולמה
לפי שהקב"ה אינו מקפח שכר כל בריה, כיצר, באין אוה"ע ורשעים
ועושין מצוה אחת לפניו כדי שישבחו אותם וישמעו בני אדם ויכבדו

אותם, וכל מה שעושין רשעים אין עושין אלא לכבודם על כן הם
עשירים בעוה"ז ועניים לעוה"ב. לפי שאין אדם אוכל על שתי
שולחנות, או בעולם הזה או לעולם הבא א) ואם יש אדם בישראל
שנולד במזל טוב לחיות בעולם הזה ויכיר בוראו בכל לבבו והולך
בתומו ובענוה ולא מגיס דעתו על חברו ולא אומר בלבו אני גדול
מפלוני ומפלוני ולא יענה לעניים בגבהות הלב ולא יקלל אדם
שהוא קטן. ויעשה מעשרו לעניים צדקה. ולעשירים גמילות חסדים
בהלואה, ונותן דעתו בכל שעה על בוראו ואומר בשפלות וברוח
נמוכה מה אני מה חסדי וסה צדקתי לפני בוראי, זה אוכל הפירות
בעה"ז והקרן קיימת לעה"ב, וכל מצות שיעשה האדם בעה"ז ולא
יעשה אותם באהבה וביראה אינו מקבל שכר מאותם מצות שיעשה
האדם בעה"ב.

ואם תמה אתה בדבר בא והסתכל בעשו הרשע ובאוה"ע
שהן אוכלין סלכות וגדולה בעולם הזה. וסופן שנטרדים מן העה"ב
שנ' והיה בית יעקב אש ובית יוסף להבה ובית עשו לקש (עובדיה א)
ואומר אבדו גוים מארצו (תהלים י) ואומר והאלילים כליל יחלוף
(ישעיה ב) ואומר ישובו רשעים לשאולה כל גוים שכחי אהים (תהלים
מ) אבל ישראל נוחלין חיי העוה"ז וחיי העוה"ב בשביל צדקתן
שבידן שנ' ועמך כולם צדיקים וגו' (ישעיה ס) ואומר ויקבלון
מלכותא קדישי עליונין וגו' (דניאל ז) ומנין שישראל נקראו עליונין
שנ' אני אמרתי אהים אתם ובני עליון כלכם (תהלים פב).

הֵ וָא אין ה"י אלא שם המפורש ב) שבו נברא כל‫העולם
שנ' אלה' תולדת השמים והארץ בהבראם (בראשית ב) אל תקרי
בהבראם אלא בה"א בראם, ומנין שאף שמים וארץ שעתידים
להתחדש אין נבראים אלא בה"י שנ' כאשר השמים החדשים והארץ
החדשה (ישעיה סו) שמים חדשים וארץ חדשה לא נאמר אלא

א) מכאן עד ואם תמה ליתא בכתי"י. והלשון מוכיח שהוא הוספה,

ב) בס' אור זרוע סי' כ"ח „ובאלפא ביתא דרע"ק ה"ו שם המפורש שבו
נברא העולם".

מדרש אותיות דרבי עקיבא

השמים החדשים והארץ החדשה מכאן אתה למד שלא היתה יניעה
מלפני הקב"ה לא במעשה בראשית שבעוה"ז ולא במעשה אחרית
של עוה"ב שלא בראן הקב"ה אלא בדבר שאין בו ממש א) ומה
נשתנה ה"י יתיר מכל אותיות כולן שבהם ניתנה תורה לישראל
[מפני] שאין בו ממש, שכל האותיות כשהאדם מוציאן בפיו הוא
מרגיש בהן בשפתתיו ובלשונו ויוצא טיפת רוק מפיו אבל ה"י
כשאדם מוציאו מפיו אינו מרגיש בה לא בלשונו ולא בשפתיו
ואינו מוציא בה טיפת רוק מפיו של אדם, כל האותיות כולן מקבלות
טומאה אבל ה"י אינה מקבלת טומאה, מפני מה מפני שכל שמות
המפורשות אינם נכתבין אלא בה"י, ובה"י נתחתמו שמים וארץ
עוה"ז ועוה"ב וימות המשיח: וכמה הן אותיות שבהן נתחתמו שמים
וארץ ב) שתים עשרה הן כנגד י"ב שעות היום ג) וי"ב שעות
הלילה וי"ב חדשי שנה וי"ב מזלות וי"ב שבטים וי"ב ארצות, וכולן
על שמותם של שבטים שנ' יצב גבולות עמים למספר בני ישראל (דברים
לב), ואלו הן י"ב אותיות שנ' אהיה אשר אהיה אהיה שלחני
אליכם (שמות ג) ג' פעמים אהיה הרי י"ב אותיות ; וכאי זה צד
נתחתמו בהן, ארבע ארבע לכל רוח ורוח, שתי אותיות מלמעלה
לכל רוח ושתי אותיות מלמטה לכל רוח, א"ה מלמטה י"ה מלמעלה,
א"ה מלמעלה י"ה מלמטה. ורוח רביעית פתוחה ועומדת ואינה
חתומה, יש זמן שהיא פתוחה ועומדת ואינה חתומה, ויש זמן שהיא
חתומה, ובזמן שהיא חתומה אינה חתומה אלא בי"ה ו"ה, י"ה
מלמעלה ו"ה מלמטה, ומפני מה יש זמן שהיא פתוחה מפני שירד
בה הקב"ה לבלבל את הלשין שנ' וירד יי לראות את העיר וגו'
(בראשית יא), ובה ירד על הר סיני שנ' וירד יי על הר סיני וגו'
(שמות יט) ובה עתיד לירד לירושלים לחדש את העולם ד) שנ'
ועמדו רגליו ביום ההוא על הר הזיתים (זכרי' יד) ואומר כן ירד יי

א) בנדפס „ממש אחר בלבד בת"א". ב) בכת"י ליתא המלות
„שמים וארץ". ג) עי' במדבר רבה פרשה י"ד סי' י"ח, ד) אדר"נ
פל"ד ופרקי דר"א ריש פי"ד.

צבאות לצבא על הר ציון (ישעיה לא), וכל אותיות הללו של אש
הן, ומראיהן כמראה בזק א) ולהבת אור סביב להן, וכל אחת ואחת
שיעור קטמו עשרים ואחד אלפים רבבות פרסאות, וכלן קשורים
כתרים של בזיקי ב) זוהר מפני שהן חקוקין בעט באצבע ידו של
הקב"ה, ומנין שכל שם ושם שיעורו כל אחד עשרים וא' אלפים
רבבות פרסאות שכן   אהיה בגימטריא שיעורו כ"א ומה הוא
שאמר הכתוב אהיה אשר אהיה (שמות ג) שאמר הקב"ה אני
הייתי ואהיה, אני הייתי קודם שבראתי את העולם ואני הוא שבראתי
את העולם ואני אהיה לעוה"ב: ד"א אהיה אשר אהיה, אמר
הקב"ה אני א'דון ה'כל י'צרתי ה'כל, ה'כל י'צרתי ה'כל א'דון אני:
ד"א אהיה אשר אהיה, אמר הקב"ה במדת רחמים בראתי את
העולם ובמדת רחמים אני מנהיגו ועתידני לחדשו במדת רחמים,
ומנין שבמדת רחמים ברא את העולם שנ' זכר רחמיך יי וחסדך
כי מעולם המה (תהלים כה), ומנין שבמדת רחמים הוא מנהיגו
שנ' ויעבר יי על פניו וגו' (שמות לג) ומנין שבמדת רחמים הוא
עתיד לחדשו שנ' כה אמר יי שבתי לירושלים ברחמים ביתי יבנה
בה (זכריה א). ד"א אהיה אשר אהיה אמר הקב"ה במדת הטוב
בראתי את העולם ובמדה הטוב אני מנהיגו ועתידני לחדשו במדת
הטוב, ומנין שבמדת הטוב ברא את העולם שנ' טוב יי לכל ורחמיו
על כל מעשיו (תהלים קסה) ומנין שבמדה הטוב מנהיגו שנ' טוב
יי למעוז ביום צרה (נחום א), ומנין שבמדת הטוב עתיד לחדשו
שנ' המטיבה יי לטובים (תהלים קכה) ג) ד"א אהיה אשר אהיה,
אמר הקב"ה במדת אמונה בראתי את העולם ובמדת אמונה אני
מנהיגו ובמדת אמונה אני עתיד לחדשו ד), ומנין שבמדת אמונה
ברא את העולם שנ' יי יי אלהי אתה ארוממך אודה שמך כי עשית

____

א) בגדפס ברק.   ב) בגדפס זיקי.   ג) עי' שוח"ט כ"ב דדריש
טוב ח' לכל בעה"ז   היטיבה ח' לטובים לעתיד לבא,   ור"ל כי בעה"ז טטיב
אף לרשע בשכר מצוה א' שעשה אבל לע"ל הטיבה ה' רק לטובים.   ד) וכן
כתוב לעיל סוף אות אל"ף אך בכת"י ליתא שם וכן נראה שאין שם מקוטו.

פלא עצות מרחוק אמונה אומן (ישעיה כה), ומנין שבמרת אמונה
מנהיגו שנ' צ אמונה ואין עול (דברים לב) ומנין שבמרת אמונה עתיד
לחדשו שנ' ואמונתי וחסדי עמו (תהלים פט), ואיזו חותמות השם
שבו נחתמו כל שמות המפורשות שעל כסא הכבור שנ' זה שמי
לעולם וזה זכרי לדר דר (שמות ג), זה שמי לעולם אלו שמות
המפורשות, וזה זכרי לדר דר אלו חותמות השם, שכל שם ושם
שבמרכבה יש לו שם ויש לו כנוי א), והקב"ה יושב על כסא האש
וסביב סביב לו כעמודי אש שמות המפורשות, כל א' וא' בתוך חופת אש
כל א' וא' בתוך מראוה אש, ועמהן חיילות רבות של שרי אש
מערכות עצומות של גרודי אש, ובזמן שארם משתמש בהן מתמלא
כל רקיע ורקיע כולו אש ויורדין לשרוף את העולם באש, וכיון
שמגיעין לארץ ורואין שכנפי שמים קשורים בכנפי ארץ וכנפי ארץ
בכנפי שמים וחתומין במבעה אריה אשר אהיה מיד עומדין מכעסן
ונוהגין במדה רחמים עם כל העולם ועם אותו האדם, שאלמלא
לא חתם בחותמו ארבע רוחות העולם כשארם משתמש בהן מיד
כל העולם כלו מתמלא אש שנ' הלא דברי כאש נאום יי (ירמיה
כג), וזהו שנתגלה למשה בסנה מתוך אהבה, מתוך הרחמים
מתוך הענוה מתוך הישרות מתוך השפלות מתוך הצדקה ומתוך
האמונה, ומתוך ברית אברהם יצחק ויעקב, שאפילו אברהם יצחק
ויעקב שהם גדולים ממלאכי השרת והקב"ה אהבם אהבה גמורה
יתר מכל העולם כולו לא גלה להם שם המפורש אלא למשה
בלבד שנ' ושמי יי לא נודעתי להם (שמות ו) ומה הודיע להם
מקצת שמו שאינו מפורש שנ' וארא אל אברהם יצחק ויעקב בא'
שדי (שם) שלש אותיות הודיע להם כנגד שלשהן, ש' כנגד
אברהם, ד' כנגד יצחק, י' כנגד יעקב, ולכולן שם א' גלה להן,
אבל למשה גלה לו כל השמות המפורשות ב) בין שמות שחקוקין על
כתר מלכות שבראשו, ובין שמות שחקוקין על כסא הכבוד ובין

שמות החקוקין במבעת שבידו, בין ישמות שהן עומדים כעמודי אש
סביכות מרכבותיו ובין שמות שהן מפריחין סביבות שכינה כנשרי
מרכבה, ובין שמות שנתחתמו בהן שמים וארץ ים ויבשה הרים
וגבעות תניני תהומות יסודי עולם סדרי בראשית חדרי מעונות זבול
וערבות א) וכסא הכבוד אוצרות חיים וגנזי ברכות גנזי מל וממר
גנזי ברקים גנזי עננים גנזי רוחות וגנזי נשמות של חיים ושל מתים
שנ' יודיע דרכיו למשה (תהלים קג) ומפני מה לא גלה דרכיו
לאברהם שפירש עצמו מע"ז ונדבק תחת כנפי השכינה, וליצחק
שנעקד כשה תמים על גבי המזבח ומסר רביעית דם שלו לפני
המקום, וליעקב שהיריק ב) את עצמו ואת בניו ואת בנותיו ואת
יודעיו ואת קרוביו מחטא ג) ומע"ז שנ' ויאמר יעקב אל ביתו ואל
כל אשר עמו הסירו את אלהי הנכר וגו' (בראשית לה), אלא מלמד
לאברהם לא גלה לו על שום שזרעו של ישמעאל נופל בגיהנם,
ליצחק לא גלה על שום שזרעו של עשו נופל בגיהנם, ליעקב מפני
מה לא גלה לו שבחר לו המקום לסגולתו וחקק לו דמותו על
כסא הכבוד שנ' כי יעקב בחר לו יה ישראל לסגולתו (תהלים קלה)
ובו מקלסין לפניו עליונים ותחתונים כל היום שנ' ויאמר לי עבדי
אתה ישראל אשר בך אתפאר (ישעיה מט), אלא מפני שאמר
שנסתרו דרכיו לפני בוראו שנ' למה תאמר יעקב ותדבר ישראל
נסתרה דרכי מיי (שם מ') לפיכך לא גלה לו.

ז"ן זה שמו של הקב"ה שהוא זן ומפרנס כל יצורי כפיו מקרני
ראמים ועד ביצי כנים שנ' משקה הרים מעליותיו מפרי מעשיך
תשבע הארץ (תהלים קד) ואומר פותח את ידיך ומשביע לכל חי

א) עי' חגיגה י"ב ב' וכנדפס סדרי עולם וסדרי בראשית סדרי מעונות.

ב) פי' מלשון ריק כמו והריקו תרבותם (יחזקאל כח) וכן אריק חרבי (שמות טו)
עי' פרש"י שם, וכנדפס „שהריק".   ג) אולי דורש ותמהרו על
מהרת החטא.

רצין (שם קמה). וכמה מפתחות יש לו להקב"ה א) יש לו מפתח
לאשה שנ' ויפתח את רחמה (בראשית כט), יש לו מפתח של
גשמים שנ' יפתח יי לך את אוצרו הטוב (דברים כח), יש לו מפתח
של תחיית המתים שנ' וידעת כי אני יי בפתחי את קברותיכם
(יחזקאל לו), יש לו מפתח של פרנסה שנ' פותח את ידיך ומשביע
לכל חי רצון (תהלים קמה), יש לו מפתח של נקבים שנ' מהר
צועה להפתח (ישעיה נא), ויש לו מפתח של טל שנ' ויצו שחקים
ממעל ודלתי שמים פתח וימטר עליהם מן לאכול (תהלים עח),
יש לו מפתח של חדוש מלכיות שנ' ופתחו שעריך תמיד וגו'
(ישעיה ס) יש לו מפתח של עינים שנ' אז הפקחנה עיני עורים
וגו' (שם לה) וכתיב ויגל יי את עיני בלעם (במדבר כב) ב) יש
לו מפתח של חרשים שנ' ואזני חרשים תפתחנה (ישעיה לה),
יש לו מפתח של שפתים שנ' יי שפתי תפתח (תהלים נא) יש לו
מפתח של פה שנ' ויפתח יי את פי האתון (במדבר כב), יש לו
מפתח של לשון שנ' ומי מענה לשון (משלי יו) יש לו מפתח
של אסורים שנ' יי מתיר אסורים (תהלים קמו) יש לו מפתח של
ארץ שנ' תפתח ארץ ויפרו ישע (ישעיה מה) יש לו כפתח של
גן עדן שנ' פתחו לי שערי צדק (תהלים קיח) יש לו כפתח של
גיהנם שנ' פתחו שערים ויבא גוי צדיק שומר אמונים (ישעיה כו)
אל הקרי שומר אמונים אלא שהוא אומר אמן ג) שבשביל אמן
אחד שעונין רשעים מתוך גיהנם מעלין רשעים מתוך גיהנם
כאיזצד עתיד הקב"ה שהוא יושב בגן עדן ודורש בה וכל צדיקי
עולם יושבין לפניו וכל פמליא של מעלה עומדין על רגליהן, מימינו

א) בתענית ב' אמר ר' יוחנן ג' מפתחות בידו של הקב"ה של גשמים
ושל חיה ושל תחיית המתים, ובמערבא אמרי אף של פרנסה, ועי' בתום' שם
ד"ה וישמע.   ב) בכת"י ליתא ממלת וכתיב והלאה.   ג) שבת קי"ט
וסנהדרין ק"י וכל המאמר הלז מפה מובא בילקוט ישעי' שם כנוסח הנדפס
מכבר.

של הקב"ה חמה עם המזלות ולבנה וכל הכוכבים משמאלו א) והקב"ה
דורש לפניהן טעמי תורה חדשה שעתיד הקב"ה ליתן להן על ידי
משיח וכיון שמגיע להגדה עומד זרובבל בן שאלתיאל ב) על רגליו
ואומר יתגדל ויתקדש וקולו הולך מסוף העולם עד סופו וכל באי
העולם עונין ואומרים אמן, ואף רשעי ישראל וצדיקי אומות העולם
שנשתיירו בגיהנם כולן עונין ואימרים אמן מתוך גיהנם שנ' ויבא
גוי צדיק שומר אמנים (ישעיה כו), עד שנתרעש כל העולם כולו,
באותה שעה נשמעים קול דבריהם לפני הקב"ה והוא משאיל עליהם
ואומר מה קול רעש גדול ששמעתי, משיבין מלאכי השרת ואומרין
לפניו רבון של עולמים אלו רשעי ישראל וצדיקי אומות העולם
שנשתיירו בגיהנם שעונין אמן מתוך גיהנם ג) מיד מתגלגלין רחמיו
ביותר ואומר מה אעשה להן יותר על דין זה כבר יצר הרע גרם
להן ד) באותה שעה נוטל הקב"ה מפתחות של גיהנם ונותנן לגבריאל
ולמיכאל ה) בפני כל הצדיקים כולן ואומר להן לכו ופהחו שערי
גיהנם והעלו אותם מתוך גיהנם שנ' פתחו שערים ויבא גוי צדיק
שומר אמונים (שם), מיד הולכים גבריאל ומיכאל ופותחין ארבעים
אלפים שערי גיהנם ומעלים אותם מתוך גיהנם, וכאי זה צד מֵעלין
אותן מתוך גיהנם מלמד שכל גיהנם וגיהנם שלש מאות פרסה
ארכו ושלש מאות פרסה רחבו ועכיו אלף פרסה ועמקו אלף אמה י)
וכל רשע ורשע שרוא נופל בתוכה שוב אינו יכול לעלות מתוכה,
מה עושין גבריאל ומיכאל באותה שעה תיפסין בידן כל אחד ואחד
מהן ומעלין אותן כאדם שהוא מקים את חבריו ומעלהו בחבל
מתוך הבור שנ' ויעלני מבור שאון מטיט היון (תהלים מ), וגבריאל

א) בכת"י ליתא ממלת סימינו עד פה.   ב) בכת"י ליתא הַמלות
בן שאלתיאל   ג) בילקוט שם שעונין אמן ומצדיקים עליהם את הדין.   ד) עי'
גמ' ברכות ל"ב דכתיב ואשר הרעותי, וגמ' סוכה נ"ב ב'.   ה) בנדפס
ובילקוט מיכאל וגבריאל רק להלן נכנסין גבריאל ומיכאל גם בנדפס כן הוא
אבל לא בילקוט ועי' ברכות ד' גדול מה שנ' בביכאל יותר כמה שנ' בגבריאל
ונחא"ג מהרש"א שם,   ו) כ"ה בכת"י ובילקוט וכנדפם אלף פרסה.

ומיכאל עומדין באותה שעה ורוחצין אותן וסכין אותן ומרפאים אותן
ממכות גיהנם ומלבישין אותן בגדים נאים וטובים ותופסין בידם
ומביאין אותם לפני הקב"ה ולפני כל הצדיקים כשהן מנוהצין ומכובדין
שנ' א) כהניך יי אלהים ילבשו תשועה וחסידיך ישמחו בטוב (דה"ב
ו) כהניך אלו צדיקי אוה"ע שהן מכהנים להקב"ה בעוה"ז כגון
אנטונינוס בן אסוירום ב) וחבריו וחסידיך אלו רשעי ישראל שנקראו
חסירים שנ' אספו לי חסידי (תהלים נ), וכשמגיעין לפתח גן עדן
נכנסין גבריאל ומיכאל תחלה ונמלכין בהקב"ה, משיב הקב"ה ואומר
להן הניחו להן עד שנכנסין ובאין ורואין את כבודי, וכיון שנכנסין
נופלין על פניהן ומשתחוין ומברכין ומשבחין שמו של הקב"ה בקהל
צדיקים גמורים וישרים שהן יושבים לפני הקב"ה ג) שנ' אך צדיקים
יודו לשמך ישבו ישרים את פניך ד)

חית, אל תקרא חית אלא חטא, מפני שחטא נחשב להם לרשעי
ישראל כצדקה, כאיזצד בשעה שהן רואין פני גידנם ומקבלין
עליהם בעצמן דינה של גיהנם, וכיון שמעלין אותן וחוזרין
בתשובה לפני הקב"ה מיד מקבלין פני שכינה ה) כצדיקים וחסידים
שלא חטאו מעולם. ומקבלין שכר על כל חטא וחטא שהיה בירם
כצדקה שנ' ובשוב רשע מרשעתו ויעש משפט וצדקה עליהם חיה
יחיה (יחזקאל יח) בהם יחיה לא נאמר אלא עליהם מלמד
שעליהם הוא יחיה חיי העולם הבא עם צדיקים וחסידים ותמימים
וישרים וגומלי חסדים ובעלי צדקה ובעלי תורה ואנשי אמונה לעולם
הבא, ולא עוד אלא שמעלין אותן ומושיבין אותן בישיבה אצל
השכינה מפני ששברו את לבם בתשובה לפני הקב"ה שנ' קרוב
יי לנשברי לב וגו' (תהלים לד). ד"א קרוב יי לנשברי לב מלמד

א) בילקוט שנ' כהניך ילבשו צדק וחסידיך ירננו.   ב) בילקוט
ליתא המלות בן אסוירוס, ועי' גמ' ע"ז י'.   ג) בנדפס ובילקוט מיד צדיקים
נמורים וישרים שיושבים לפני הקב"ה נותנים הודאה ומרוממים להקב"ה שנ'.
אבל נוסח כת"י יותר נכון.   ד) בנדפס ובילקוט נוסף ואומר וירממנוהו
בקהל עם וגו'.   ח) בנדפס מיד מתקבלין לפני שכינה.

שכל מי שלבו שבורה בכל יום ורוחו נמוכה בכל יום ודבורו ממועט בפיו בכל יום עמו שכינה מהלכת בכל יום, ולא עוד אלא שמעלה עליו הכתוב כאלו מזבח בנוי בלבו ומעלה עליו עולות וזבחים שלמים לפני הקב"ה בכל יום שנ' זבחי אהים רוח נשברה לב נשבר ונדכה אהים לא הבזה (שם נא): **ד"א** קרוב יי ונשברי לב שכל שבורי לב חביבין לפני הקב"ה יתר ממלאכי השרת שמלאכי השרת מרוחקין מן השכינה שלשים וששה אלפים רבבות פרסאות שנ' שרפים עומדים מטעל לו (ישעיה ו) לו בגימטריא שלשים וששה, מלמד שגופו של שכינה מאתים ושלשים וששה אלפים רבבות פרסאות, מאה ושמנה עשר ממתניו ולמעלה ומאה ושמונה עשר ממתניו ולמטה, ופרסאות הללו אינן אלא כפרסאות שלו ב) שרפרסה שלו אלף אלפים אמה ואמה שלו ארבע זרת וטפח, וזרת שלו מסוף העולם ועד סופו שנ' מי מדד בשעלו מים ושמים בזרת תכן (ישעיה מ): **ד"א** שמים בזרת תכן מלמד שהשמים ושמי השמים זרת אחד ארכן וזרת אחד רחבן וזרת אחד קומתן, וארץ וכל תהומות פרסה רגל אחד ארכה ופרסת רגל אחד רחבה ופרסת רגל אחד קומתה עד רום רקיע הראשון, אבל שבורי לב הקב"ה קרוב אצלן כל היום מאמה אל אמה לכך נאמר קרוב יי לנשברי לב (תחלים לד): **ד"א** קרוב יי לנשברי לב, לנשברי לב הוא קרוב ולא לנמהרי לב? הרי כבר נאמר אסרו לנמהרי לב חזקו אל תיראו (ישעיה לה), אלא מלמד שהקב"ה מרחיק את שכינתו מכל גבהי הלב, וכולן נחשבין לפניו כתועבה שנ' תועבת יי כל גבה לב יד ליד לא ינקה (משלי נא) ואין תועבה אלא ע"ז שנ' ולא תביא תועבה אל ביתך (דברים ז) מיכן מצינו שכל מי שיש בו גסות הרוח כאלו עובר ע"ז א), ולא עוד אלא שמעלה עליו הכתוב כאלו בנה במה בלבו ומקטיר עליו קטורת לע"ז שנ' כי את כל התועבות האל עשו אנשי הארץ (ויקרא יח), לכך נאמר תועבת יי כל גבה לב, ומהו יד ליד לא ינקה, מלמד שאפי'

א) עי' גמ' סוטה ד' ע"ב.   ב) עי' מעשה מרכבה פרק ב'.

ל   מדרש אותיות דרבי עקיבא

יש בו צדקה וגמילות חסדים כאברהם אבינו שקנה בצדקה שמים
וארץ ועוה"ז ועוה"ב שנ' ויאמר אברם אל מלך סדום הרמותי ידי
אל יי אל עליון קונה שמים וארץ (פ' לך) ויש בו גסות הרוח לא
ינקה מדינה של גיהנם א): ד"א יד ליד לא ינקה טלמד שאפילו
יש בו תורה וחכמה כמשה רבנו ע"ה. שקבל תורה מיד ליד ויש
בו גסות הרוח לא ינקה מדינה של גיהנם, וכן הוא אומר כי רם יי
ושפל יראה וגבוה ממרחק יידע (תהלים קלח), וכי שפל יראה וגבוה
אינו רואה אלא מלמד שאין מסתכל הקב"ה בטי שיש בו גסות
הרוח. כמי שאינו מסתכל באדם שהוא שונא לו מגעוריו, שאין שונא
להקב"ה אלא מי שיש בו גסות הרוח ואין אוהבו אלא מי שאין
בו גסות הרוח שנ' לב נשבר ונדכה אלהים לא תבזה (תהלים נא)
לכך נאמר כי רם יי ושפל יראה וגו', ומהו וגבה ממרחק יידע
שני יודי"ן למה, טלמד שאמר הקב"ה כל אדם שיש בו גסות
הרוח מעלה אני עליו כאלו מקללני בשני עולמות שאין ב' יודי"ן
הללו אלא אחד בעוה"ז ואחד לעולם הבא, וכל מי שהוא זוכה את
יצרו בכל יום ומהודה עליו מעלה אני עליו כאלו כבדני בשני
עולמות בעוה"ז ולעוה"ב שנ' זובח תודה יכבדנני ושם דרך אראנו
בישע אלהים (שם נ) שני נו"נין למה אחד בעולם הזה ואחד לעוה"ב.
טי"ת אל תקרא טי"ת אלא טים זה הוא טים שבידו של הקב"ה
שנ' הנה כחומר ביד היוצר כן אתם בידי בית ישראל (ירמיה
יח) שכל העולם כולו נברא הימנו ולבסוף עתיד כולן שחוזרין לטים
כ"שהיו שנ' הכל הולך אל מקום אחד הכל היה מן העפר והכל שב
אל העפר (קהלת ח) ואין טים אלא עפר שנברא ממנו אדם הראשון
שנ' וייצר יי אלהים את האדם עפר מן האדמה (פ' בראשית) ומנין
שאין טים אלא עפר שנ' ויבא סגנים כמו חומר וכמו יוצר ירמום טים
(ישעיה מא): ד"א זה טים של עולם הבא שהצדיקים מציצין הימנו
כתות כתות כעשבי השדה בכמה לבושין שריחן הולך מסוף העולם
ועד סופו כריח גן עדן שנ' ויציצו מעיר כעשב הארץ (תהלים סב)

<hr>

א) טי' גמ' סוטה ד' ובבא בתרא י' ע"ב וע"ח ע"ב וכמט' ע"ז י"ח.

מדרש אותיות דרבי עקיבא   לא

ואין עיר אלא ירושלם שנ' העיר אשר בחרתי בה (מ"א י"א) מיכן
אתה למד שאין הקב"ה מחיה את המתים אלא בארץ ישראל שנ'
כה אמר יי בורא השמים ונוטיהם רקע הארץ וצאצאיה נותןנשמה לעם
עליה ורוח להולכים בה (ישעיה מ"ב) ואומר ונתתי צבי בארץ
חיים (יחזקאל כ"ו) מהו ארץ חיים וכי יש ארץ חיים וארץ מתים
אלא זו ארץ ישראל שנקראת ארץ החיים שמתיה חיים תחלה לעה"ב,
אם כן צדיקים שבחוץ לארץ כגון משה ואהרן ושאר כל הצדיקים
שבארבע פנות העולם היאך חיין ובאין לעוה"ב, אלא מלמד שבשעת
תחיית המתים הקב"ה יורד מטמטי שמים שמטי העליונים וישב על כסא
בירושלם שנ' בעת ההיא יקראו לירושלם כסא יי, וקורא להם הקב"ה
למלאכי השרת ואומר להם בני לא בראתי אתכם אלא לשעה זו
כדי שתעשו לי קורת רוח, משיבין מלאכי השרת ואומרים לפניו
רבון של העולמים הננו נעמוד לפניך בכל דבר שאתה רוצה, משיב
הקב"ה ואומר להם לכו ושמטו בארבע רוחות העולם והגביהו את
ארבע כנפות הארץ ועשו מחילות מחילות בקרקע הארץ לכל צדיק
וצדיק שבחוצה לארץ עד ארץ ישראל והביאו לי כל צדיק וצדיק
צדיק פלוני בן פלוני, חסיד פלו' בן פלו', חכם פל' בן פל', נבון
פל' בן פלו', נביא פל' בן פל', שמסרו את עצמן על קדושת שמי
בכל יום ויום כדי שלא יצטערו ויבאו לארץ ישראל ואני מחיה אותם,
מיד הולכים כל מלאך ומלאך וכל שרף ושרף וכל שר ושר וכל גדוד
וגדוד ושומטים בארבע רוחות העולם ומגביהין ארבע כנפות הארץ
וינערו רשעים מן הארץ שנ' לאחז בכנפות הארץ וינערו רשעים
ממנה, ועושין מחילות מחילות בקרקע הארץ בשביל כל צדיק
וצדיק שבחוצה לארץ ומביאין אותן בתוך מחילות לארץ ישראל
אצל הקב"ה לירושלם והקב"ה עומד בעצמו ומחיה אותן ומעמיד
אותן על רגליהן, וכאיזצד מחיה את המתים לעוה"ב מלמד שנוטל
הקב"ה שופר גדול בידו שהוא אלף אמה באמה שלו והתוקע בו וקולו
הולך מסוף העולם עד סופו, בתקיעה ראשונה העולם כולו רועש א),

א) בפרקי דר"א פל"ד כשיקרא הקב"ה לארץ שיתן פקדון כל הגופות
כנ' מיד הארץ רעשה עי"ש ברד"ל.

בתקיעה שניה העפר מתפרד, בתקיעה שלישית עצמותיהן
מתקבצין, בתקיעה רביעית אבריהם מתחמטין, בתקיעה חמישית
עורותיהם מתקרמין, בתקיעה ששית רוחות ונשמות מתכנסות
לגופיהן, בתקיעה שביעית חיים ועומדים על רגליהם בלבושיהם שנ'
יי צבאות יגן עליהם ואכלו וכבשו אבני קל"ע ושתי המו כמו יין
ומלאו כמזרק כזויות מזבח והושיעם יי אלהיהם ביום ההוא כצאן
עמו כי אבני נזר מתנוססות על אדמתי (זכריה ט).

יו"ד אל תקרא יו"ד אלא יָד, מלמד שזה הוא יד ושם טוב שעתיד
הקב"ה ליתן להם לצדיקים לעוה"ב בירושלם ובבהמ"ק
שנ' ונתתי להם בביתי ובחומתי יד ושם וגו' (ישעיה נ"ו) ואין ביתי
אלא בהמ"ק שנ' כי ביתי בית התפלה יקרא לכל העמים (שם) ואין
חומתי אלא ירושלם שנ' על חומתיך ירושלם וגו' (שם סב) ואין
יד אלא מנות שנ' וישא משאת מאת פניו אליהם ותרב משאת
בנימין ממשאת כולם חמש ידות וגו' (בראשית מג), וזהו יד
מלמד שעתיד הקב"ה לקרא את כל צדיק וצדיק בשמו ונתן להן
כום של סם חיים ביד עצמו כו'י שיהיו חיין וקיימין לעולם ולעולמי
עולמים, וזהו ושם, מלמד שעתיד הקב"ה לגלות שם המפורש
לכל צדיק וצדיק לעוה"ב שנבראין בו שמים החדשים וארץ
החדשה כדי שיהיו כולם יכולים לבראות את העולם חדש, שנ'
שם עולם אתן לו אשר לא יכרת, ומנין שזה הוא שם המפורש
נאמר כאן שם עולם ונאמר להלן זה שמי לעולם (שמות ג) מה
להלן שם המפורש אף כאן שם המפורש: ד"א שם עולם אתן
לו, שלא יפסוק שמם מן העולם, שכשם ששמים החדשים והארץ
החדשה חיין וקיימין לעולם ולעולמי עולמים כך עתיד שמם של
צדיקים ושמם של זריעם וזרע זרעם שיעמדו לעולם ולעולמי
עולמים שנ' כי כאשר השמים החדשים והארץ החדשה אשר אנ,
עושה עומדים לפני נאם יי כן יעמד זרעכם ושמכם (סוף ישעיה) :
ד"א שם עולם, מלמד ששלש מאות וארבעים עולמים
עתיד הקב"ה להנחיל לכל צדיק וצדיק לעוה"ב שכך שם

בגימטריא א) :   ד"א שם עולם, נאמר בראש הפסוק הזה ונתתי
להם בביתי ובחומתי ולבסוף נאמר אתן לו, אם נאמר לו למה
נאמר ונתתי להם, ואם נאמר ונתתי להם למה נאמר אתן לו,
מלמד שכל הצדיקים כולן נותן להן הקב"ה יד וחלק שכר טוב
ושם עולם תהלה וגדולה ושבח כליל כתר קדושה ומלכות ב)
כנגד כל הצדיקים כולן לעולם הבא. יד זה כום של סם חיים
שמשקהו לו למשיח ולצדיקים לעתיד לבא. חלק שכר טוב זה
שלש מאות וארבעים עולמים שכל צדיק וצדיק נוטל בחלקו, כל
אחד ואחד לפי שכר מעשיו לעוה"ב. שם עולם זה שם המפורש
שעולם הבא נקרא בו. תהלה וגדולה זה אור מאירת עינים שהן
מסתכלין בהן מסוף העולם ועד סופו בסקירה אחת, ושבח זה
קומה זקופה ג) כאדם הראשון. כליל כתר טלכות וארגסן טוב
שהמלכים משתמשין בהן, קדושה שקוראין לפניהן מלאכים קק"ק
בדרך ד) שקוראין לפני הקב"ה בשמים ממעל בעולם הזה ומלכות
שכל הנכשל בהם בצדיקים משתמש לעולם הבא במלכות וכבור
ברכות וממשלה כדור מלך ישראל שנ' והיה הנכשל בהם ביום
ההוא כדוד ובית דוד כאלהים כמלאך יי (זכריה יב). וכל ה) צדיק
וצדיק עמו שכינה מהלכת ברינו רבבות מלאכי השרת ועמודי
ברק סביב להן וניצוצין של זוהר מקיפין להן וזקוקי זיו סבהיקין
את פניהן ובזיקי אור מקרין את עפעפיהם ורוחות מנשבות לפניהן
ועננים מוזלין לנגד פניהן, והרים מרקדים לפניהם וגבעות מושכות

א) בשלהי עוקצין אמר ריב"ל עתיד הקב"ה להנחיל לכל צדיק וצדיק
ש"י עולמות שנ' להנחיל אהבי יש וכ"ה בגמ' סנהדרין ק"י.   ב) בנדפס
כתר כלול קדושה ומלכות והוא ט"ס כי להלן מפורש גם בנדפס כמו בכת"י.
ג) בתורת כהנים בחקתי ואולך אתכם קוממיות בקומה זקופה, ר' יהודה אומר
ק' אמה כאדם הראשון ועי' ב"ר פי"ב ולקמן ריש ד'ל'ו.   ד) בנדפס ט"ס ברוך ...
בתמים ממעל .... כצדיקים.   ה) סכאן עד והרים סרקדין לפניהם הוא
בנדפס לקמן באות כ"ף ושאר כל המאמר הלו עד וחותם נגה אור אינו בנדפס.

 # מדרש אותיות דרבי עקיבא

חלב ועסים לפניהן שנ' (יואל ד) והיה ביום ההוא יטפו ההרים
עסיס והגבעות תלכנה חלב וכל אפיקי יהודה ילכו מים ומעין
מבית יי יצא והשקה את נחל השטים.

ועשבי השדה באין ומשחקים לפניהם אגידות אגודות
והאילנות מתעקרין ממקומן ובאין וממחין כפיהם זו על גבי זו
ואומר הושענא שנ' (ישעיה נח) כי בשמחה תצאו וגו' וקשתות
שכינה עמהן אחד מימינם ואחד משמאלם וברקים ולפידים
משחמשין ובאין מתוך בתיהם ומראה אש ומראה להבה ומראה
בזק ומראה חשמל ועמודי נחל מקיפין ועוטרין כנגד כולו
ומשמשין לפניהם כעין לפני השכינה, וחומות אש וחומות לפיד
וחומות להבה וחומות נוגה אור סביב להם לכל צדיק וצדיק
לעולם הבא, ושכינה עמהן בכבוד בכל מקום כאב שהוא יושב
על כסאו כמלך ושש ושמח בשמחת בניו ובנותיו שנ' (זכריה ב)
ואני אהיה לה נאם יי חומת אש סביב ולכבוד אהיה בתוכה
ואומר (שם) רני ושמחי בת ציון כי הנני בא ושכנתי בתוכך וגי'.
ב כ"ף, זה כף שכינה א) שהוא מכה זו על גבי זו בשמחה רבה
בסעודתן של צדיקים לעולם הבא ועומד ומרקד ב) לפניהם
בסעודה ג). ועל אותה שעה אמר ישעיה (כ"ו) יי רמה ידך וגו'
מהו רמה ידך מלמד שעתיד ישעיה לומר לפני הקב"ה בסעודתן
של צדיקים שבגן עדן בשעה שהקב"ה עומד ומרקד לפני הצדיקים
רבון של העולם רמה ידך כל יבאו רשעים ויראו במובתן של
צדיקים, משיב הקב"ה ואומר ישעיה בני יבאו רשעים ויראו במובתן

א) בנדפס „זה כף שבועה" והוא בלתי מובן ואולי ר"ל כף יד
שנשבעין בו עָרָה"ג נשבע ה' בימינו ובזרוע עוזו, ונוסח הכתי"י נכון, וגר'
שדורש כף כף על שני הכפי"ן שבא"ב על כף שכינה שמכה זו ע"ג זו
בשמחה. וכעין זה דורש במדרש רע"ק על אותיות קטנות באות כ' (כמ' לקט
מדרשים ד' כ"א) עי"ש בהערותי.   ב) בגמ' תענית ל"א עתיד הקב"ה
לעשות מחול לצדיקים ובירושלמי סוכה לעשות ראש חולה לצדיקים.   ג) המאמר
וכל צדיק וכו' שבנדפס פה הוא בכתי"י לעיל באות י' עי"ש.

וכשטחתן וילבשו בושה ויעטו כלימה שנ' יחזו ויבושו קנאת עם
(ישעיה שם), משיב ישעיה ואומר לפניו רבש"ע לא יבאו ולא יראו
אומר הקב"ה מי מכריע ביניני שנעשה כדברו, משיב ישעיה ואומר
לפניו רבש"ע תבא כנסת ישראל והכריע ביניני ונעשה כדבריה,
מיד קורא הקב"ה למטטרון שר הפנים ואומר לו עכדי לך והביא
לי את כנסת ישראל כדי שתחכריע ביניני, מיד הולך מטטרון
ומביא את כנסת ישראל לפני הקב"ה ולפני ישעיה, וכיון שרואה
כנסת ישראל את הקב"ה אומרת לפניו רבש"ע לסה קראת לי,
משיב הקב"ה ואומר לה בתי מפני שאני יבאו רשעים ויראו
בטובתן של צדיקים שאני נותן להן ויבושו, וישעיה בני אומר לא
יבאו ולא יראו אתה מה את אומרת, משיבה יבאו ויראו ויבושו[1]
שנ' ותראה אויבתי ותכסיה בושה (סוף מיכה), באותה שעה באין
רשעים לפתחי גן עדן ועומדין מבחוץ ורואין את כל הצדיקים כל
אחד ואחד ביקרו כל אחד ואחד ברבותו כל אחד ואחד כלבוש
מלכות ובכתר מלכיה ובעדי מרגליות של מלכים, וכל אחד ואחד
יושב כמלך על כסא של זהב ולפני כל, א' וא' שלחן של מרגליות
וביד כל אחד וא' כום של זהב מרוקם באבנים טובית ומרגליות
שהוא מלא סם חיים א[1]) וכל מעדני גן עדן מונחים לפניהם על
השלחן ולפני כל א' וא' עומדין שלשה כלאבי השרת לשמשן
וקרני הוד וקרני הדר על ראשיהן וזיקים ב[2]) וברקים יוצאין
ספיהן וזיו פניהן הולך מסוף העולם ועד סופו כזיו החמה שנ'
ואהכיו כצאת השמש ‑ בגבורהו (שופטים ח) ושמים ושמי השמים
העליונים פיתחין את דלתותיהן ומסטירין עליהן טללי בושם של
אפרסמון טהור שריחו הולך מסוף העולם עד סופו, ואלפי אלפים
וריבו ריבי רבבות מלאכי השרת עומרין לפניהן ואוחזין בידיהן
כינורות ונבלים ומצלתים וכל כלי שיר ומרנגים לפניהם בסעורה
והקב"ה עושד בעצמו ומרקר בעצמו בסעודה וחמה ולבנה וכוכבים
ומזלות מימינו ומשמאלו ומרקדין לפניהן עמו, וכיון שרואין כל

<hr>

א) נזכר גם למעלה באות יו"ד.   ב) בכת"י ווזיקין.

הרשעים כולן את כל אותה גדו״ה ומלכות ואת כל אותו הכבוד
מגביהין את קומתן מאה אמה אמה כהיכל מפני כבודן של צדיקים
להסתכל בהן ויהיו שואלין עליהן לומר מה הן הללו ‏כל אותו
הכבוד וכל אותה גדולה וכל אותה מלוכה עשה להן הקב״ה
משיבין מלאכי השרת ואומרים להן הללו עמו של הקב״ה שעסק
בתורתו וקיימו את המצוה, והביאום לגן עדן ליתן להם שכר
טוב וחלק טוב לפי מעשיהם, מיד נופלין רשעים על פניהם
ופותחים את פיהם בשבחו של הקב״ה ושל צדיקים ואומרים אשרי
העם שככה לו אשרי העם שיי׳ אלהיו (תהלים קמד).

רמ״ד אל תקרא למד אלא ל׳ב ס׳בין ד׳עת, מלמד שהלב שקול
כנגד כל אבריו של אדם א) לאדם יש לו עינים אף ללב
יש לו עינים לאדם יש לו אזנים אף ללב יש לו אזנים, לאדם יש
לו פה אף ללב יש לו פה, לאדם יש לו דבור אף ללב יש לו
דבור, לאדם יש לו נהימה, אף ללב יש לו נהימה. לאדם יש לו נחמה אף
ללב יש לו נחמה ב), לאדם יש לו צעקה אף ללב יש לו צעקה,
לאדם יש לו הליכה אף ללב יש לו הליכה, לאדם יש לו שמיעה
אף ללב יש לו שמיעה ג), וכל המדות כולן שיש להן לכל אבריו
של אדם יש לו ללב ד) ואלו הן עין רואה אף הלב רואה מנין
שנ׳ ולבי ראה הרבה חכמה ודעת (קהלת א), אזן שומעת
אף הלב שומע מנין שנ׳ לב שומע (מ״א ג), פה מדבר אף הלב
מדבר מנין שנ׳ דברתי אני עם לבי (קהלת א), לשון מצפצף אף
הלב מצפצף מנין שנ׳ בחנת לבי פקדת לילה צרפתני בל תמצא
זמותי בל יעבור פי (תהלים ח) אדם צועק אף הלב צועק מנין
שנ׳ צעק לבם אל יי (איכה ג), אדם מנחם אף הלב מנחם שנ׳ ח)

א) וכ״ה באור זרוע סי׳ ל״ג.   ב) בנדפס אינו וחסרונו נכר ממה
שאמור להלן אדם מתנחם כו׳.   ג) אינו בנדפס ונראה כמיותר אתר שכבר
אמר ללב יש לו אזנים שהיא השמיעה (העירני על זה בני חיקר יוסף חיים
שי׳).   ד) כל המאמר הלז בפסיקתא דר״כ פ׳ ט״ז וקהלת רבה פרשה א׳.
ה) בקהלת רבה שם שנ׳ דברו על לב ירושלם (ישעיה מ).

וינחם אותם וידבר על לבם (סו״פ ויחי): אדם מחוקק אף הלב
מחוקק שנ׳ לבי לחוקקי ישראל (שופטים ה) אדם מהלך אף הלב
מהלך שנ׳ א) עשיק אפרים רצוץ משפט כי הואיל הלך אחרי צו
(הושע ה), אדם כותב אף הלב כותב שנ׳ ב) כתבם על לוח
לבך (משלי ג), א;דם מרחיש אף הלב מרחיש שנ׳ רחש לבי דבר
טוב (תהלים מה), אדם יעלוץ אף הלב יעלוץ שנ׳ עלץ לבי ביי
(ש״א ב) אדם מְטַהָר ג) אף הלב מְטַהֵר שנ׳ לב טהור ברא לי
אהים (תהלים נא), אדם יגיל אף הלב יגיל שנ׳ יגל לבי (שם
יג) אדם יתעצב אף הלב יתעצב שנ׳ ויתעצב אל לבו (סו״פ
בראשית), אדם נוער אף הלב נוער שנ׳ אני ישנה ולבי ער
(שה״ש ה), אדם ישן אף הלב ישן שנ׳ ישן לב אינו מבין
וגו׳ ד). אדם חכם אף הלב חכם שנ׳ חכם לב יקח מצות (משלי
כד), אדם ממפש אף הלב ממפש שנ׳ כי בשרירות לבי אלך (פ׳
נצבים) ואין שרירות אלא מפשות, אדם דורש אף הלב דורש שנ׳
ונתתי את לבי לדרש (קהלת א), אדם עוסק אף הלב עוסק שנ׳
והיו הדברים האלה אשר אנכי מצוך היום על לבבך (פ׳ עקב),
אדם מרפא אף הלב מרפא שנ׳ חיי בשרים לב מרפא (משלי יד),
אדם נשבר אף הלב נשבר שנ׳ לב נשבר ונדכא וגו׳ (תהלים נא),
אדם רם רוח אף הלב רם רוח שנ׳ ורם לבבך וגו׳ (פ׳ עקב),
אדם יש לו שכחה אף הלב יש לו שכחה שנ׳ נשכחתי כמת מלב
וגו׳ (תהלים לא), אדם ישיש אף הלב ישיש שנ׳ וראיתם ושש
לבכם (ישעיה סו), אדם שמח אף הלב שמח שנ׳ לב שמח ייטיב
פנים (משלי יז), אדם טוב אף הלב טוב שנ׳ שמח וטוב לב

א) בקה״ר שנ׳ לא לבי הלך (מ״ב ה),   ב) נראה שדורש מלת
לבך הוא הנושא, ושיעורו כתבם על לוח (ומי יכתבם) לנך, ובנגדפס מנין שהלב
כוחב ואני צ״ל מנין שהלב נכתב.   ג) המלה הזאת נמצאת במשקל זה
ביחזקאל כ״ב כ״ה.   ד) לא נמצא במקרא, ובנגדפס„ישן לב ואין מבין״
וגם זה אינו במקרא. ואולי היה כן לפניהם כבן סירא או בשאר ספר כוה
שגם בתלמוד מצינו שמביאים ראיה מהם.

(אסתר ה), מיכן שהלב שקול כנגד מאתים וארבעים ושמנה אברים שבאדם, ולא עוד אלא ששנים עשרה דברים יש בו באדם ואלו הן, לב מבין דעת ותבונה, כליות יועצות א) עצות טובות ורעות, פה מחתך כל מיני מאכלות, לשון גומר כל מטעימי שחיקות ב) חיך טועם כל מטעמי מאכלות, קנה מושך ומוציא כל רוחות וקולות, הושט בילע כל מאכל ומשתה, ריאה שואבת כל מיני משקין ג) כבד כועם ד) וטרה זריקת בו טיפה ומניחתו, מחול שוחק כל מיני שחיקה ה), קורקבן שוחק כל מיני אכילות, קיבה ישינה שנה מתוקה. ובזמן ששניהם ישנים אין אדם יודע מה שבעולם שנ' ולא ידע בשכבה ובקומה (בראשית י"ט).

ד"א אין אהבה אלא בלב שנ' ואהבת את יי אלהיך בכל לבבך וגו' (דברים ו) ואין שנאה אלא בלב שנ' לא תשנא את אחיך בלבבך (ויקרא י"ט), ואין קנאה אלא בלב שנ' כי יום נקם

א) ברכות ס"א.   ב) כ"ה בכת"י וליתא שם „חיך טועם כל מטעמי מאכלות"
וכנרפס כתוב לשין גומר כל מיני שיחות חיך טועם כל מטעמי מאכלות, ואול,
בכת"י החסיר המעתיק ממלת „כל" הראשון עד „כל" השני ובמקום „מאכלות" היה
כתוב לפניו בכת"י „שחיקות". אבל יותר נ"ל   שנוסחת הכת"י עיקר ור"ל שכל
מיני מאכלות שהפה שוחק גומר הטעם הוא בלשון,   והנה בגמ' ברכות ס"א
אי' לשון מחתך פה גומר פרש"י לשון מחתך הדבור להוציא מפיו והפה הם
השפתים גומר ומוציאו, ופירושו מוכרח ע"פ גמ' שבת ל"ג ב' עי"ש. ואף
שבדקדוקי סופרים ברכות שם הביא גרסת ש"ס כת"י פה מחתך לשון גומר
אבל לשון הגמ' שבת הנ"ל מבטלו. וגם בלא"ה מנמ' שם מוכח דפה מחתך
ר"ל הדבור ופה אמר מחתך כל מיני מאכלות.   ג) ברכות ס"א ב' ולקטן
באות ס'.   ד) בגמ' שם ושמות רבה פרשה ט'.   ה) מכאן משמע
כפי' רש"י ברכות ס"א שהוא לשון שחוק ושמחה לא כפי' ראבי"ה סי' ק"ס
שהוא לשון שחיקת סממנין, שהרי אומי אח"ז קורקבן שוחק כל מיני אכילות,
(אבל בכת"י כתיב להלן קורקבן טוחן כגרסת הגמ' שם ולפ"ז אין ראי' מכאן)
וכן בפי' ס' יצירה לר"י ברצלוני ד' קי"ן הגרסא מחול מצחק. וגם בצוואת
נפתלי בן יעקב אי' מחול צוחק וכן פי' כוזרי סי' כ"ה מ"ד.

בלבי (ישעיה סג) ואין דאגה אלא בלב שנ' דאגה בלב איש
ישחנה (משלי יב) ואין דיווי אלא בלב שנ' והסר כעם מלבך
(קהלת יא), לפיכך אין הקב"ה צופה אלא ללב שנ' כי האדם
יראה לעינים ויי יראה ללבב (ש"א טז).

מ"ם מפני מה מ"ם שנים שנים קוראין איתן בבת אחת, מפני
ששניהם עומדים במרכבה ברזי כסא הכבוד, וכולן חקוקין
בטכסי שלהבת על כסא הכבוד וקושרין בראשן כתרים של אורה.
וכיון שמגיע זמן קדושה ואין הקב"ה יורד ממרום רומו ודר
במרכבה מהקרבים שניהם זה אצל זה ואומרים אימתי ירד הקב"ה
ממרום רומי רוטים וירד במרכבה ואנו נראה מראה דמות פניו
ונאמר שירה לפניו שנ' מתי אבא ואראה פני אהים   (תהלים מא),
ומהו מתי אבא מלמר שלא אמרה רוח הקודש דבר זה אלא כנגד
אותה שעה שאומרים אותיות שבמרכבה קורם שבאת שכינה ודרת
בכבוד על כסא המרכבה מתי יבא הקב"ה וישב על כסא הכבוד
ונקביל את פניו בשירות ותשבחות, וכיון שבא הקב"ה ודר במרכבה
כל נשרי א) המרכבה וכל החיות שבמרכבה וכל אותיות שבמרכבה
מקדמין בשירות ותשבחות להקביל פניו, ואף מ"ם ומ"ם שבמרכבה
מקבלין פני שכינה באותה שעה בשירי עוז ומלכות ופותחין את
פיהן ואימרים שירה, ומה שירה שהן אוטרין מ"ם פתוחה אוטרת
מלכותך מלכות כל עולמים (תהלים קמה) ומ"ם סתומה אוטרת
וממשלחך בכל דור ודור (שם) : מה עושה הקב"ה באותה שעה
תופש לכל האותיות שבמרככה ומחבקן ומנשקן וקושר להן כתרים
לכל א' וא' שני כתרים ב) א' של מלוכה וא' של כבוד, וא' של
ממשלה וא' של תפארת. ואחר כך מושיבן הקב"ה א' מימינו וא'
משמאלו ומפייסן בדברים ואומר להן אותיורי שחקקתי באצבעותי
בעט שלהבת אש גלוי וידוע לפני שלא נקרא מלכותי אלא בכם
ולא נקרא ממשלתי אלא בכם, מלך מלכים מושל מושלים, באות

א) בנדפס כל שרי המרכבה.   ב) בנדפס למ"ם פתוחה א' של
מלוכה כו' ולמ"ם פתומה א' של ממשלה כו'.

מ מדרש אותיות דרבי עקיבא

מ"ם פתוח הקב"ה נקרא מלך מלכים, באות מ"ם סתום נקרא
מושל מושלים א) שנ' ומלכותו בכל משלה (תהלים קג) ואומר יי
ימלך לעולם ועד (פ' בשלח) ואומר מלך אלהים על גוים (תהלים
מז) ואומר כי ליי המלוכה ומושל בגוים. (שם כ"ב) וכיון ששומעין מ"ם
פתוח ומ"ם סתום דבר זה מפי הקב"ה פותחין את פיהן ואומרים
שירה לפני הקב"ה. ומה שירה שהן אומרים, לך יי הממלכה
והמתנשא לכל לראש (דה"א כט) באותה שעה באין כל שרי
מלכיות שבכל רקיע ורקיע לפני הקב"ה ונוטלין כתר מלכוחן
מעל ראשם ומניחין על גבי קרקע ערבות רקיע כנגד כסא הכבוד
וכורעים ומשתחוין ונופלין על פניהן לפני הקב"ה ואומרים שירה
לפניו, ומה שירה שהן אומרים לפניו ממלכות הארץ שירו לאלהים
וגו' (תהלים סח) וכל גדודי אש וכל שרפי להבה באין בשירות
ותשבחות ומקכלין פני שכינה ומשתחוין לפניו שנ' וצבא השמים
לך משתחוים (נחמיה ט) ואח"כ פותחין את פיהם ואומרים שירה,
מה שירה שהן אומרים מלך אלהים על גוים אלהים ישב על כסא קדשו
(תהלים מז), הקב"ה קדוש יושב על כסא קדוש, הקב"ה רם ונשא
יושב על כסא רם ונשא, הקב"ה אש אוכלה, חונה בסוד מערכות
אש. ומנין שנקרא קדוש שנ' קק"ק יי צבאות (ישעיה ו) ומנין
שאף כסאו נקרא קדוש שנ' אלהים ישב על כסאו קדשו (תהלים מז)
ומנין שנקרא רם ונשא שנ' כה אמר רם ונשא (ישעיה נז) ומנין
שאף כסאו נקרא רם ונשא ב) שנ' יושב על כסא רם ונשא (שם ו)
ומפני מה נקרא רם מפני שהוא רם על כל רמים שבעולם
שנ' רם על כל גוים יי (תהלים קיג) אל תקרא גוים אלא

גאים א) אלו שרי מלכים ורוזנים שהן מתגאין במרום מפני גובהן, ומפני מת נקרא נשא מפני שהוא נושא בזרועו את כל העולם שנ' ועד זקנה אני הוא ועד שיבה אני אסבול אני עשיתי ואני אשא ואני אסבול ואמלם (ישעיה מו). ומפני מה כסאו נקרא רם מפני שהוא רם על כל מדות שבעולם, ומפני מה נקרא נשא מפני שהוא נושא כל רוחות ונשמות שבעולם שנ' כי רוח מלפני יעטוף ונשמות אני עשיתי (שם נז). ומנין שנקרא אש אוכלה שני כי יי אלהיך אש אוכלה הוא (פ' עקב). ומנין שאף כל מערכותי אש שנ' עושה מלאכיו רוחות משרתיו אש לוהם (ההלים קד). הקב"ה נקרא כבוד ואף כסאו נקרא כבוד, מנין שנ' יי צבאות הוא מלך הכבוד סלה (שם כד) וכסאו כבוד מנין שנ' כסא כבוד מרום מראשין מקום מקדשנו (ירמיה יז).

נו"ן מפני מה נו"ן אחד רבוץ ואחד זקוף ועומר, מפני שנברא בו נשמה לבריות, שכל נשמה ונשמה פעמים שהיא רובצת פעמים שהיא זוקפת, בזמן שאדם רובץ נפשו רובצת ובזמן שאדם זוקף נפשו זוקפת ב) שנ' נר אלהים נשמת אדם חופש כל חדרי בטן (משלי כ) משל למה הדבר דומה למלך שיש לו בפלטורין שלו בית המטונף, וכשבקש לכנס בתוכו אומר לעבדיו בתחלה הדליקו בתוכה את הנר כדי שאני אראה בתוכה מה בחשיכה, אף הקב"ה ברא את האדם סן העפר ומן הדם ומן המרה. א' אפר ר' דם מ' מרה, ויפח בו נשמה כדי שיחפש מה בחדרי לבבות של אדם שנ' חופש כל חדרי בטן, ואומר אני יי חוקר לב בוחן כליות וגו' (ירמיה יז), ומפני מה לא חוקר אלא לב ואינו בוחן אלא

א) כעין זה דרשו בב"ר על שני גוים בבטנך גאים (כפי גרסת ילקוט) וכן בגמ' ברכות נ"ז וע"ז י"א (לפי גרסת הילקוט וס' אגדת התלמוד וש"ם כת"י עי' דקרוקי סופרים).   ב) נוסח כת"י בזמן שהיתה בגופו של אדם רובצת שלא היתה בגופו של אדם זוקפת וכן הוא אומר נר כו' ובנדפס "ספרים אחרים" בזמן שהיא בגופו של אדם היא רובצת כו'.

כליות, מפני שהלב מבין בינה ומחשב מחשבה, וכליות יועצות
עצות טובות ורעות א) אמר הקב"ה הללו הן מנהיגיו ופרנסיו של
אדם ואין לו עסק אלא בהן, שכל אבריו של אדם מנהיגין על
ידיהן לכך נאמר נר אלהים נשמת אדם: ד"א נר א' נשמת אדם
וגו' ולא נשמת הבהמה. והלא נשמת האדם ונשמה הבהמה הכל
הילכין למקום אחד שנ' הכל הולך וגו'   (קהלת ג) ולא עוד אלא
שאחד אדם ואחד בהמה מקרה אחד להם ליום מיתה שנ' כי
מקרה בני האדם ומקרה הבהמה וגו'   (שם) מהו כמות זה כן מות
זה מה אדם מת אף בהמה מתה מה אדם מטמא בנגיעה כשהוא
מת   שנ' הנוגע במת וגו'   (פ' חקת) אף בהמה   מטמאה בנגיעה
כשהיא   מהה   שנ' וכי ימות מן הבהסה וגו' הנוגע בנבלתה
יטמא וגו'   (פ' שמיני) ולא עוד אלא שטעולה בהמה מן האדם
שכל הנוגע בנבלת אדם מטמא טימאת   שבעה ימים אבל הנוגע
בנבלת בהמה אינו מטמא אלא טומאת ערב, ולא   עוד אלא בזמן
שהבהמה מתה בעלה מוכר אותה לגוים וגוים אוכלים את בשרה
ועורה נותנין אותה לעובדה, ולא עוד אלא בזמן שהיא מתה רוחה
יש לה מנוחה אבל   אדם כשהוא מת רוחו אין לו מנוחה   מפני
שמעמידין אותו בדין ומסדרין לפניו כל מעשים שהיו בידו בין
לטובה בין לרעה ואוטרים לו לא כך   עשית ביום פלוני   לא כך
סחת ביום פל' לא   כך דברת בשעה פל' ואפילו שיחה שחיקה ב)
שבין איש לאשתו בשעת תשמיש מגידין לו לאדם ביום הדין
הקב"ה ג) שנ' כי הנה יוצר הרים   ובורא רוח ומגיד לאדם מה
שיחו   (ישעיה ד) ואם מהו בניו בחייו אום' לו מפני מה מתו בניך
בחייך, ואם נסתמו עיניו בחייו אום' לו מפני מה נסתמו עיניך
בחייך, ואם נעשה אלם וחרש בחייו אום' לו כפני מה נעשית אלם
וחרש בחייך ואם נעשה מצורע אום' לו מפני מה נעשית מצורע
בחייך,   שהרי הקב"ה כל דרך מעשיו אינו אלא ישרים שנ' כי

א) עי' לעיל באות למ"ד.   ב) בנדפס שיחה קלה, ובגמ' חגיגה
ה' שיחה יתרה.   ג) בנדפס כיום דין הקבר.

ישרים דרכי יי (הושע יב) צדיקים ילכו בה לגן עדן ופושעים יכשלו בם כגיהנם, מפני מה כשלת בעיניך ואכדת את דרכיך ופילגת את עצמך וטרדת לגיהנם. ואם היה בידו השובה להשיב שהוא זוכה כו כדין מקבלין היסני, אם לאו מכין אותו ג' פלוסאית של אור ועושין אותו קטם ומפזרין אותו בר' רוחות העולם שנ' והחמס קם למטה רשע (יחזקאל ו) ואח"כ מחזירין אותו ואת קטמו מארבע רוחות העולם וטטטנין אותו בתוך הקבר עד שמגיע יום הדין הגדול שנ' כי הנה יום בא בוער כתנור וגו' (מלאכי ג) כי הנה יום בא זה יום הדין הגדול, בוער כתנור זה גיהנם שנמשלה בתנור שנ' נאם יי אשר אור לו בציון ותנור לו בירושלם (שם) והיו כל זדים אין זדים אלא לצים שנ' זד יהיר לץ שמו (משלי כא). מיכן שכל אדם שיש בו ליצנות אין נידונין תחלה בגיהנם אלא הוא שנ' עושה בעברת זדון (שם) ואין עברה אלא גיהנם שנ' יום עברה היום ההוא (שם) וכל עושי רשעה אלו רשעי אוה"ע א) שנמשלו כקש שנ' השלח חרונך יאכלמו כקש (פ' בשלח), וליהט אותם אש זה לשון אש של גיהנם שהיא מלהטת הרשעים, היום הבא שאותו יום הבא ארוך כארבעים יום ב) כיומו של אדם ולא כיומו של הקב"ה שיומו של הקב"ה אלף שנים כיום אחד לפניו שנ' כי אלף שנים בעיניך כיום אתמול כי יעבור (תהלים צ), שהכל ברשותו של הקב"ה והכל בדברו, אשר לא יעזוב להם שרש וענף (שם) שלא יטעמו טעם גיהנם, שרש זו נשמה שדומה לנטיעה בגופו של אדם ג) וענף זה הגוף שנבלל בעפר כענף, אם כן למה נאמד נר יי נשמת אדם ולא נשמת בהמה, הואיל ולא נבראת בדמותו של הקב"ה לא נאמר בו, כיוצא בדבר הרי הוא אומר מי יורע רוח בני האדם וגו' (קהלת ג) רוח

א) בנדפס אלו רשעי ישראל שהם נדונין בגיהנם וי"א קש אלו רשעי אוה"ה.   ב) בנדפס נוסף שבארבעים יום נוצר הולד ובארבעים יום נתנה תורה לכך נירונין באותו היום שהוא ארבעים יום.   ג) וכן דורש לקסן כאות שי"ן.

מדרש אותיות דרבי עקיבא

בני האדם אלו הצדיקים שהן דוכים כאברהם בצדקתו שנקרא אדם א) שנ' האדם הגדול בענקים הוא (יהושע יד) וסנין שאין גדול אלא אברהם שנ' נשיא אלהים אתה בתוכני (חיי שרה), ורוח הבהמה אלו הרשעים שנמשלו כבהמה שנ' נמשל כבהמות נדמו (תהלים מט).

סמ״ך אל תקרא סמך אלא סומך סך, זה הקב״ה שהוא סומך מָכִים נופלים שנ' סומך יי לכל הנופלים (תהלים קמה). סיסך עליונים סומך תחתונים, סומך עוה״ז סומך עוה״ב. זמנין שהוא סומך עליונים שנ' אני ידי נטו שמים (ישעיה מה) אל תקרא נטו אלא נסמכתי שמים ב), סומך התחתונים שנ' סומך יי לכל הנופלים ואין נופלים אלא תחתונים שהן משפילין את עצמן מפני קומתן שניםך בעולם הזה ג) שנ' עליך נסמכתי וגו' (תהלים) ואומר ותושע לו זרועו וצדקתו היא סמכתהו (ישעיה סג). ד״א סמ״ך אלו ישראל שסוטכין תמיר להן זכוה אבתיהם ד) אברהם יצחק ויעקב יוסף משה ואהרן דוד ושלמה, זכיתן של אברהם ויצחק במזרח סביב להן שנ' טי העיר ממזרח צדק (ישעיה מא) זכותן של יעקב ויוסף במערב סביב להן שנ' ודמות פניהם פני אדם (יחזקאל א) זה דמות יעקב החקוקה על כסא הכבוד, דמות שור (שם) זה דמות יוסף שנקרא שור שנ' בכור שורו הדר לו (פ' כרכה) ומפני שנהנה בכורה ליוסף שנ' ובני ראובן בכור ישראל וגו' ובחללו יצועי אביו נתנה בכירתו לבני יוסף בן ישראל ולא להתיחס לבכורה (ד״ה ה) נקרא הוא בכור, זכוהן של משה ואהרן בדרום שהתורה והמצוה כהונה ולויה לא נתנה אלא

א) ב״ר פ' י״ד וקהלת רבה פ״ז וסי' בתוספות ב״ב נ״ח ד״ה מציין.

ב) אולי ר״ל כי שרש נטה יתפרש לפעמים גם על המשען והסמך ומזה הענין גם מטה ע״י שרשים לרד״ק וכן דורש פה נטו שמים סעניו סוטך ומשען ואף שנמצא כ״פ במקרא נטה שמים בב״ז דריש מהכא דכ' ידי נטו. ג) בגרסם מפני קומתן שנםטוך, סוטך העוה״ז מנין שנ' ותושע לו וגו'. ד) בכת״י אלו ישראל שסובכין סבבים להן זכותן של אבות.

מדרום שנ' אלה מתימן יבא וקדוש מהר פארן (חבקוק ג) זכותן
של דוד ושלמה בצפון לפי שכל נבואתן שנתנבאו על ישראל לא
נתנבאו אלא כנגד א) מתן שכרן של צדיקים שבגן עדן שהוא
נתון בצפון, ומנין שהגן עדן בצפון שנ' ממתים ידך יי ממתים
מחלד וגו' ב) (תהלים יז) דוד נתנבא ואמר כשראה טובה של
גן עדן, מה רב טובך אשר צפנת ליראיך (שם לא) שלמה נתנבא
ואמר יצפון לישרים תושיה (משלי ב), ישרים אלו צדיקים גמורים
שהן מקבלין פני שכינה בכל יום שנ' ישבו ישרים את פניך (שם
קמ"א), הקב"ה נקרא ישר והצריקים נקראו ישרים, הקב"ה מנין
שנ' טוב וישר יי (שם כ"ה), צדיקים מנין שנ' אודה יי בכל לבב
בסוד ישרים ועדה (שם קי"א). הקב"ה נקרא טוב שנ' טוב יי לכל
(שם קמ"ה) צדיקים נקראו טובים שנ' אמרו לצדיק כי טוב וגו'
(ישעיה מ) כי טוב שכר מעשיו לעוה"ב, פרי מעלליהם יאכלו
(שם) בעוה"ז. ד"א סם"ך זה ירושלים שהרים סביב סביב לה
כנגד אבות. וגבעות סמוך מוקפות לה כנגד אמהות ג) שנ' ירושלם
הרים סביב לה (תהלים קכ"ה): ד"א סם"ך זה משכן שעשה
משה וישראל במדבר שהיו סמוכין לו ארבע מחנות שבטי ישראל
שנ' דגל מחנה ראונן תימנה דגל מחנה דן צפונה דגל מחנה
יהודה מזרחה דגל מחנה אפרים ימה (פ' במדבר ובהעלותך) :
ד"א סם"ך זה בית המקדש ששכינה בתוכו וסמוך לו סביב מלך
וכהן גדול כהנים לוים וישראל כנגד ארבע רוחתיו כבמדבר שהיו
סמוכין לו ד' מחנות שבטי ישראל שנ' מחנה ראובן תימנה דגל
מחנה דן צפינה רגל מינה יהודה מזרחה דגל מחנה אפרים ימה
(שם): ד"א סם"ך זו התורה שסביב סמוך לה נביאים וכתובים
משנה מדרש הלכות והגדות שמועות ותוספות שנ' באר חפרוה

א) בנדפס על מתן שכרן.   ב) נראה דדורש מסיפיה דקרא חלקם
בחיים וצפונך (מלשון צפון) תמלא בטנם, וכן דרשו מלת צפונך בגמ' ברכות
ה' ב'.   ג) וכן בפסיק' רבתי פי"ב ורבה בלק פ"כ מראש צורים אלו
אבות ומגבעות אלו אמהות.

מו   מדרש אותיות דרבי עקיבא

שרים (סו"פ חקת) אין באר אלא תורה א) שנמשלה בבאר שנ'
באר מים חיים, ואין מים אלא תורה שנ' הוי כל צמא לכו למים
(ישעיה נ"ה) ולמה נמשלו דברי תורה למים לומר לך מה מים
מניחין מקום גבוה והולכין למקום נמוך אף דברי תורה אין
מתקיימין אלא במי שהוא נמוך ומשפיל את עצמו ב) חפרוה שרים
אין שרים אלא משה וע' סנהדרין ג) שהיו דורשין את התורה ד),
כרוה נדיבי עם אלו הסופרים כגון דוד ושלמה דניאל ומרדכי
ועזרא הסופר, במחוקק שהכל אומרים הלכה למשה מסיני שנקרא
מחוקק שנ' כי שם חלקת מחוקק ספון (פ' ברכה) ולמה נקרא
שמו מחוקק מפני שחקק כל אות ואות שבהתורה באצבעות ידו,
במשענותם אלו נביאים שהיו מחיין את המתים [במשענותם] כגון
אליהו שהחיה את המת (מ"א יז) ואלישע שהחיה את המת שנ'
ושמת משענתי על פני הנער (מ"ב ד). ומסתדבר מתנה זה מדבר
סיני שנתנה להם. לוחות במתנה מסיני שנ' ויתנם יי אלי (פ'
עקב) ואומר זכרו תורת משה עברי (סוף מלאכי ה) תורת משה
אלו תורה ונביאים וכתובים, חקים אלו המדרשות והמשפטים אלו
שמועות והגדרות שנ' מגיד דבריו ליעקב חקיו ומשפטיו לישראל
(תהלים קמז).

ע"ן לא נאמר עין אלא עין, ואין עין אלא תורה שהיא עין לכל
    עין והיא אורה לכל אורה והיא חכמה לכל חכמה והיא
בינה לכל נבונים והיא מדע לכל יודעים והיא חיים למחזיקים בה,
ומנין שהיא עין לכל עין שנ' מצות יי ברה מאירת עינים (תהלים
יט), ומנין שהיא אורה לכל אורה שנ' כי נר מצוה ותורה אור
(משלי ו) ומנין שהיא חכמה לכל חכמה שנ' אני חכמה שכנתי
ערמה ואומר ושמרתם ועשיתם כי היא חכמתכם וגו' (דברים ד).

א) ברכות נ"ו ב'.   ב) תענית ז'.   ג) בנדפס ע' זקנים.
ד) שם נוסף בע' לשונות ומוציאין כל אחד ואחד טעמי החכמה מן התורה.
ה) מכאן עד סוף המאמר ליתא בכת"י וכולו כבר כתוב לעיל סוף ד' י"ב
ועי' בהערותי שם.

ומנין שהיא בינה לכל נבונים שנ' ונביא לבב חכמה (תהלים צ)
ואין חכמה אלא תורה שנ' קנה חכמה קנה בינה ובכל קנינך קנה
בינה (משלי ד) ואומר לי עצה ותושיה אני בינה לי גבורה (שם
ח), ומנין שהיא מדע לכל יודעים שנ' ודעת מזמות אמצא (שם),
ומנין שהיא חיים למחזיקים בה שנ' עץ חיים היא למחזיקים בה
(משלי ג) : היא אהבה לכל אוהבי דבריה שנ' הביאני אל בית
היין ודגלו עלי אהבה (שה"ש ב) ואימר אני אוהבי אהב וגו'
(משלי ח), והיא חן לראש כל החכמים שנ' כי לוית חן היא
לראשך וגו' (שם א), והיא כבוד ויקר לחכמים ולסופרים שנ'
סלסלה והרוממך הכבדך כי תחבקנה (שם ד), והיא נותנת שתי
מתנות בידיה שנ' אורך ימים בימינה בשמאלה עושר וכבוד (שם
ג), ובה מלכים עוסדים למלוך במלוכה וכבור שנ' בי מלכים
ימלוכו וגו' (שם ח), ובה מתרברבים רבי תורה א) על ישראל שנ'
בי שרים ישורו וגו' (שם), ובה עתידין מתי ארץ ושוכני עפר
לחיות ב) שנ' הורת יי תמימה משיבת נפש (תהלים יט), ובה כל
היום משתוקקין כל סופרי ישראל שנ' לולא תורתך שעשועי וגו'
(שם קיט), ובה משתחין כל לב וכליות שנ' פקודי יי ישרים משמחי
לב (שם יט), ובה משחקין לפני המקום בכל עת שנ' משחקת
לפניו בכל עת (משלי ם), ובה עושין שמחה גדולה בישראל שנ'
והקיצות היא תשיחך (שם ו) ובה נצולין ישראל מדינה של
גיהנם ג) שנ' כי תלך בטו אש לא תכוה (ישעיה מג) הבא תורה
שהיא אש שנ' הלא כה כה דברי כאש (ירמיה כג) והציל את ישראל
מדינה של גיהנם שהיא מלאה אש שנ' מדורה אש ועצים (ישעיה
ל) ובה קיימין עליונים ותחתונים שנ' כה אמר יי אם לא בריתי
יומם ולילה חוקת שמים וארץ לא שמתי [ירמיה לג] ובה מהחדשים

שמים וארץ לעיה"ב שנ' כי הנני בורא שמים חדשים וארץ חדשה
[ישעיה סה] בזכות מי בזכות ישראל שמקיימים   את התורה שנ'
ראשית חכמה יראת יי תהלתו עומדת לעד, ומהו תהלתו   עומדת
לעד, זו מתן שכרן של צדיקים שהוא עומד לעד לעולם הבא.
פי אל תקרא פי אלא פה. ואין פה אלא   משה שנ' כי כבד פה
וכבד לשון אנכי [פ' שמות] מלמד שבאיתה שעה   אמר משה
לפני הקב"ה רבון של עולמים יודע אני   בעצמי שאתה אוה לכל
באי עולם ולא בראת עולם אלא לכבודך, ולא   עשית בריה
אלא ליקריך ולא בראת אדם   אלא כדי   לחלוק לך   כבוד שנ'
כל הנקרא בשמי ולכבודי בראתי   וגי' (ישעיה נח) וכל אבר
ואבר שבראת באדם לא בראת   אותו   לבטלה א) לא בראת
ראש אלא לכבוד   שמך   להפלין וליקד   לך ולהשתחות לך.
ולא בראת   עינים אלא לראות כבודך. ולא   בראת   אזנים
אלא לשמוע   כבודך, חוטם   להריח, לחיים   להטעים טעמי
מאכל, שנים לשחיקות.   ושט להבליע,   קנה   למשוך ולהוציא,
לב להבין בינה, ריאה לשאוב, כבד   לכעום, מרה לזרוק, טחול
לשחוק, כרס לריעה ולהבנים, קורקבן לטחינה, קיבה לשינה,
נקיבה לצואה, אבר קטן להשתין   מים ולהזריע זרע. גידים לדמים
עור לתואר, ידים למלאכה. רגלים להלוך, ולשון לטה לא לשיחה
ולדבור, עכשיו תן לי   שיחה ותן לי   דבור להשתמש   בהן בפה
ולשון, משיב הקב"ה ואמר לו למשה,   משה מי שם פה לאדם
הראשון שנ' ויאמר יי אליו   מי   שם פה לאדם וגי' [פ' שמות]
אני הוא ששמתי פה ולשון לאדם הראשון שהפקדתיו   על כל באי
העולם בפקוד להפקיד כל בריות שבעולם ולקרא כל א' וא' בשמו
ולשום שמות לכל בריה ובריה שנ'   וכל אשר יקרא לו האדם נפש
חיה הוא שמו (פ' בראשית).
צ"ד אל תקרא צד אלא צדק, זה צדקו   של הקב"ה שהוא עושה

א) כעין זה בגמ' ברכות לי"א ב) וחנה היא מדברת על לבה אמרה
רבש"ע כל מה שבראת באשה לא בראת   דבר א' לבטלה עינים לראות כו'

עם בשר ודם, זו דעה   ותבונה וחכמה   ופתחון פה   ומענה לשון
שהוא נותן לבני אדם   שכל העולם כולו מתקיים בהן שאלמלא
פתחון פה ומענה לשון אין כל העולם כולו יכול להתקיים אפילו
שעה אחת. שבשעה שאמר משה לפני הקב"ה הן אני ערל שפתים
(פ' וארא) נזדעזעו כל בריות שבעולם ואמרו ומה משה שהוא
עתיד לדבר עם   שכינה במאה ושבעים וחמש מקומות א) והוא
מבאר כל אות ואות וכל דבר   ודבר וכל   פסוק ופסוק שבתורה
בשבעים לשון הוא אומר   לפני הקב"ה הן אני ערל   שפתים אנו
על אחת כמה וכמה, ועל שאמר משה הן אני ערל שפתים
זכה לבסוף להיות שליח בין גבורה   לישראל שנ' אנכי עומד בין
יי וביניכם (פ' ואתחנן) שאפילו מטטרון אינו   יכול לעמוד בין
הגבורה לבשר ודם, ובשביל שאמר משה כי כבר פה זכה שאמר
לו הקב"ה   פה אל פה וגו'   (בהעלתך) ובשביל   שאמר לא איש
דברים אנכי זכה לבסוף אלה הדברים אשר דבר משה ב).
ובשביל שאמר ואנחנו מה   (קרח) זכה שאמר לו   הקב"ה לא כן
עבדי משה וגו', א"ל הקב"ה למשה משה אתה   אומר לי כי
כבר פה וכבר לשון אנכי הרי אני נותן לך   פתחון פה ומענה
לשון יתר מכל באי העולם   שלא יהיה כל חדרי תורה וכל גנזי
חכמה שיש לי במרום שלא תפזורה על ירך לכל באי העולם ג)
שנ' ואנכי אהיה עם פיך והורתיך (פ' שמות) אם נאמר אהיה עם
פיך למה נאמר והורתיך אלא אהיה עם פיך זו   פתחון פה ומענה
לשון, והורתיך   זו גנזי חכמה שגלה לו הקב"ה כדי שיהא   רואה
בחכמתו כל סדרי בראשית כולן שנ' בכל ביתי נאמן הוא (פ'

א) בנדפס במאה ושבעה וחמש והוא ט"ס בודאי מפני שאומר אתריו
וחמש וכמס' סופרים פפ"ז קע"ה פרשיות שב' בתורה דבור אמירה וצווי.
ב) שמות רבה מובא בילקוט   שמות רמז ק"ע ובריש דברים רבה.   ג)
בנדפס שבכל חדרי תורה וכל גנזי חכמה שיש לי במרום לא יראו אלא על
ידיך שנ'.

7

נ   מדרש אותיות דרבי עקיבא

שלח) בביתי לא נאמר אלא בכל ביתי מלמד שהפקידו הקב"ה
למשה על גנזי תורה א) ועל גנזי ערמה ועל כל גנזי סוזמה
ועל כל גנזי מרע ועל כל גנזי ערן ועל כל גנזי חיים שיש ל'
במרום ועומק והראהו כל המדות ב) שיש לו בעולם מה
שהיה בעוה"ז ומה שעתיד להיות. וכיון שראה משה בפרגוד
של הקב"ה כתום כתות של סופרים כתות כתות של סנהדרין שהן
יושכין בלשכת הגזית ודורשין ספר תורה ונביאים וכתובים
בארבעים ותשעה פנים שנ' אמרות יי אמרות טהורות כסף
צרוף בעליל לארץ מזוקק שבעתים (תהלים יב) וסהו מזוקק
שבעתים אלו מ"ט פנים בתורת משה ג), באותה שעה ראה משה
את מזלו של רבי עקיבא בפרגוד של הק' ד) שהיה יושב ודורש
אותיות של תורה ועל כל תג של כל אות ואות אומר עליו שלש
מאות ששים וחמשה טעמי מדרש ה) טיר היה משה ספּחר
ומזדעזע ואומר אין לי עסק בשליחותו של מקום ואין לי עסק
בדברי הורה שנ' ויאמר בי יי שלח נא ביד תשלח ו) גלוי וידוע
היה לפני הקב"ה מה בלבו של משה, מה עשה הקב"ה שגרו
לסגנוגאל שר של כל החכמה והתבונה שתפשו למשה והוליכו
למקום אחד והראהו לו בפרגוד של מקום ריבי רבבות מזלין ז) של
חכמים ושל נבונים ושל סופרים שיושבין ודורשין טעמי תודה
מקרא ומשנה סדרש הלכות ואגדות שמועות ותיספות ואומרים

א) בנדפס נוסף על כל גנזי חכמה ועל כל גנזי תבונה.   ב)
בנדפס כל חמדות שבעה"ז וכל חמודות שבעוה"ב.   ג) בנדפס מ"ט פנים
משנות (צ"ל משונות) בתורת משה ואם תמה אתה על הדבר צא ומנה שבע
פעמים של שבע שבע הרי מ"ט, ובמס' סיפרים פט"ז, א"ר ינאי תורה נתנה
למשה במ"ט פנים שנ' ורגלו בנגמט' מ"ט.   ד) שם „של מקום".   ה)
שם „טעמי תורה".   ו) דורש „ביד תשלח" ביד מי שראוי שתשלחתו לא
אני שעדיין אין לי עסק בדברי תורה שלא השגתי מה שהשיג ר' עקיבא.   ז)
פי' מהלכין ורצין (עי' ערוך ע' זל א) וכן לעיל סוף ד' ל"ג „ועגנים מזלין"
ולר' הורד"ק בשרשיו ע' נזל גם שם מזלות מענין זה, ובנדפס „של מזלות".

הלכה למשה מסיני מיד נתקררה דעתו של משה. וכיון שראה
הקב"ה שנתקררה דעתו אמר לו הרי אהרן אחיך יהיה נביאך
יהא מתורגמן שלך לפני פרעה ומפני מה אתה מתירא, אתה
דבר לו בשמי לפני פרעה הרשע והוא יעמד לפניו וידבר אליו
שנ' ואהרן אחיך ידבר אל פרעה (שמות ז) באותה שעה נפתחו
לו למשה דלתי דבור ופהגחי שיחה ומצא חכמה ומצא משה
פתחון פה ומענה לשון יתר מכל באי העולם שנ' שפתים ישק
משיב דברים נכוחים (משלי כד) :

קו"ף זה משה אבי כל החכמים ואבי כל הגבונים א) שהקיף לפני
פרעה הרשע כל דברי חכמה וכל דברי בינה וכל דברי
ערמה וכל דברי דעה וכל דברי השכל בשבעים לשון, והיו שבעים
סופרים יורעי שבעים לשון וכל כתב וכתב עומדים לפני פרעה
הרשע, כיון שראו את משה ואהרן שהן דומין למלאכי השרת
ורום קומתן כארזי לבנון וגלגלי עיניהם רוטיט לגלגלי כיכב הנוגה
וזקנות שלהם כאשכלות תמרה, וזיו פניהם כזיו החמה, ומטה
האלהים בידם, שחקוק עליו שם המפורש, ומדברי פיהם יוצאים
שלהבות, מיד נפלה עליהם פחד ורעדה אימה וזיעה ורתת והשליכו
קולמסים מידם ואת אגרותם מעל שכמם ונפלו על פניהם לפני
משה ואהרן והיו משתחוים להם שנ' שמח מצרים בצאתם ב) כי
נפל פחדם עליהם (תהלים קה) בצאתם נפל פחדם בבאם לא נפל
פחדם ? הקיש ביאתם ליציאתם מה בצאתם נפל פחדם עליהם
אף בבאם נפל פחדם עליהם ג), אחר כך אמר להם פרעה מי
שגרכם אצלי אמרו לו להי העברים שלחנו אליך לאמר שלח את
עמי ויעבדוני במדבר, משיב פרעה ואמר להם מה שמו של להיכם

א) בנדפס אבי כל החכמים ואבי כל הנביאים. אבי כל החכמים שהקיף
כו'.   ב) דורש בצאתם על משה ואהרן שנזכר בקרא דתהלים שם קודם
לזה ,שלח משה עבדו אהרן אשר בתר כו'.   ג) עי' שמות רבה פט"ו
סי' י' ובחידושי רד"ל שם אות כ"ב וכמ' אבכיר הובא בילקוט סו"ס שמות
רמז קע"ה,

כח וגבורה יש בו, גדולה ומלכות יש לו, בכמה מדינות בכמה
ארצות בכמה עיירות הוא מולך, כמה מלחמות עשה ונצח, כמה
מדינות כבש, כמה עיירות לכד, כמה חיילות ופרשים ורכב
ושלישים יש עמו בצאתו למלחמה, אמרו לו   כחו וגבורתו מלא
עולם, קולו חוצב להבות אש, דבורו מפרק הרים, כסאו שזים,
הדום רגליו ארץ, קשתו אש, חציו שלהבת, רמחו לפיד, מגינו
עננים, חרבו ברק, ולא ברזל. יוצר הרים וגבעות, בורא רוחות
ונשמות, עושה שלום בין אש למים, בורא שמים בלא כלום,
בדבורו, רוקע ארץ בשיחתו, יוצר   בראשית א) בחכמתו, צר את
העובר במעי אטו, מכסה שמים בעבים, מוריד טל ומטר במאמרו,
ומצמיח אדמה, זן ומפרנס כל העולם מקרני ראמים עד בצי כנים
בכל יום ויום, וסמית ומחיה. משיב פרעה ואומר להם איני צריך
לו כלום שאני בראתי את עצמי שנ' לי יאורי ואני עשיתיני (יחזקאל
כט) עשיתי לא נאמר אלא עשיתיני. ומהו שאמר לי יאורי מלמד
שכך אמר להן אתם אומרים לי היא מוריד טל ומטר הא כבר
יש לי נילום נהר, אמרו עליו על נילום שהוא יוצא מתחת עץ
חיים ומימיו מתברכות ועל ראשו מימיו מושכות ויוצאות מפרי
גן עדן שכל פרי ופרי משאו שתי אתונות וכל האוכל ממנו מועם
בו בכל א' וא' שלש מאות מעמים : שוב אמר להם פרעה למשה
ולאהרן המתינו לי עד שאביא דלוסקום ב) של כהבים   שכל
אגרות מלכי בראשית ורוזני תכל שמימי עולם בתוכם ואתן אותם
לסופרים לקרא את כולן בשבעים לשון שמא אמצא בהן אגרת
אחת בשם אהיכם שמעילם לא שלח לי אגרת שלום ולא ספר
ברכה. מה עשה שיגר ופתח את כל דלתי גנזי ספריו שמימי
בראשית והביאן לפניו כנגד משה ואהרן וקרא לשבעים סופרים
יודעי ע' לשון כל א' וא' ונתן את כל הספרים ואת כל האגרות

<hr>

א) בגרסס יוצר הרים' והוא מ"ס כי כבר אמר יצר הרים וגבעות"י
ב) בערוך פי' כמו גלוסקום והוא תיבה בלשון יון ותרגום ירושלם,
וישם כארון ושוון יתיה בגלוסקמא,

שהן כתובים בע' לשון ליד כל א' וא' לקרא אותן בפניהם בשעה
אחת, וכיון שראה שלא כתוב בהן שמו של הקב"ה אמר להן לא
ידעתי את אהיכם לא הוא ולא שכו לא כחו ולא גבורתו שנ' לא
ידעתי את יי וגם את ישראל לא אשלח (שמות ה). באותה שעה
אמר לו הק' רשע אתה אומר לשלוחי איני יודע כחו וגבורתו של
אהיכם הרי אני מעמידך בשביל אלו ואודיעך כחי וגבורתי
למען תספר שם כבודי בכל העולם שנ' ואולם בעבור זאת
העמדתיך בעבור הראותך את כחי ולמען ספר שמי בכל הארץ
(שם מ) מה עשה פרעה הרשע שיגר וקרא את כל חכמי ארץ
מצרים ונבוני הבל ואמר להם כלום שמעתם שם אהיהם של הללו,
אמרו כך שמענו מעולם שבן חכמים הוא בן מלכי קדם, באותה
שעה אמר להם הקב"ה משמי מרום שוטים שבעולם אתם קראתם
עצמכם חכמים ולי קראתם בן חכמים שנ' אך אוילים שרי ציען
חכמי יועצי פרעה עצה נבערה איך תאמרו אל פרעה בן חכמים
אני בן מלכי קדם (ישעיה יט), הרי אני מאבד חכמתכם ואת
בינתכם שנ' ואבדה חכמת חכמיו ובינת נבוניו תסתתר (ישעיה כט) :
רי"ש ראש זה הקב"ה שהוא ראש לכל העולם כולו והוא סוף לכל
העולם כולו, והוא קורא דורות ראשונים ודורות אחרונים א)
שנ' מי פעל ועשה קורא הדורות מראש וגו' (ישעיה מא) : ד"א
ראש זה ראשו של הקב"ה שהוא דומה לכתם פז קוצתיו תלתלים
וכעורב שחורות שנ' ראשו כתם פז וגו' (שה"ש ה). ד"א ראשו
כתם פז זה ראש המדרש שכל טעם וטעם שקול ככתם פז.
קוצתיו תלתלים על כל קוץ וקוץ תילי תילין של הלכות ב)
שחורות כעורב שכל הלכה והלכה מוענת חן בפני עצמה :
ד"א ראש אין ראש אלא דברו של הקב"ה שנקרא ראש. שבו
ברא הקב"ה שבעה רקיעים וכל פמליא שבהן, ומנין שדברו
נקרא ראש שנ' ראש דברך אמת (תהלים קיט), ומנין שבו ברא
הקב"ה ז' רקיעים שנ' בדבר יי שמים נעשו (שם לג) נעשה לא

נאמר אלא נעשו אלו ז' רקיעים שבראן הקב"ה בדבר   אחד א)
בדבריו לא נאמר אלא בדבר. ומנין שכל פמליא ופטליא שבכל
רקיע ורקיע נבראו ברוח שנ' וברוח פיו כל צבאם (שם) ב). ד"א
ראש אין ראש אלא מגדל שבנו בני דור   הפלגה שראשו   מגיע
לשמים שנ' הבה נבנה לנו עיר ומגדל וראשו בשמים (פ' נח)
באותה שעה אמרו בני דור הפלגה טפשין היו בני דור המבול
שאמרו לבוראם סור ממנו ג) עד שהמטיר עליהן מי   המבול ס'
יום וס' לילה ואיבדן מן העולם שנ' קל הוא על פני המים (איוב
כד) אבל אנו נבנה מגדל מהארץ עד לרקיע ונשב בתוכו כמלאכי
השרת ונקח קרדומית בידנו ונבקיע הרקיע ויזובו   המים העליונים
למטה אצל המים התחתונים כדי שלא יעשה בנו כשם שעשה
לבני דור המבול. באותה שעה נתחלקו בני דור הפלגה לג'   כתות
אחת אומרת נבנה מגדל מן הארץ עד לרקיע ונשב בתוכו כמלאכי
השרת כדי שיהי מושבינו בעליונים   וכתחתונים, וכת שנייה אומרת
נבנה כנגד מן הארץ עד לרקיע ונעשה לנו שם, ואין שם אלא ע"ז שנ'
ושם אלהים אחרים לא הזכירו (משפטים), וכת ג' אומרת נבנה מגדל מן
הארץ עד לרקיע ונחתוך שמים ושמי השמים חתיכות חתיכות ונעשה
מלחמה עם הקב"ה ולא נניחנו במקומו: כת האומרת נעלה לרקיעים
ונשב שם כמלאכי השרת עליהן הכ' אומר וירד יי לראות את העיר
ואת המגדל (פ' נח)·וכת האומרת נעלה ונעכוד שם ע"ז עליהן הכ'
אימר הבה נרדה ונבלה שם שפתם, וכת האומרת   נעשה מלחמה
עליהן הכ' אומר ויפץ יי אותם משם (נח) :   ד"א ראש אין ראש
אלא נבוכדנצר, שנ' אנת הוא רישא דדהבא (דניאל ב) :   ד"א
ראש אין ראש אלא מלכות בבל, שנ' ותהי ראשית ממלכתו בבל

א) וכ"ה בפרקי דר"א פ"ז דבר אחד   אמר הקב"ה נבראו שמים שנ'
בדבר יי שמים נעשו.   ב) בסדר א שם מסיים אבל בצבא השמים יגיעה
הרבה נאמר בה שנ' וברוח פיו כל   צבאם, מה   עשה נפח ברוח נשמת פיו
ונבראו כל צבא השמים בבת אחת.   ג) איוב כ"א   י"ד ודרשוהו רז"ל על
דור המבול עי' גמ' סנהדרין ק"ח ויק"ר פ"ד   תנחומא פ' בראשית סי' י"ב.

(נח) : **ד"א** ראש אין ראש אלא חלי ומכה שנ' וכל ראש לחלי
וגו' (ישעיה א) : ד"א ראש אין ראש אלא ישראל שנתן הקב"ה
ראש לכל האומות, שנ' ונהנך יי לראש וגו' (פ' תבא) :
שי"ן זה שיניהם של רשעים גמורים שעתיד הקב"ה לשברן
שלשה פעמים, א' בעה"ז וא' בימות המשיח, וא' לעוה"ב.
שכשם שהשי"ן הזה יש לו ג' ענפין כך משבר הקב"ה שיניהם
של רשעים ג' פעמים, שנ' קומה יי הושיעני אלהי כי הכית את
כל אויבי לחי שיני רשעים שברת (תהלים ג) ולא עוד אלא
שעתידין שיניהם של אוכלין ממון של ישראל בימות המשיח להיות
יוצא מפיהן כ"ב אמות וכל באי העולם רואין ואומרים מה חטאו
אלו שכך יוצאין שיניהם מפיהן מֹשיבין ואומרים מפני שאכלו
ממון של ישראל שהם קדושים למקום כתרומה, שכל האוכל מהם
חייב כלייה. שנ' קודש ישראל ליי ראשית תבואתה כל אכליו
יאשמו רעה תבא עליהם (ירמיה ב), וכאיזצד משבר הקב"ה
שיניהם של רשעים גמורים ג' פעמים מלמד שיחלוק הקב"ה עם
שרים וגדודים בשמי מרום ואומר להם שרי וגדודי הסתכלו
ברשעים גמורים הללו שגזלו וחמסו את בני ואכלו את עמי,
משיבין שרים וגדודים רבש"ע אתה שלים בעולמך ועל כל מעשה
ידיך שבראת בעולם דבר שאתה שלמון בו מי יש בעולם שיאמר
לך מה אתה עושה שנ' כאשר דבר מלך שלמון ומי יאמר לך מה
תעשה (קהלת ח). משיב הקב"ה ואומר להם אם כן אני ואתם
נשבר שיניהם בתחלה ואח"כ נטלם מן העולם, גרודתי אני הפקדתי
אתכם עליהם בעוה"ז שתתזקק אצלם ותשברו את שיניהם ותטלום
מן העולם שנ' ושבר פושעים וחטאים יחדיו וגו' (ישעיה א) :
לשרים אומר להם אני הפקדתי אתכם עליהם בימות המשיח
שתתזקקו אצלם ותשברו את שיניהם ותטלום מן העולם שנ' יבושו
רודפי ואל אבושה אני יחתו המה ואל אחתה אני הביא עליהם
יום רעה ומשנה שברון שברם (ירמיה יז), ואף אני בעצמי אזדקק
אצלם ואשבר את שיניהם ואטלם מן העולם שנ' שבר יי מטה
רשעים וגו' (ישעיה יד), וכאיזצד משבר את שיניהם בעוה"ז מלמד

 # מדרש אותיות דרבי עקיבא

שיורדין גרודין מן השמים ונזקקים אחד אחד אצל כל רשע ורשע
ומשברים את שיניהם ומטלום ויכלום מן העולם שנ' קול יי שובר
ארזים (תהלים כט) אלו רשעים גמורים שהן דומין בעוה"ז כארזי
לבנון מפני גאותן שנ' גם אני השמדתי את האמורי מפניכם אשר
כגובה ארזים גבהו וגו' (עמוס ב) פריו זה הגוף ושרשיו זה נשמה א),
וכיון שבא משיח לישראל יורדין עמו מיכאל וגבריאל שרי צבאות
ושרי קדושים ואדירים ועושין מלחמה עם רשעים גמורים משלש
שעות עד תשע שעות והורגים תשע עשר אלפים רבבות מרשעים
גמורים שבאומות העולם שנ' יתמו חטאים מן הארץ וגו' (תהלים
קד) איסתי שבחו של הקב"ה מרובה בעולם בזמן שיכלו רשעים
מן הארץ שנ' ובאבוד רשעים רנה (משלי יא) ואף לעוה"ב יורד
הקב"ה מן השמים ועושה דין ברשעים ומשבר את שיניהם במטה
של נחלים ומאבדן מן העולם שנ' מכה עמים בעברה מכה בלתי סרה
(ישעיה יד) ואין עברה אלא יום דינה של גיהנם שנ' יום עברה
היום ההוא (צפניה א) : **ד"א** שי"ן שלשה ענפין שבו כנגד שלשה
עולמים שאדם דר בהן, ואלו הן עולם הזה, וימות המשיח, ועולם
הבא: **ד"א** כנגד רוח ונשמה והגוף שאדם תלוי בהן: **ד"א**
כנגד שלש קדושות שבעולם ואלו הן, קדושת הקב"ה, קדושת
שבת, קדושת ישראל. קדושת הקב"ה שנ' ואתה קדוש (תהלים כב)
קדושת שבת שנ' ושמרתם את השבת כי קודש הוא (פ' תשא),
קדושת ישראל שנ' קודש ישראל ליי ראשית תבואתה (ירמיה א):
תי"ו אל תקרא תי"ו אלא תאיו. זה התאוות של בשר ודם שהוא
מתאוה בכל יום בעוה"ז בכל דבר, ולא עוד אלא שנפשו
תאבה עליהן עד שנמצאו שנ' גרסה נפשי לתאוה בכל עת (תהלים
קיט), וכיון שמצאן נפטר והולך מן העולם שנ' ישנתי אז ינוח לי
(איוב ג) שהוא ישן ישן שינה מתוקה לחיי העה"ב, ואינו שובע בעוה"ז
אלא מעט לפי שעה כרי שיחיה, כאיזצד בשר ודם יוצא ערום
ממעי אמו בלא לבוש בלא כסית בלא מנעל בלא סנדל בלא

חגורה בלא מעיל בלא דעת בלא בינה בלא עצה בלא מחשבה
בלא פתחון פה, בלא מענה לשון בלא דבור בלא מילול, בלא
תורה בלא חכמה בלא כח בלא גבורה בלא הריכות רגלים בלא
עשיית מעשה בלא מצוה בלא צדקה בלא גמילות חסדים בלא
אשה בלא בנים בלא בית בלא שדות בלא כרמים בלא עבדים
בלא שפחות בלא כסף בלא זהב בלא אבנים טובות בלא מרגליות
בלא גדולה בלא גאוה בלא עושר בלא כבוד בלא כלום, וכיון
שיצא מטעי אמו בכל יום ויום נפשו מצפה ומתאוה למענה לשון,
וכיון שמצא מענה לשון מתאוה להליכת רגלים. וכיון שמצא
הליכת רגלים מתאוה לחכמה ולתורה וכן לאומנות וכן לכסף
ולזהב וליקח אשה ומתאוה לעושר ונכסים ולשדות וכרמים לעבדים
ושפחות ויקר וכבוד ושלטנות ולכל מה שברא הקב"ה בעולמו,
וכיון שמצא את כולן נפטר והולך מן העולם כשהוא ריקן שנ'
אין אדם שליט ברוח לכלוא את הרוח ואין שלטון ביום המות
(קהלת ח), וכתיב ויקרבו ימי דוד למות (מ"א ב) ימי המלך דוד
לא נאמר אלא ימי דוד לפי שאין שררה ומלכות בשעת המיתה א)
כמות מלך כן מות עני, ועל אותה שעה אמר איוב אדם לעמל
יולד (איוב ה) איני יודע אם לעמל מלאכה יולד אם לעמל תורה
יולד ב) כשהוא אומר ואשים דברי בפיך ובצל ידי כסיתיך לנטוע
שמים וליסוד ארץ ולאמר לציון עמי אתה (ישעיה נא) ודאי לעמל
תורה כדי שתזכה בה ותירש חיי העה"ב שנ' כבוד חכמים ינחלו
וכסילים מרים קלון (משלי ג) כבוד חכמים ינחלו זה כבוד של
עולם הבא, וכסילים מרים קלון זה פורענותן של רשעים בגיהנם
שנ' כל עמל אדם לפיהו וגם הנפש לא תמלא (קהלת ו) כל עמל
אדם לפיהו בעה"ז וגם הנפש לא תמלא לעולם הבא, וזהו שאמר

א) קהלת רבה שם   ב"ר ותנחומא ר"ט ויחי דברים רבה פ"ט ואגדת
בראשית פל"ה.   ב) בסנהדרין צ"ט ב' כשהוא אומר לא יומש ספר
התורה הזה מפיך הוי אומר לעמל תורה נברא.

ר' יצחק מרגלא בפומיה דר' אבא א) למימר סוף אדם למות סוף
בהמה לשחיטה והכל למיתה הן עומדין אשרי אדם שעמלו בתורה
ועושה נחת רוח ליוצרו וגדל בשם טוב ונפטר בשם טוב מן העולם
עליו הכרתוב אומר טוב   שם משמן טוב ויום המות מיום הולדו.

א) בגמ' ברכות י"ז רבי יוחנן כי הוה מסיים ספרא דאיוב   אמר
הכי סוף אדב כו'. ובעין יעקב ובש"ס כת"י הגרסא א"ר יוחנן כי הוה
מסיים רבי מאיר ספרא דאיוב אמר.

נוסחא ב'. לפי דפוס קרקא ואמשטרדם וכת"י.

אמר רבי עקיבא א) אלו כ"ב אותיות שבהן נתנה
הורה כולה לשבטי ישראל, והן ב) חקוקין בעט שלהבת על כתר
נורא ואיום של הקב"ה, ובשעה שבקש הקב"ה לברא את העולם
מיד ירדו כולם ועמדו לפני הקב"ה, זה אומר לפניו בי תברא
את העולם, בתחלה נכנס תי"ו לפני הקב"ה ואמר לפניו רבש"ע
רצונך שתברא בי את העולם שבי אתה נותן תורה לישראל על
ידי משה שנ' תורה צוה לנו משה וגו' (פ' ברכה) השיב הקב"ה
ואמר לאו מפני שאני עתיד לעשות בך רושם על מצחות האנשים
הנאנחין והנאנקין כדי לאבדם מן העולם לעתיד לבא שנ' ויאמר
יי אלי עבור בתוך העיר בתוך ירושלם והתוית תי"ו על מצחות
האנשים הנאנחים והנאנקים על כל התועבות הנעשות בתוכה
(יחזקאל ט) מהו והתוית תי"ו, מלמד שבשעה שגזר הקב"ה גזר
דין על ירושלם להחריבה קרא לו למלאך המות וא"ל למלאך לך
בתחלה על ירושלם ובחר בתוכה צדיקים ורשעים, וכל צדיק וצדיק
שבתוכה כתוב תי"ו של דיו על מצחו תי"ו תחיה כדי
להחיות אותן, וכל רשע ורשע שבתוכה כתוב תי"ו של דם על
מצחו תי"ו תמות, ומה נשתנה תי"ו מן האותיות כלן ללסדך
שהתורה מצלת האדם מכל מיני פורעניות, באותה שעה עמדה
מדת הדין לפני הקב"ה ואמרה לפניו רבש"ע אף הצדיקים שבתוכה
כתוב על מצחתן תי"ו של דם תי"ו תמות כדי לאבדן בכלל
הרשעים, השיב הקב"ה ואמר לה למה, אמרה לפניו מפני שלא
הוכיחו את בניך בדברי תוכחות ג) ולא אמרו להן אל תחטאו
ואל תעשו דברים מכוערים דברים שאינם הגונים דברים שאינם

א) מובא בילקוט שמעוני ר"ס בראשית בשם אותיות דרע"ק.   ב)
כ"ה גם בילקוט דפוס הראשון שאלוניקי ובדפוס וינצי' "הן'.   ג) שבת נ"ה.

ראוים לעשות, השיב הקב"ה ואמר לה גלוי וידוע לפני שאם היו
מוכיחין אותן לא היו שומעין להן, השיבה מדת הדין ואמרה
לפניו רבש"ע אע"פ שלא היו מקבלין מהם הי' להם להוכיחם,
מיד שתק הקב"ה וחישב את כל הצדיקים שהיו באותו הדור
בירושלם כרשעים, באותה שעה נשתלחו על ירושלם ששה מלאכי
חבלה וחבלו אותן האנשים שבתוכה שנ' והנה ששה אנשים באים
מדרך שער העליון מפנה צפונה ואיש כלי מפצו בידו ואיש אחד
בתוכם לבוש הבדים וקסת הסיפר במתניו ויבאו ויעמדו אצל
מזבח הנחשת (יחזקאל ט) ומה נשתנה צפון א) יותר מכל הרוחות
מלמד שכל הרוחות הרעות ב) הבאות לעולם אינן באות אלא מן
הצפון שנ' ויאמר יי אלי מצפון תפתח דרעה על כל יושבי הארץ
(ירמיה א) ואלו הן ו' אנשים שנשתלחו על ירושלם, אף וחמה
וקצף ומשחית ומשמיד ומכלה, וכל א' וא' חרב פיפיות בידו שנ'
ואיש כלי מפצו בידו (יחזקאל שם). וכיון ששמע תי"ו הדבר הזה
מפי הקב"ה מיד יצא מלפניו בפחי נפש : אחר כך נכנס **שי"ן**
ועמד לפני הקב"ה אמר לפניו רבש"ע רצונך שהתברא בי את
עולמך שבי נקרא שמך המפורש שנ' זה שמי לעולם (שמות ג)
ועוד שאני תחלת השם הנקרא שדי, השיב הקב"ה ואמר לו לאי,
אמר לפניו לכה, אמר לו מפני ששוא ושקר שניהם נקראים בך,
ושקר אין לו רגלים אף את אין לך רגלים, אות שאין לו רגלים
איך אברא בו את העולם, מיד יצא מלפניו בפחי נפש : אחר כך
נכנס **רי"ש** ואמר לפניו רבש"ע רצונך שתברא בי את העולם
שבי נאמר ראש דברך אמת (תהלים קיט), ועוד שאני בתחלת
שמך הנקרא רחום גם רפיאה, השיב הקב"ה ואמר לו לאי, אמר
לו למה, א"ל מפני שבך עתיד ישראל להשתעבד לע"ז שנ' נתנה
ראש ונשובה מצרימה (פ' שלח) ומנין שנקרא ע"ז ראש שנ' הוא
צלמא ראשה די דהב טב (דניאל ב) ג), ועוד ר' רע ותחלת רשע,

מיד יצא מלפניו בפחי נפש: אחר כך נכנס קו״ף ועמד לפני
הקב״ה ואמר רבש״ע רצונך שתברא בי את עולמך שבי קוראין
לפניך לעתיד לבא קדושה משולשת שנ' וקרא זה אל זה ואמר
קק״ק יי צבאות וגו' (ישעיה ו). השיב הקב״ה ואמר לאו, א״ל למה
א״ל מפני שכך עתידין קללות לבא בעולם בבני דור המבול שנ'
קל הוא על פני מים תקלל חלקתם בארץ וגו' (איוב כד) מיד
יצא מלפניו בפחי נפש: אח״כ נכנס צד״יק ועמד לפני הקב״ה
ואמר רבש״ע רצונך שהברא בי את עולמך שבי נאמר לעתיד
בכל יום א) צדקתך, שנ' צדקתך כהררי ל' וגו' (תהלים קיט)
צדיק אתה יי וישר וגו' (שם) כי צדיק יי צדקות אהב וגו'
(שם) השיב הקב״ה וא״ל לאו, א״ל למה, א״ל מפני שבך
עתידין לבא צרות רבות לישראל שנ' אשר הראיתני צרות רבות
וגו' (שם עא) ואמר (ירמיה ל) הוי כי גדול היום ההוא וגו' מאין
כמהו ועת צרה היא ליעקב וגו', ואומר ויראו ממערב את שם יי
וממזרח שמש את כבודו כי יבא כנהר צר (ישעיה נט) וכיון ששמע
צדי ק הדבר הזה   מיד יצא מלפניו בפחי נפש: אח״כ נכנס פ״ה
ועמד לפני הקב״ה ואמר רבש״ע רצונך שתברא בי את עולמך
שבי קורין לפניך פקודי יי ישרים משמחי לב (תהלים יט) שהן
משמחין לבו של אדם, ועוד שאני תחלת שמך הנקרא
פודה ב) השיב הקב״ה וא״ל לאו, א״ל למה, א״ל מפני שבך עתידין
ישראל לפרע עצמן לע״ז שנ' וירא משה את העם כי פרוע הוא
כי פרעה אהרן לשמצה בקמיהם (פ' תשא) ואין שמצה אלא ע״ז ג),
מיד יצא מלפניו בפחי נפש: אח״כ נכנס עי״ן ועמד לפני הקב״ה
ואמר רבש״ע רצונך שתברא בי את עולמך שבי כתוב עיני יי המה

א) המלות „בכל יום" אינו מובן, ואולי היה כתוב „כתהלים" על ציון
מקום המקרא והמעתיק קרא בטעות „בכל יום".   ב) בעל הטורים
בגמטריאותיו במדבר י״א ט״ז מונה ע' שמות להקב״ה וא' מהם „פודה" אבל
במדרש זוטא שה״ש סו״פ א' אינו מונה אותו בתיבם עי״ש.   ג) בתום'
פסחים נ' ב' שמץ פסול פי' רבנו חננאל דבר ע״ז כרב' לשמצה בקמיהם.

משוטטים בכל הארץ (זכריה ד) ואתה עיניך בכל העולם שנ' כי
מי בז ליום קטנות וגו' עיני יי המה משוטטים בכל הארץ (שם)
השיב הקב"ה וא"ל לאו, א"ל למה, א"ל מפני שבך עתידין
מנאפין לשכור את הנשף לעבור עבירה בה בסתר שנ' ועין נואף
שמרה נשף וגו' (איוב כד) ואני עתיד לעשות בך   דין שנ' ועיני
רשעים תכלינה וגו' (שם יא) מיד יצא מלפניו בפחי נפש : אח"כ
נכנס סמ"ך לפני הקב"ה ואמר רבש"ע רצונך   שתברא בי את
עולמך שבי נקראת סומך נופלים שנ' 'סומך יי לכל הנופלים וגו'
(תהלים קמ"ה) השיב הקב"ה וא"ל   לאו, א"ל למה, א"ל מפני
שבך עתידין אויבי לשום את עירי לעיים שנ' שמו את ירושלם
לעיים (שם ע"מ) מיד יצא מלפניו בפחי נפש : אח"כ נכנס נ"ן
ועמד לפני הקב"ה ואמר רבש"ע רצונך שתברא בי את עולמך
שבי אתה נותן נשמה לבריות לעתיד, ונקראת נר שנ' נר
אלהים נשמת אדם (משלי כ"ז) השיב הקב"ה וא"ל לאו, א"ל
למה, א"ל מפני שבך אני עתיד לכבות נרותיהן של רשעים לעתיד
לבא שנ נר רשעים ידעך (איוב כ"א) ולא עוד אלא שבך מתעברות א)
נשמות לגיהנם שנ' כי ערוך מאתמל תפתה וגו' (ישעיה ל)
מיד יצא מלפניו בפחי נפש. אח"כ נכנס מ"ם ועמד לפני הקב"ה
ואמר רבש"ע רצונך שתברא בי את עולמך שבי עתידין באי
העולם לומר מלכותך וממשלתך בכל שנ' מלכותך מלכות כל
עולמים וגו' (תהלים קמ"ה) ותחלת שמך שבי נקרא מלך. השיב
הקב"ה וא"ל לאו, א"ל למה. א"ל מפני שבך עתיד לבא יום
מהומה שנ' כי יום מהומה ומבוסה ומבוכה ליי וגו' (ישעיה כב)
מיד יצא מלפניו בפחי נפש : אח"כ נכנס למ"ד לפני הקב"ה
וא"ל רבש"ע רצונך שתברא בי את עולמך שבי אתה עתיד
תה לישראל את לוחות הברית וללמדן עשרת הדברים
שנ' והלחת מעשה אלהים וגו' (פ' תשא) השיב הקב"ה

א) נראה שצ"ל מתבעיות, ודריש מסיפא דקרא שם נשמת ה' כנחל
גפרית בוערה בה,

וא"ל לאו, א"ל למה, א"ל מפני שבך עתידין [הם]
להשתבר תחת ההר ולפרוח הדברים מהם א) שנ' ואתפוש בשני
לוחות וגו' (פ' עקב) מיד יצא מלפניו בפחי נפש: אח"כ
נכנס כ"ת ובאותה שעה רעש גדול היה לפני הקב"ה כשירד כ"ף
מעל כתר נורא של הקב"ה, נכנם ועמד לפני כסא הכבוד ונתרעש
הכסא וגלגלי מרכבה אחזו רעדה. אמר להם הקב"ה כסא הכבוד
וגלגלי המרכבה מפני מה אתם מרעישין, השיבו ואמרו מפני כ"ף
שירד מעל ראשינו ונכנם ועמד לפנים, שכל כבודנו ויקרנו לא
נקרא אלא בו שנ' כסא כבוד מרום וגו' (ירמיה יז) ואומר
כבוד מלכותך יאמרו (תהלים קמה) ואומר יהי כבוד יי לעולם
(שם כ"ד) ואומר וכבוד יי עליך זרח (ישעיה ס) מיד קרא הקב"ה
לכ"ף וא"ל מה אתה מבקש, אמר לפניו רבש"ע מבקש אני שתברא
בי עולמך שבי נקרא כסאך וכתרך, וכבודך בי, כסאך מנין שנ'
נכון כסאך מאז (תהלים צג) כתרך מנין שנ' בי מלכים ימלוכו
וגו' (משלי כא) כבודך מנין שנ' מלא כל הארץ כבודו (ישעיה ו)
השיב הקב"ה וא"ל לאו, א"ל למה, א"ל מפני שבך אני
עתיד להכות כפי אל כפי שנ' וגם אני אכה כפי אל כפי
והניחותי חמתי, ולא עוד אלא בך יכבו ברמעות עיניהם של
ישראל שנ' כלו בדמעות עיני (איכה ב) ואני אברא בך עולמי.
וכיון ששמע כ"ף הדבר הזה מפי הגבורה מיד יצא מלפניו בפחי
נפש: אח"כ נכנס יו"ד ועמד לפני הקב"ה ואמר רבש"ע רצונך
שתברא בי את עולמך שבי נקראת יה יי צור עולמים (ישעיה כו)
ולא עוד שבי יודוך על כל מעשיך בכל יום ב) כל באי עולם שנ'
יודוך יי כל מעשיך וגו' (תהלים קמ"ה) ולא עוד אלא שבי תחלת
שמך נקרא יחיר, א"ל לאו, א"י למה, א"י מפני שבך אני עתיד לברא

א) בפסחים פ"ז ב' ואשברם לעיניכם תגא לוחות נשברו ואותיות
פורחות נראה דדריש מן מלת לעיניכם עי' רש"י שם. ועי' סדר"א פ' מ"ת
וילקוט תשא רמז שצ"א בשם תגא דב"א.   ב) כמ"ש ברכות ד' כל האומר
תהלה לדוד בכל יום כו'.

סד מדרש אותיות דרבי עקיבא

יצר הרע שהוא מטעה את הבריות בבאי עולם שנ' כי יצר לב
הארם רע מנעוריו (פ' בראשית) מיד יצא מלפניו בפחי נפש: אח"כ
נכנם **טי"ת** ועמד לפני הקב"ה ואמר רבש"ע רצונך שתברא
בי את עולמך שבי אתה נותן רוח הקדש בפי יראיך לאמר לפניך
טובך שנ' טוב יי לכל וגו' (תהלים קמ"ה) ולא עוד שבי צפגת
טובך לצדיקים להנחיל להם לעתיד לבא א) שנ' מה רב טובך
אשר צפנת וגו' (שם ל"א) השיב הקב"ה וא"ל לאו, א"ל למה,
א"ל מפני שבך אני עתיד לקרא לעמי טמא, שנ' כי איש טמא
שפתים אנכי ובתוך עם טמא שפתים וגו' (ישעיה ו) ולא עוד
אלא שבך עתיד אדם מצורע לקרא טמא שנ' וטמא טמא יקרא
(פ' תזריע) ואמר סורו טמא קראו למו (איכה ד) מיד יצא מלפניו
בפחי נפש: אח"כ נכנם **חי"ת** לפני הקב"ה ואמר רבש"ע רצונך
שתהברא בי את עולמך שבי יאמרו חסרך יי שנ' אוהב צדקה
ומשפט חסד יי מלאה הארץ וגו' (שם לג) ובי נקראת רחום וחנון
יי (שם קמ"ה) השיב הקב"ה וא"ל לאו, א"ל מפני שבך
אני עתיד לכתוב בעט של ברזל חטאת עמי שנ' חטאת יהודה
כתובה בעט ברזל בצפורן שמיר חרושה וגו' (ירמיה מו) מיד
יצא מלפניו בפחי נפש: אח"כ נכנם **זיי"ן** ועמד לפני הקב"ה
ואמר רבש"ע רצונך שתהברא בי את עולמך שבי נקרא זכרך לדור
ודור שנ' זה שמי לעולם וגו' (פ' שמות) ולא עוד אלא שבי
עתיד לעשות זכר לנפלאותיו, השיב הקב"ה וא"ל לאו, א"ל למה,
א"ל מפני שבך עתיד לבא זנות לעולם שנ' כי זנה תזנה הארץ
מאחרי יי (הושע א) ולא עוד אלא שבך עתידין ישראל לזנות
לבנות מואב ויפול מהם כ"ד אלף שנ' ויחל העם לזנות וגו' (פ'
בלק) ואומר ויהיו המתים במגפה ארבעה ועשרים אלף (שם)
והיאך אברא בך את העולם, מיד יצא מלפניו בפחי נפש: אח"כ
נכנם **וי"ו** לפני הקב"ה ואמר רבש"ע רצונך שתברא בי את
עולמך שבי אומרים לפניך בשבח ואתה קדוש יושב תהלות ישראל

א) כ"ת בכתי"י מצרים,

(תהלים כ"ב) השיב הקב"ה וא"ל לאו, א"ל למה, א"ל מפני
שאני עתיד להכות בך את ישראל על אדות התאוה מכה רבה
שנ' ויך יי בעם מכה רבה מאד (פ' בהעלתך) מיד יצא מלפניו
בפחי נפש : אח"כ נכנס ה"א ועמד לפני הקב"ה ואמר רבש"ע
רצונך שתברא בי את עולמך שבי עתידין ישראל לומר לפניך
הדיה והדרה שנ' הוד והדר לפניו וגו' (ר"ה מ"ז) והן עתידין
לקרות לפניך ולהודות גבורתך שנ' הודו ליי קראו בשמו וגו'
(תהלים ק"ה) השיב הקב"ה וא"ל לאו, א"ל למה. א"ל מפני שבך
עתיד לבא לעולם יום הדין הגדול שהוא בוער כתנור שנ' כי
הנה היום בא בוער כתנור והיו כל זדים וגו' (סוף מלאכי) מיד
יצא מלפניו בפחי נפש : אח"כ נכנס דלי"ת ועמד לפני הקב"ה
ואמר רצונך שתברא בי את עולמך שבי עתידין באי עולם לספר
גדולתך לדודחם שנ' דור לדור ישבח מעשיך (תהלים קמ"ה) ולא
עוד אלא שבי דברך נצב בשמים שנ' לעולם יי דברך נצב בשמים
(שם קי"ט) השיב הקב"ה וא"ל לאו, א"ל למה, א"ל מפני שבך
ביחתין ישראל בן דין לדין בין משפט למשפט שנ' כי יפלא
ממך דבר למשפט וגו' (פ' שופטים) מיד יצא מלפניו בפחי נפש :
אח"כ נכנס גימ"ל לפני הקב"ה ואמר לפניו רבש"ע רצונך
שתברא בי את עולמך שבי אמור גדולתך וגבורתך שנ' גדול יי
ומהולל מאד (תהלים קמ"ה) ואומר מי ימלל גבורות יי (שם קו)
השיב הקב"ה וא"ל לאו, א"ל למה. א"ל מפני שבך עתיד אני
לשלם גמול לאיים ולאויבים שנ' כעל גמולות כעל ישלם (ישעיה
נט) וכיון ששמע גימ"ל הדבר יצא מלפניו בפחי נפש : אח"כ
נכנס בי"ת לפני הקב"ה ואמר לפניו רבש"ע דצונך שתברא בי
את עולמך שבי משבחין לפניך באי עולם בכל יום שנ' ברוך יי
לעולם אמן ואמן וגו' (תהלים פ"ט) ברכו יי מלאכיו וגו' זאומר
ברכו יי כל צבאיו זמעשיו וגו' (שם ק"ג) ועתידין כל דורת העולם
לומר לפניך ברוך יי אהי ישראל (שם ע"ב) ואומר וברוך שם
כבודו לעולם דימלא כבודו וגו' (שם), מיד קבל הקב"ה ממנו

9

וא"ל הן. וא"ל ברוך הבא בשם יי וברא בו את עולמו בבי"ת שני
בראשית ברא אהים; **אל"ף** כיון ששמע הדבר וראה שהקב"ה
ביקש לברא את העולם בב"י, עמד לו לצד אחר ושתק עד שקרא
לו הקב"ה וא"ל אל"ף מפני מה אתה שותק ואי אתה אומר
לי כלום. אמר לפניו רבש"ע מפני שכל האותיות כולן במנין
מרובה מתחשבין ואני במנין מועט. ב"י בשנים גימ"ל בשלשה
דל"ת בארבע ה"א בחמשה ואני באחד. השיב הקב"ה ואמר לו
אל"ף אל תתעצב שאתה ראש לכולן כמלך, אני אחד ואתה אחד
ותורה אחת ואתה שעתיד אני ליתן תורה בך לישראל עמי
שנקרא אחד שנ' אנכי יי אהיך, אנכי ראש לכל הדברות ואל"ף
ראש לכל האותיות, ומנין שהקב"ה נקרא אחד   שנ' יי אהינו יי
אחד (פ' ואתחנן) ומנין שהתורה נקרא אחת שנ' תורה אחת יהיה
לכם וגו' (במדבר ט"ו כ"ט) ומנין שישראל נקרא אחד שנ' מי
כעמך ישראל גוי אחד בארץ (ש"ב ז) ומנין שאלף נקרא אחד א)
שנ' איכה ירדף אחד אלף ושנים ינוסו רבבה (פ' האזינו) ב).

ומפני מה ידו של **אל"ף** זקוף מצדו ג) ויש לו שתי רגלים
כבני אדם מפני שכתוב בו אמת ד) ואמת יש לו רגלים ושקר
אין לו רגלים, לפיכך כל אותיות של אמת יש להם רגלים ושל
שקר אין להם רגלים, שכל אותיות של שקר עומדות על חודן;
ומפני מה ידו של אלף זקוף מצדו מפני שהוא מעיד בו ומניף בו

א) בב"ר ר"פ א' אומרים לב' מי בראך והוא מראה בעוקצו מלמעלה,
ומה שמו והוא מראה להן בעוקצו שלאחריו ואומר ה' שמו פרש"י שם מה
כתיב לפני הבי"ת א' שהוא אחד וכן פי' בס' התרומה שמראה בעוקצו כלפי
אות א' שלפניו שהוא אחד.   ב)   המאמר הלז מובא בילקוט שמעוני   ר"פ
בראשית סי' ב' כנוסח הנדפס מכבר בשם תנחומא, אבל ברור שהוא ט"ם
שציין בו סלת תנחומא, ובאמת הוא מאמר אחר עם המאמר הקודם לו שם רמז
א' בשם „אותיות דרבי עקיבא".   ג)   כנדפס ומפני מה ראשו של א'
זקוף ועומד, אבל מהכתוב להלן (גם בנדפם) ומפני סה ידו זקוף נגלה אמיתת
גרסת כת"י.   ד)   בנדפם מאני שהוא נחשב באמת.

לפני הקב"ה שהוא אמת לעולם שנ' ואמת יי לעולם (תהלים
קי"ז): בי"ת מפני מה פניו כלפי גימ"ל ופניו של גימ"ל כלפי
בי"ת, מפני שבי"ת דומה לבית שדלתיו פתוחין לכל: גימ"ל
דומה לגבר שגומל חסדים א) שראה את העני על פתח ביתו
ונכנס להוציא לו מתוכו מזון או פרוטות ליתן לעני, ומפני מה
רגלו ב) של גימ"ל כלפי דל"ת מפני שכל גמילות חסדים אינה
אלא לדלים: דל"ת מפני מה דומה למקל ופניו כלפי ה"י,
מפני שאדם דל אינו מסתכל ג) אלא לטובתו של העה"ז שנברא
בה"י שנ' אלה תולדות השמים והארץ בהבראם (פ' בראשית) אל
תהי קורא בהבראם אלא בה"י בראם ד), ומפני מה נברא בה"י
מפני שהוא דומה לאכסדרה והעה"ז דומה לאכסדרה ה) שכל מי
שרוצה לצאת מעולמו פתח פתוח לפניו, ומפני מה יש לה"י שני
פתחים אחד גדול ואחד קטן מפני שאם בא להרשיע ולצאת
יוצא בפתח גדול, ואם בא לעשות תשובה ולהכנס נכנס בפתח
קטן, קשה עליו לעשות תשובה, וא"ו מפני מה זקוף ועומד ופניו
כלפי ר"ן והוא דומה למטה, מפני שרמז הקב"ה באותיות שהוא
עתיד להכות את הרשעים י) במטה של אש בדינה של גיהנם
עד שנשמע קול הרשעים קול וי וי מתוך גיהנם שנ' אוי לרשע

א) בגמ' שבת ק"ד גימ"ל דל"ת גמול דלים מ"ט פשוטה כרעיה דג'
לגבי ד' שכן דרכו של גומל חסדים לרוץ אחר דלים כו' עי"ש.   ב)
בנדפס ירכו של ג' סמוך לדל"ת.   ג) בנדפס אינו משתדל.   ד)
ולהלן באות יו"ד אומר שעוה"ב נברא באות יו"ד וכ"ה בגמ' מנחות כ"ט
ירושלמי חגיגה רי"ש פ"ב וספיק' רבתי פכ"א ושוח"ט ס"א וקי"ר וב"ר פי"ב
אובל לעיל בנוסח א' באות ה"י אמר שעה"ז ועה"ב נברא בה"י ועי' מה
שכתבתי בזה בהערתי לסדר רבה דבראשית (בתי מדרשות ח"א) סי' ב'.   ה)
גמ' בבא בתרא כ"ה ב'. ובמנחות כ"ט ב' שדומה לאכסדרה שכל תרוצה
לצאת יצא ומ"ט תליא כרעיה דאי הדר בתשובה מעיילי ליה וליעייל בהך
לא מסתייע מלתא כדר"ל בא לטהר מסייעין אותו בא לטמא פותחין לו.
ו) בנדפס נוסף „על ידי שלוחים".

רע וגו' (ישעיה ג) ז"ן מפני מה יש לו שני הגין אחד כלפי וא"ו
ואחד כלפי חי"ת מפני שכל אדם שמבקש לילך אצל אשה שאינה
שלו לבא עליה עיניו אחד כלפי חטא ועבירה לטעות אחר יצרו
ועינו אחת כלפי בשר ודם שאין בו ממש א) שמא יראו אותו בני
אדם ויאמרו עליו וי וי הלך פלוני אצל זונה ב) ואינו יודע שמי
שהוא יושב בסתרי שמים משים פנים בו שנ' ועין נואף שמרה
נשף (איוב כ"ד): חי"ת מפני מה אין לו כתר ג) מפני שכל מי
שדבריו מכוערים וחוטא אין לו שבח בעולם הזה ולא שם טוב
אלא גנאי וחרפה וכלימה ובשת פנים: טי"ת מפני מה ידו
טמון לתוכו וראשו זקוף ויש לו כתר מפני שכל מי שהוא עושה
מעשים טובים וצדקה וגמילות חסדים ונותן צדקה לעניים צריך
שלא יהיה עושה אלא בסתר שכל הניתן צדקה בסתר כופה מלאך
המות סמנו ומאנשי ביתו שנקרא אף שנ' מתן בסתר יכפה אף
ושחד בחיק חמה עזה (משלי כא) ד) : יו"ד מפני מה הוא קטן
מכל האותיות מפני שכל מי שהוא מקטין עצמו בעה"ז ואין בו
גסות הרוח זוכה ונוחל חיי עוה"ב שנברא ביו"ד שנ' כי ביה יי
צור עולמים (ישעיה כ"ו) בה"י נברא העוה"ז ביו"ד נברא עולם
הבא, מפני מה נברא עוה"ב ביו"ד מפני שצדיקים בני העוה"ב
מועטים, ומפני מה תגו של יו"ד כלפי פניו מפני שכל צדיק וצדיק
נותנין לו שכר לפי מעשיו. וצדקתו הולכת לפניו שנ' והלך לפניך
צדקך (ישעיה נח): כ"ף מפני מה דומה לכים ה) ופניו כלפי
למ"ד מפני שכום וכמא לשין אחד הוא וכל כסא מלכות אינו

א) בנדפס כלפי בני אדם שהן דומין לעץ שנ' כי האדם עץ השדה'.

ב) שם נוסף „לפיכך האחד כלפי חוי"ו" והשאר הכתוב מה ליתא שם.   ג)
בנדפס מפני מה אינו קשור קשר כתר מפני שכל בעלי חטא יש להן גנאי
ובשת פנים ואין להם שבח ושם טוב בעולם כו'.   ד) בנדפם נוסף
ואומר מלות יי חונן דל.   ה) בנדפם מפני מה דומה לכסא... מפני
שכל כסא מלכות אינו מוכן אלא למלכי ארץ לישב שנ' והוכן בחסד כסא
(ישעיה ט"ז).

מתוקן אלא למלכים לישב עליהן א): לַמֶּ״ך מפני מה גבוה מכל האותיות מפני שהוא באמצע כ״ב אותיות ודומה למלך שיושב על כסא הכבוד ומלכות לפניו ב), כ״ף שאחריו זה כסא הכבוד ומ״ם שהוא מלפניו זה מלכות. והוא טובחר שבכולם כמלך: מֶ״ם פתוח ומ״ם סתום, מלך פיתח ומלך סיתם, מ״ם פתוח מפני מה ראשו נמוך כלפי קרקע וידו זקוף כלפי מעלה מפני שהוא מראה באצבע כלפי מלכו של עולם שהמלכות שלו ג) שנ׳ כי ליי המלוכה וגו׳ (תהלים כ״ב), וידו כלפי מטה להורות מה שאמר דוד כי ממך הכל וגו׳ (ד״ה כט), מ״ם סתומה שאין מי שיודע סקימו: נו״ן מפני מה ירכו לאחריו ד) ופניו כלפי מ״ם מפני שנראה כמי שהוא נופל ומתחנן לפני המלך להקימו שנ׳ נפלה לא תוסיף קום בתולת ישראל נטשה על ארמתה אין מקימה (עמום ה) ה) ביום ההוא אקים את סוכת דוד הנופלת וגו׳ (שם ט) נו״ן רבוץ, ונו״ן זקוף נאמן יושב נאמן עומר נאמן גוזר נאמן מקיים: סמ״ך מפני מה הוא סתים ואינו פרוח מפני שהוא ישראל בשעה שעושין רצון הקב״ה שכינה סביב להן כחומה לארבע רוחותיהם והם אינן מתחלפין בזרע אחר וזרען אינן מתחלפין י) בזרע אחר שנ׳ כי יעקב בחר לו יה ישראל לסגולתו (תהלים קל״ה) ואומר כי חלק יי עמו וגו׳ (האזינו), אלא כהן לבת

א) ולכן פניו כלפי למ״ד שהוא דומה למלך כמו שאומר להלן. ועי׳ לעיל דף א׳ בהערותי אות ג׳.   ב) בנדפס לפניו ולאחריו... והוא בינוני כמלך.   ג) בנדפס ומתו אומר.   ד) בנדפס מפני מה ידיו לאחוריו וירכיו וטניו כלפי מ״ס.   ה) נראה כונתו לטׁ״ש ברכות ד׳ ב׳ כמערבא סתרצי לה הכי נפלה ולא תיסיף לנפול עוד קום בתולת ישראל, ואולי דורש מלת אין עפמׁ״ש כל מקום שנ׳ אין לה הוה לה עי׳ ב״ר סוׁים נח.   ו) בנדפס אינן מתערבים.

ע   מדרש אותיות דרבי עקיבא

כהן לוי לבת לוי ישראל לבת ישראל א) שנ' ואני אהיה לה נאם יי חומת אש סביב ולכבוד אהיה בתוכה (זכריה ב) : עי"ן מפני מה כרוע ורבוץ ואינו זקוף מפני שזה הוא עשו הרשע שיצאו ממנו מרסיים ב) ומלכות אדום ועתיר לפול תחת רגליהם של ישראל שנ' והיה בית יעקב אש וגו' (עובדיה) והיה אדום ירשה וגו' (במדבר כד) : פ"ך מפני מה אחד מהם יושב ואחד מהם עומד מפני שהפה אוסר והפה מתיר, הפה חותם והפה פותח, ואין בשבעים אומות אומה ולשון שיש להן פתחין ג) בשני עולמים בעה"ז ובעה"ב בתורה ובמצות ובמשנה ובמדרש בהלכות ואגדות בשמועות ובתוספות בהפלה ובתחנונים אלא ישראל שנ' מניד דבריו ליעקב חקיו וגו' מה כתיב אחריו לא עשה כן לכל גוי וגו' (תהלים קמ"ז) : צ"ד מפני מה יש לו שני ראשים מפני שזה הוא... שתפם שני ראשים אחד של ישראל ואחד של אדום והלך והטעה את הבריות, וכיון שראוהו ישראל כך עמדו עליו ותפשורו וצלבוהו על הצלב, מה דרשו כי יסיתך אחיך בן אמך ולא בן אביך : קו"ף מפני מה הוא גבוה בקומה ויש לו קרן מאחריו מפני שכל קרני רשעים שמהלכין בגאות ומתגאים על

א) בגמ' פסחים מ"ט בנשואי בת כהן לישראל אינה סעורת מצוה, ורש"י יבמות פ"ד ב' כתב דקיי"ל כהן כל זמן שמוצא לישא בת כהן לא ישא בת ישראל דאמר בפסחים סעורת הרשות בת ישראל לכהן עכ"ל ואף שלפנינו בגמ' ליתא שם בת ישראל לכהן צ"ל שרש"י היציא כן ממשמעות דגמ' שם דלא ניחא לי' לאהרן למרבק באחר שאינו משבטו עי"ש בגמ', והנה בירושלמי כתובות פרק א' סוף הל' ה' משמע דהקפידא אינו משום מעלה דכהונה דוקא אלא כדי שיהא אדם מרבק בשבטו דקאמר אחת זו וא' זו (בת ישראל לכהן או בת כהן לישראל) קגם קנסו כהן כדי שיהא אדם מדבק בשבטו, אבל לפ"ז בבת לוי לכהן ליכא קפידא דשבט א' הם, אבל לטעם הגמ' הבבלי משום מעלה דכהונה גם בזה יש קפידא דכהן עדיף טלוי כדתנן שלהי הוריות, ובגיטין פ' הניזוקין כהן קורא ראשון ונסקא ליה בגמ' שם מקראי עי"ש.   ב) בנדפס נוסף ופרסיים.   ג) שם פתחון פה.

הצדיקים בעולם הזה עתיד הקב"ה לנודן מפני כבודן של ישראל שנקראו ראש שנ' ונתנך יי לראש וגו' (פ' תבא) ומנין שהוא עתיד לגדען שנ' וכל קרני רשעים אגדע (תהלים עה) ומגדלין לישראל שנ' תרוממנה קרנות צדיק (שם): **ד"א** קו"ף זה הקב"ה שנ' קק"ק (ישעיה ו) **ורי"ש** זהו רשע. ומפני מה קוף מחזיר פניו מרי"ש, אמר הקב"ה אין אני יכול להסתכל בצלם דמות אדם רשע א), ומפני מה רגלו של קו"ף פסוק מגגו וקשור כתר מאחריו אמר לו הקב"ה לרשע אם אתה חוזר בך אני מכניסך למחיצתי ואקשור לך כתר כבוד שנ' ובשוב רשע מרשעתו ועשה משפט וצדקה הוא את נפשו יחיה (יחזקאל י"ח): **שי"ן** מפני מה יש לו שלשה ענפים מלמעלה ואין לו שרש מלמטה מפני שהוא ראש אותיות של שקר ושקר יש לו דבור ואין לו רגלים וסוף אינו מתקיים. ועתיד הקב"ה לסתום פה של דוברי שקרים שנ' יכרת יי כל שפתי חלקות וגו' (תהלים יב) ועוד נאמר דובר שקרים לא יכון לנגד עיני (שם קא) משל למה הדבר הזה דומה לאילן שענפיו מרובין ושרשיו מועטין והרוח בא ועוקרתו והופכתו על פניו ב) **תי"ו** מפני מה רגלו שמלפניו שבורה מפני שכל המבקש ללמוד תורה צריך שיכפוף את רגליו ג) ויעסוק בה שנ' והם תכו לרגליך ישא מדברתיך (פ' ברכה) אלו תלמידי חכמים שכופפין את רגליהם ונושאין ונותנין בדברי תורה שאפילו בשעה שמטשיל הקב"ה את אומות העולם על ישראל אותן תלמידי חכמים נצולין משענוד מלכיות ד) שכך כתוב בראשו של פסוק אף חובב עמים כל קדשיו בידך (שם) אמר משה לפני הקב"ה אפילו

א) בנרפס הג"ה ובתלמוד (מגילה כ"ח) אסור להסתכל בדמות אדם רשע שנ' לולי פני יהושפט וגו' (מלכים ב' ג'), ב) אבות פרק ג' משנה י"ו. ג) כן היה מנהג קדום ללמוד בישיבה על הברכיים כמנהג בני ארץ המזרח עד היום. ועי' בס' פירוש רס"ג למס' ברכות על סלת ותיקים ט' ב' וכבאורי שם. ד) כעין זה בגמ' ב"ב ח' אלו ת"ח שמכתתין רגליהם מעיר לעיר בו' ללמוד תורה עי"ש.

בשעה שאתה מחבב את אומות העולם כל קדשיו יהיו בידיך א).
ד"א סדר אל"ף בי"ת גימ"ל דל"ת אלף בינה גמול דלים. ומפני
מה רגלו של ג' פשוטה לפניה מפני שגומלי חסדים רצים אחר
דלים. ומפני מה אזניו של ד' מאחוריו מפני שארם דל רואה
מאחריו, ואומר מי הוא שיבא אחרי שמא יתן לי מצוה ב), ומפני
מה כתוב אחר דלי"ת ה"א ללמדך שכל העושה גמילות חסדים
נאמר עליו אב המן גוים נתתיך (פ' לך לך) ומפני מה כתוב
אחר הה"א וי"ו שאם אינו עושה גמילות חסדים נאמר עליו
הוי על פלוני שיש לו ואינו עושה שנ' וחושך מיושר אך למחסור
(משלי יא). ומפני מה כתוב אחר וי"ו זיי"ן ואחר זיי"ן חי"ת
שאם הכריע יצרו ועשה גמילות חסדים מיד מתקיים עליו הכתוב
חנון יחנך לקול זעקך וגו' (ישעיה ל). ויהי חנין עליו כמבטח
במרה טובה ג) ירושה אחרונה יתר מראשונה לעוה"ב למי שהוא
עושה גמילות חסדים שנ' מי הקדמני וגו' (איוב מ"א) : כ"ף כפוף
כ"ף פשוט למה לפי שהוא מראה טעם בתורה ד) מיד מלבישו
לבוש זכיות מטעון קדשו שנ' שפתי כהן ישמרו וגו' (מלאכי ב).
ומפני מה אותיות של אמת מפוזרים זו מזו ואותיות של שקר
מוקפין זו על גב זו מפני שהאמת קשה לעשותו והשקר עומד
אחר האזן, כדתני' רבי ר' ישמעאל ח) בא לימטא פותחין לו בא

א) בנדפס וצריך שיהית (תת"ח) גמוך מכל הבריות שנ' ושפל רוח
יתמוך כבוד ואוסר עקב ענוה יראת יי, ד"א וזתם תכו לתגליך אלו ת"ח שתם
נושאים ונותנים בד"ת שנ' ותורתך שעשועי.   ב) צדקה לעני מכונה
במדרשי רז"ל בשם מצוה סתם, כמו בשה"ש רבה פ"ו ע"פ אל גנת אגוז
תרעא דלא פתיח למצוות, ובילקוט תהלים ט"ו נ' גבע לתדע זה שמתסר
בים שלו לעשות מצוה.   ג) נ"ל כונתו שמטבטה בטדת שוכה שהיא סרובה
ממרת טורעניות עי' גמ' יומא ע"ו, אך ר"ל ע"ד שאמרו מגילה י"ב במדרת
שארם מורד מודדין לו.   ד) בעין זה בגמ' ברכות ס"ב אין מקנחין
בימין מפני שמראה בה מעמי תורה פרש"י גזינת טעם מקרא כו' מהתך
ומוליך ידו לפי טעם חגינה.   ה) שבת ק"ד ויומא ל"ח דאטר דיש לקיש.

ליתהר מסייעין לו. ומפני מה אותיות של אמת בשתי רגלים
ואותיות של שקר ברגל אחד עומד שכל העושה הָאֱמֶת הרי
קיים לעולם ונוחל העוה"ב. ואינו ניטוט בעוה"ז שנ' כי שבע
וגו' (משלי כד). ושקר אינו מתקיים לעולם שנ' ורשעים יכשלו
ברעה (שם) ומפני מה ה' אותיות הללו כל אחת כתובה שתי
פעמים אלא ללמדך בהן סדרי תורת, ומה הוא כ"ף של הקב"ה
כפוף, כ"ף של משה פשוטה. מ"ם פתוחה מ"ם סתומה יםאמר
פתוח ומאמר סתום א) ומכאן למד דרך ארץ שהרב יושב ומדבר
ותלמיד עומד ודומם ב). צדי"ק כפופה צדי"ק פשוטה צדיק כפוף
צדיק פשוט. נו"ן פשוטה נון כפופה, אם תאמר נאמן כפוף נאמן
פשוט זהו צדיק כפוף צדיק פשוט. אלא מכאן לת"ח שהוא עוסק
בתורה שהוא חייב להיות בירֵאה ופחד ולפיכך נתנה התורה
ביראה ורתת להתעסק בה ביראה ובזיעה ג) שנ' אשרי שומרי
עדותיו בכל לב ידרשוהו (תהלים קי"ח):

א"ת ב"ש, א"ת אל"ף זה אדם הראשון, תי"ו שהוא תחלת
        בריתתו של עולם, שכל העולם נברא
במאמר של הקב"ה ואדם בכפו, ומנין שכל העולם נברא במאמר
של הקב"ה שנ' כי הוא אמר זיהי וגו' (תהלים ל"ג) ואומר בדבר
ה' שמים נעשו וגו' (שם). ומנין שאדם הראשון נברא בכפו של
מקום שנ' ויצר ה' אלהים את האדם וגו' (בראשית). וייצר למה
ב' יודין אחת ליצר טוב ואחת ליצר הרע ד). ד"א ב' יודין אחת
ליצירת אדם ואחת ליצירת חוה, ד"א וייצר למה ב' יודין אלא
אחת כנגד פרצוף פניו ואחת כנגד פרצוף של אחריו, וכן הוא

א) עי' גמ' שבת ד' ק"ד.   ב) עי' גמ' מגילה כ"א מימות משת
עד ר"ג לא היו למדין תורה אלא מעומד   כו' וגם' מועד קטן ט"ז ב' ע"ם
יושב בשבת תחכמוני.   ג) ברכות כ"ב והודעתם לבניך וגו' יום אשר
עמדת לפני ה"א בחורב מה להלן באימה ביראה ברתת וכזיע אף כאן כו'.
ד) עי' בראשית רבה פי"ד.

10

אומר אחור וקדם צרתני (תהלים קל"ט). מהו וקדם שבתחלה
לא נברא אלא פרצוף של אחור ואח"כ פרצוף של פנים, ומה
ותשת עלי כפך מלמר שבתחלה נברא האדם מן הארץ ועד
הרקיע וכיון שראו אותו מלאכי השרת נזדעזעו וגרתעו טלפניו
באותה שעה עמדו כלם לפני הקב"ה ואמרו לפניו רבש"ע שתי
רשויות יש בעולם אחת בשמים ואחת בארץ, מה עשה הקב"ה
באותה שעה הניח ידו עליו והטעיטו והעמירו לאלף אמה א):
ב"ש בי"ת אלו בהמה וחיה. שי"ן אלו שקצים ורמשים שנבראו
עם אדם הראשון, ולמה נבראו עמו מפני שאמר הקב"ה אם
תזוח דעתו של אדם עליו אמור לו אל תזיח דעתך עליך שהרי
בהמה וחיה שקצים ורמשים הלא הן כמותך שנבראו עמך שנ'
אדם ביקר וגו' (ההלים מ"ט). ואחריו מהו אומר החיה וכל בהמה
רמש וגו' (שם קמ"ח). ואומר מלכי ארץ וכל לאומים: ג"ך גימ"ל
זהו גן שנטע הקב"ה בעדן לשום בתוכו י"ב חופות ב) של אבנים
טובות ומרגליות בשביל אדם שנ' בעדן גן אלהים היית כל אבן
יקרה מסוכתך אודם פטדה ויהלום תרשיש שוהם וישפה ספיר
נופך וברקת וזהב מלאכת תפיך ונקביך (יחזקאל כ"ח) והפתורת
שבכלם זהב הוא, רי"ש שהוא נכנס ראש לגן ערן קורם לכל
הצדיקים שנ' ויטע ה' אלהים גן בעדן מקרם וישם שם את האדם
(בראשית): ד"ק דלי"ת זה דלתי גן ערן שפתחו לפניו טלאכי
השרת ששגרן הקב"ה אצל אדם לשרתו. קו"ף מלמד שקראו
לפניו קדושי עליונים וגבורי ערבות ואמרו לו בא בשלום: ה"ץ
ה"א שהפיל עליו הקב"ה תרדמה שנ' ויפל ה' אלהים הרדמה
על האדם וגו' (שם). צדי"ק זו צלע אחת שלקח היםנו
מצלעותיו ובנאה לאשה והרחיצה וסכה ופרקסה ג). וקלע לה

א) עי' ב"ר פ' י"ב ותו"כ בחקתי ע"פ ואולך אתכם קוממיות ולעיל
ריש ד' ל"ו.   ב) בבא בתרא ע"ה עשר חופות וכן בכ"ר פי"ח ואיכא
מ"ך פ' אן י"ג ועי' פרקי דר"א פי"ב.   ג) כמו ופרכסה, וכן בירושלמי
ב"מ פו"פ ד' אין מפרקסין.

שער א) ויביאה לאדם שנ' ויבן ה' אלהים את הצלע וגו' (שם) : ו"ת
וי"ו שהביאה ברבבות אלפין של מלאכי השרת אל אדם הראשון
בקול רנה ושירה שנ' ויביאה אל האדם (שם).   ומה הוא פ"ה
מלמד שכל פמליא של מעלה ירדו עמהם לגן עדן מקצתן היו
אוחזין בידם נבלים ומצלחים וכינורות ב) ומשחקין לפניו כבתולות
וחמה ולבנה   וכוכבים ומזלות היו מרקדין לפניהם כנערות : ז"ע
יי"ן מלמד שזימן הקב"ה שניהם ג) לסעודה על מעדני גן עדן
עי"ן שערך הקב"ה לפניהם שלחנות של מרגליות וכל מרגלית
ומרגלית היה מאה אמה אריכה ושישים אמה רחבה וכל מיני
מעדנים מונחים לפניהם שנ' תערוך לפני שלחן (תהלים כ"ג) :
ח"ם חי"ת שחשו מלאכי השרת וצלו בשר וצננו לו את היין ד).
ובא הנחש וראה את כבודן והציץ בהן ונתקנא בהן. סט"ך שסח
לו הקב"ה לאדם ואמר לו מפרי עץ הגן תאכל ומפרי העץ וגו'
לא תאכל ממני פן תמותון וגו' (בראשית) : ט"ן טי"ת שטעתה
חוה בדבריו של נחש ואכלה מן העץ ונתנה הימנו לאדם ואכל
שנ' ותקח מפריו ותאכל (שם) נו"ן שנפתחו עיניהם והבינו שהם
ערומים ונתעטפו בעלין של תאנה שנ' ויתפרו וגו' (שם) : י"ם
יו"ד שכבר גלוי וידוע לפניו מעשיהן שעשו וירד הקב"ה משמי
מרום ועמד על פתחי ג"ע וקרא לו לאדם שנ' ויקרא ה' אלהים
וגו' (שם) מ"ם שאמר הקב"ה לאדם מי דגיד לך כי ערום אתה :
כ"ל כ"ף שכלם זמנם הקב"ה לדין, בתחלה קרא לו לאדם אמר
לו מפני מה אכלת מפרי עץ הדעת שאמרתי לך לא תאכל
ממנו והשיב האדם ואמר רבון העולמים האשה אשר נתת עמדי
נתנה לי ואכלתי. אמר לאשה כפני מה אכלת. אמרה האשה
הנחש השיאני ואוכל. אח"כ קרא את הנחש א"ל הקב"ה כי עשית
זאת וגו'. בשעה שאמר לו על גחונך תלך השיב הנחש ואמר

א) גמ' ברכות ס"א שכן בכרכי הים קורין לקליעתא בנייתא.   ב)

כעין זה לעיל סוף ד' ל"ה ועי' אדר"נ פרק א'.   ג) אדם וחוה,   ד)

גמ' סנהדרין נ"ט ב' ואדר"נ פרק א'

 # מדרש אותיות דרבי עקיבא

רבון העולם אם כן הוא אם רצונך אהיה כדג שבתוך הים שאין לו
רגלים וכשאמר לו עפר תאכל אמר הנחש רבון העולם מה אם הדג
אוכל הוא עפר אף אני אוכל עפר. באותה שעה תפשו הקב"ה
לנחש ויקרע לשונו לשני קרעין א"ל הקב"ה רשע שבעולם אתה
ההתחלת בלשון הרע לפיכך אני מודיע לכל באי העולם שלשונך
גרם לך כל זאת. למ"ד שלקו ד' וחטאו ג' נחש וחוה ואדם חטאו,
ולקו ונטרדו מן עדן שנ' ויגרש את האדם (בראשית) ורביעית
ארץ לקהה בעבורם שנ' ארורה האדמה בעבורך (שם). **ד"א**
א"ת ב"ש את בוש עליך ותתא. ג"ר ד"ק ה"ץ ו"פ ז"ע ואם יצא
לחוץ או מזיעו וטרתיעו:

אח"ם בט"ע אל תקרי אח"ם אלא איחום ואין איחום אלא לשון
רחמים לשון תחנונים שנ' חוסה ה' על עמך
(יואל ב). ומהו אח"ם מלמד שאמר הקב"ה למלאכי השרת אני
בעצמי אחום על ישראל יותר מכל אומות העולם מפני שהן
ממליכין אותי בעולמי ב' פעמים בכל יום ומיחדין את שמי
שחרית וערבית שנ' שמע ישראל ה' אלהינו יי אחד (ואתחנן) א),
שאלמלא ישראל בעולם לא היה לי כבוד וגדולה בעולם לפי שהן
מספרין תהלתי בכל יום שנ' עם זו יצרתי לי תהלתי יספרו
(ישעיה מד). ואין דעתי נהנית אלא מהן שנ' נהפך עלי לבי
יחד נכמרו ניחומי (הושע י"ג) : **בט"ע** שבם מטו העולם לפי
שבכל יום ויום כשאומות העולם רואין חמה ולבנה כוכבים
ומזלות מעבירין כתריהן מעל ראשיהן וכל מלכיהם ורוזניהם
נופלין ומשתחוים לצבא השמים מיד כועס עליהם הקב"ה
שנ' ואל זועם בכל יום (תהלים ז) ב) ואמר להן למלאכי חבלה
אני נתתי להללו רוח ונשמה מלוכה וכבוד וגדולה וממשלה והן
משתחוים לחמה ולבנה שבראתי מזוהר פני, באותה שעה רועשין
גלגל חמה ואופן והלבנה וסדרי מזלות כוכבים וכל סדרי בראשית

א) כעין זה בגמ' סוטה מ"ב ואמר עליהם שמע ישראל, אפי' לא
קיימתם אלא ק"ש שחרית וערבית אי אתם נמסרין בידם. ב) בגמ'
ברכות ז' וע"ז ד' זועם בכל יום כחלת שעי קמייתא,

מדרש אותיות דרבי עקיבא   עז

כולן, סיד אף וחמה שני מלאכי חבלה מה עושין שולפין את
חרבן ותופסין בידן וייוצאין מלפני הקב"ה בחמה להחריב את
העולם מפני מעשיהם של אומות העולם שממכעיסין במעשיהן ואלמלא
שיוצאין תלמידי חכמים   שהן עוסקין בתורה ותינוקות   של בית
רבן שהן הוגין במקרא ובמשנה וישראל שהן קוראים שמע ישראל
ומקבלים עול מלכות שמים שחרית וערבית כבר היו נותשין
ומחריבין את העולם לפיכך הוא אומר ה' מלך ירגזו עמים וגו'
(תהלים צ"ט). גי"ת אל תקרי גי"ף אלא גוף זו גופה של תורה
שראשי ישיבות גאון יעקב מתעסקים בה ומורין פרט וכלל והויות
איסור והיתר לישראל שנ' יורו משפטיך ליעקב (וזאת הברכה)
ואומר למדו היטב דרשו   משפט (ישעיה א) : דב"ן אל תקרי
דכן אלא ד'ך כ'ולו חפץ', ואין חפץ אלא ישראל שנקראו   ארץ חפץ
לפני הקב"ה שנ' ואשרו אתכם כל הגוים כי תהיו ארץ אתם ארץ
חפץ (מלאכי ג). ולמה נקראו ארץ חפץ מפני שהם דומים לארץ
שכל העולם כלו מתקיים בה. חפץ בשביל שהם עושים בכל יום
ויום חפצו של הקב"ה בדברי תורה שנ' ה' חפץ למען צדקו
(ישעיה מב) : חל"ק זה יעקב שנקרא חלק, שנתקדש שמו של
הקב"ה בקדושה על ידו שנ' והקדישו את קדוש יעקב ,(שם כט)
ע"י צאצאיו, וחקק לו דמותו על כסא כבודו, ובשעה שצאצאין
קורין קדושה משולשת   מוריד הקב"ה פיו מלמעלה ונושקו על
ראשו שחקוק על כסא הכבוד, שנ' כי יעקב בחר לו יה (תהלים
קל"ה), ומנין שיעקב נקרא חלק שנ' ואנכי איש חלק (תולדות)
כי חלק ה' עמו יעקב חבל נחלתו (האזינו) : ומ"ר אל תקרי ומר
אלא ואמר, וטהו ואמר אלו שרפי להבה ומלאכי צבאות וחיילי
מעונה, שאינם יכולים לומר קדוש מלמעלה עד שפותחין ישראל
תחלה פיהם בקדושה מלמטה ואומרים קדושה משולשת ואח"כ
מקדשין מלאכי השרת א) שנ' ברן יחד כוכבי בוקר ויריעו וגו'

א) חולין צ"א ב' אין מלאכי השרת אומרים שירה למעלה עד שיאמרו
ישראל שירה למטה שנ' ברן יחד ככבי בקר והדר ויריעו כל בני האלהים

(איוב לח) כוכבי בוקר אלו ישראל שנמשלו לכוכבים שנ' ומצדיקי
הרבים ככוכבים (דניאל יב) ואומר והנכם היום ככוכבי השמים
לרוב (דברים) מה הכוכבים מאירין את העולם אף ישראל מאירין
נרו של עולם בדברי תורה שהם כיוצא בהם, שנ' כי נר מצוה
ותורה אור וגו' (משלי ו), ומנין שאין ואמר אלא למלאכי השרת
שנ' וקרא זה אל זה ואמר (ישעיה ו): **ז״ן ש״ת.** אל תקרא ז״ן
ש״ת אלא 'זה 'נשא 'שבת, ומהו זה 'נשא 'שבת אלו ישראל שנשאו
תורה ומצות שבת בעוה״ז מפי הקב״ה, שבה זוכין ישראל' ונוחלין
חיי העוה״ב שכולו שבת. שנ' מזמור שיר ליום השבת (תהלים
צ״ב). מהו ליום השבת אמרה רוח הקודש ע״י דוד בכנור זמרו
אתם בני ישראל שירו לעוה״ב שכלו שבת לפי שבשעה שאמר
להם הקב״ה לישראל אני נותן לכם את התורה אמר אם מקיים
אתם את המצות שבה אני מנחיל לכם את העוה״ב, וישראל היו
משיבין ואומרים לפניו רבש״ע הראנו דוגמא של עוה״ב בעוה״ז
אמר להם זו שבת שהיא אחת משׁשׁים משׁל עוה״ב א) שבה אתם
מתענגים תענוגי מנוחה שנ' אז תתענג על ה' וגו' (ישעיה סוף נח):
אלב״ם אל תקרי אלבם אלא לבם ומהו לבם מלמד שעמד
נגר״סנאל שרה של גיהנם לפני הקב״ה ואמר לפניו
רבש״ע כל אומה ואומה נתת לי שתאכלם אשה של גהינם שנ' לכן
כאבל קש וגו' (ישעיה ח) ואומה זו של ישראל כפני מה אינך נותן לי
שתאכלם אשי כדרך כל או״ה. השיב הקב״ה ואמר לו כל או״ה הרי
הן בפתקי שלך לעשות להן כרוע מעלליהם ולדונן בתוך גיהנם אומה
זו של ישראל אינה בפתקיות שלך ואין לך עסק בהן. אמר לפניו
למה א״ל מפני שהן עוסקים בתורה ובמצות ומקיימים אותם
ואהבתן בלבי עד לעולם שנ' ואהבת עולם אהבתיך וגו' (ירמיה
לא) ואינן עוברים בתוך גיהנם לפי שאני עמהם. וב״ם אל תקרי
אלבם אלא א״ל ב״ם שנ' כי תעבור במים אתך וגו' (ישעיה מג)
ולא עוד אלא שׁשׁכינתי שרויה בתוכם שנ' והתהלכתי בתוככם

פרש״י ככבי בקר ישראל המשולים לככבים. [|]ואולי שא דבריו ממדרשנו זה.
א) המאמר הזה גם לעיל סוף דף ד' עי״ש.

והייתי לכם וגו' (בחקותי) לכך נאמר א"ל ב"ם: ג"ן ד"ם. מהו
ג"ן ד"ם אמר נגר"סנאל לפני הקב"ה רבש"ע א"כ היכן דרים
כשזוכין לחיי עוה"ב א"ל בגן עדן של הרם שריחו הולך מסוף
העולם עד סופו שנ' כי כימי העץ ימי עמי וגו' (ישעיה סה):
ה"ע ו"ת מהו מלמד שאמר לפניו שרה של גיהנם רבש"ע רצונך
שתודיע לי כבירן וגדולתן שאתה מנחיל להן בגן עדן לעוה"ב
א"ל הקב"ה לאו שנ' כה אמר ה' הנה עבדי יאכלו ואתם תרעבו
(שם סה) העו"ף כשם שהעוף פורח באויר של עולם ואין לו
רשות ליכנס בחופות מלבים ורוזנים לישב במשכנות עמהם על
כסא הכבוד כך אין לך רשות ולא עסק בהן לראות בטובתן של
צדיקים שנ' לא יגורך רע (תהלים ה) ומהו לא יגורך רע מלמד
שכך אמר דוד לפני הקב"ה רבש"ע אל יהי במגורך רע ואין רע
אלא שטן ויצר הרע שנ' כי יצר לב האדם רע (פ' נח) וכשם
שאין יצר הרע במגורותיו של הקב"ה כך עתידין ישראל שלא
יהיה במגורותם שטן ולא מלאך המות ולא יצר הרע איתתי לעוה"ב
שנ' וישב עמי בנוה שלום (ישעיה לב) ובמשכנות מבטחים בלא
שטן, ובמנוחות שאננות בלא מלאך המות ובלא יצר הרע שנ'
בלע המות לנצח וגו' (שם כו): יצח"ק אמר לפניו רבש"ע
כפני מה אינך נותן לי רשות לראותן בעיני כלל וכלל ולטעום
טעם מעט מאכילתן ולהסתכל בטובתן ובגדולתן. א"ל מפני שזרעו
של יצחק הן שהוגיש בשרו ורביעיה דם שלו ע"ג המזבח שנקרא
יצחק, ז"ץ ח"ק אל תקרי ז"ץ ח"ק אלא זרעו של יצחק אמר
לפניו רבש"ע כל בריה אתה נותן לו בכל יום ויום מזון מאכל
לפי אכלו שכך כתיב פותח את ידיך וגו' (תהלים קמ"ה) ומפני
מה אין אתה נותן לי מזון כדי סיפוקי שהרי אני רעב מכל מאכל
והשיב הקב"ה וא"ל הרי מסרתי לך כל רשעי הארץ וכל חטאיה:
מ"ר י"ש כ"ת יש לי כתוה כתות של משקרין כתות של לסטין
כתות של מספרי לשון הרע ואני מוסרם לך שתאכלם אשר
שנקרא טרישכ"ת. אל תקרי טרישכ"ת אלא יש לי כת. ומנין
ששרה של גיהנם אומר בכל יום ויום תן לי מאכל כדי סיפוקי

שנ' לכן הרחיבה שאול נפשה ופערה פיה לבלי חוק וירד הדרה
והמונה ושאונה ועלז בה (ישעיה ה). מהו לבלי חוק אלו אומות
העולם שפערה גיהנם פיה עליהם על שלא קבלו את התורה ולא
קיימו את המצות בעוה"ז א) כל הגוים כאין נגדו לפיכך נמסרים
לאשה של גיהנם שתאכלם בבת אחת שנ' ישובו רשעים לשאולה
וגו' (תהלים ט) ואומר ובאחת יבערו ויכסלו מוסר הבלים עץ הוא
(ירמיה י), וישראל הם ששים ושמחים בדברי תורה כשרואים
אותה שעומדת לפני הקב"ה ומתחננת בשביל ישראל שינצלו מדינה
של גיהנם. השיב הקב"ה ואמר לה בתי הרי אהוביך משולחין
מתוך גיהנם ואין גיהנם שולטת בהן מפני שהן עוסקין בך לילה
ויומם שנ' גם את בדם בריתך ב) שלחתי אסיריך מבור (זכריה
ט) ואין בור אלא גיהנם ש:' ויעלני מבור שאין (ההלים ס):

א) עי' גם' סנהדרין קי"א.   ב) בתנחומא סו"פ לך ופערה פיה
לבלי חק לםי שאין לו חק ברית מילה, ובילקוט משלי ל"א לא תירא לביתה
משלג הקב"ה מציל ישראל מגיהנם בזכות המילה.

BIBLIOGRAFÍA

e

ÍNDICE

Bibliografía suscinta

Lipiner, E.: *Hazon ha-otiyot: torat ha-ide'ot shel ha-alefbet ha-'Ivri*. Yerushalayim: Magnes, 1989

Rothkoff, A. y Horodezky, S.: *Alphabet, Hebrew, in Midrash, Talmud, and Kabbalah*. Encyclopaedia Judaica, edited by Michael Berenbaum and Fred Skolnik, 2nd ed., vol. 1, pp. 728-730. Macmillan Reference USA, 2007.

Scholem, G.: «Merkabah Mysticism or Ma'aseh Merkavah». *Encyclopaedia Judaica*, edited by Michael Berenbaum and Fred Skolnik, 2nd ed., vol. 14, pp. 66-67.Macmillan Reference USA, 2007.

Wertheimer, S. A. y Wertheimer, A. J.: *Bate midrashot: 'eśrim va-ḥamishah midreshe Ḥazal 'al pi ḳitve yad mi-genizot Yerushalayim u-Mitsrayim*, vol. 2 p. 333ss. Yerushalayim: Ketav ṿa-sefer 1967.

Índice